GANZHEITLICH HEILEN

Buch

Hinter Frauenkrankheiten verbergen sich häufig seelische Lasten.
Nicht gelebte Erotik, der Zwang, bestimmten Mütterlichkeitsnor-
men zu entsprechen, Isolation, vom Körper aufbewahrte Trauer
oder Selbsthass manifestieren sich in Erkrankungen. Und genau hier
setzt die Selbstheilungsarbeit an. Die Autorin stellt eine Reihe körperorientierter Visualisierungstechniken vor, mit deren Hilfe die Bedeutung körperlicher Beschwerden entschlüsselt und in ihrer seelischen und spirituellen Dimension begreifbar gemacht werden kann.
Die verschiedenartigen »inneren Reisen« eröffnen den Zugang zu
inneren Bildern des Leidens, aber auch zu heilsamen Potenzialen.
Reflexion und Analyse dieser inneren Erfahrungen ermöglichen
es, eigenverantwortlich und selbstbestimmt gesundheitsfördernde
Maßnahmen zu erarbeiten und den eigenen Selbstheilungsprozess
zu fördern.

Autorin

Angelika Koppe, Jahrgang 1952, leitet als Sozialtherapeutin für
chronisch und lebensgefährlich Erkrankte das Institut Wildwuchs,
eine Einrichtung, die Selbstheilungsberatung für erkrankte Frauen
sowie Ausbildungsmöglichkeiten für Tätige in Heilberufen bietet.
Darüber hinaus ist Koppe Mitbegründerin der Interdisziplinären
Gesellschaft für Körperorientierte Visualisierungsarbeit und Selbsthilfe, INVISUA.

ANGELIKA KOPPE

WO DIE PIRANHAS MIT DEN ZÄHNEN KLAPPERN

Die Kraft innerer Bilder in Selbstheilungsprozessen

GANZHEITLICH HEILEN

GOLDMANN

Umwelthinweis:
Alle bedruckten Materialien dieses Taschenbuches
sind chlorfrei und umweltschonend.
Das Papier enthält Recycling-Anteile.

Originalausgabe Juni 2000
© 2000 Wilhelm Goldmann Verlag, München
in der Verlagsgruppe Bertelsmann GmbH
Umschlaggestaltung: Design Team München
Umschlagfoto: Bavaria/VCL
Redaktion: Irina Mamula
Satz: Uhl + Massopust, Aalen
Druck: Elsnerdruck, Berlin
Verlagsnummer: 14183
WL · Herstellung: Stefan Hansen
Made in Germany
ISBN 3-442-14183-4

1. Auflage

Inhalt

Zur Einführung: Eine Gebrauchsanweisung   7

1 Selbstheilungswege beginnen mit Abschied   11
Mein eigener Weg zur Selbstheilung   12
Eine neue Sichtweise von Körper und Krankheit   19
Die Arbeit mit inneren Bildern   23
Die Methode Wildwuchs – speziell für Frauen   27

2 Den eigenen Körper neu erleben, der Krankheit
   neu begegnen   35
Der Körper als Landschaft   36
Selbstheilungsarbeit nach der Methode Wildwuchs . . .   47

3 Mit Körper und Krankheit Kontakt aufnehmen –
   Visualisierungen als Weg zur Selbstheilung   57
Die Vorbereitungen für die innere Reise   64
Die Visualisierung »Der sichere Ort«   69
Die Visualisierung »Körpererkundung«   77

4 Eigenverantwortlichkeit im Körpergeschehen
   aufspüren – Die Analytische Visualisierung   127

5 Der Trauer einen Platz im Leben geben –
   Selbstheilungsarbeit und Trauerprozesse 147

6 Mit Selbstheilungsschritten zur Lebenslust finden . . . 171
Die Visualisierung »Der erste Lösungs- oder
Heilungsschritt« 183
Das »Selbstheilungsrezept«
als Gesundheitstrainingsprogramm 195
Die Auswirkungen von Selbstheilungsarbeit 206

7 Frauenerkrankungen im Spiegel innerer Bilder 212
Endometriose 216
Myome 235

Ausblicke: 244
Die Körperverlassenheit – ein Anlass zu
kollektiver Trauer 244
Heilung ist immer auch ein Wunder 250
Hinweise zur Weiterarbeit 252

Zur Einführung:
Eine Gebrauchsanweisung

Dieses Buch berichtet von Selbsthilfe- und Selbstheilungsmöglichkeiten, von einem neuen kreativen Umgang mit Körper und Krankheit. Den roten Faden bildet die Darstellung der *Methode Wildwuchs* – eine Methode zur Anregung und Begleitung von Selbstheilungsprozessen. Sie gibt Anleitungen zur Arbeit mit inneren Bildern und eröffnet damit einen Zugang zum eigenen inneren Wissen, zur Weisheit des Körpers. Gleichzeitig zeigen die inneren Bilder die eigenen heilsamen Potenziale und Handlungsmöglichkeiten.

Sie werden in diesem Buch wichtige Stationen von Selbstheilungswegen kennen lernen, jeweils anhand von praktischen Anleitungen zu den entsprechenden Visualisierungen. Konkrete Beispiele aus den langjährigen Erfahrungen meiner sozialtherapeutischen Beratungspraxis werden Ihnen die vielschichtige Wirkungsweise und den Reichtum innerer Bilder nahe bringen.

Dieses Buch ist gedacht für...
– Frauen, die neugierig sind auf neue Möglichkeiten von
  Selbstheilungsarbeit

- Frauen mit körperlichen Beschwerden und spezifischen Frauenerkrankungen, die sich mithilfe innerer Bilder gesundheitsförderliche Selbsthilfeschritte erarbeiten wollen
- Therapeutinnen und Beraterinnen, die ein Interesse an theoretischem Wissen haben und die Möglichkeiten körperorientierter Visualisierungsarbeit in Selbstheilungsprozessen kennen lernen möchten
- Ärztinnen, die erfahren möchten, wie Frauen durch Selbsthilfeschritte die medizinische Behandlung als kompetente Partnerinnen begleiten können.

Wie Sie als Leserin dieses Buch für sich nutzen können...
Da hier die wichtigsten Stationen von Selbstheilungswegen beschrieben und konkrete Anleitungen für die Visualisierungsarbeit gegeben werden, können Sie dieses Buch für die praktische Erkundung von Körper und Krankheit nutzen:

- Im ersten Schritt lernen Sie, mit Hilfe von inneren Bildern eine Eigendiagnose von den Beschwerden Ihres Körpers zu erstellen. Sie erfahren, wie Sie dem Körper innerlich nahe kommen und die körperlichen Symptome als Körpersprache verstehen können.
- Bei dem nächsten Schritt geht es darum, die Eigenverantwortlichkeit aufzuspüren. Sie lernen zu entdecken, welche Geschichte in Ihren Körpersymptomen steckt, mit welchem Lebensmuster sie in Verbindung stehen und welches heilsame Potenzial gelebt werden will.
- Der vorläufig letzte Schritt ist der Kunst gewidmet, praktische Selbstheilungsschritte als gesundheitsförderliche Handlungen und Rituale für den Alltag zu entwickeln. Damit eröffnen Sie sich neue Möglichkeiten zur Stärkung von Lebensfreude und Selbstheilungskraft.

Ich möchte Sie für das Abenteuer eines Selbstheilungsprozesses interessieren: Dieses Buch soll Lust machen auf Selbstheilungsschritte und Sie zur Selbsthilfe verführen!

Bevor Sie nun die Selbstheilungswege und die Methode Wildwuchs kennen lernen, denken Sie doch einmal darüber nach, mit welchem Interesse Sie dieses Buch gekauft haben und jetzt lesen. Was ist Ihr persönliches Interesse, wie lautet Ihre wichtigste Frage? Vielleicht möchten Sie dabei für einen Moment die Augen schließen und dies mit Ihrem Herzen besprechen…

1

Selbstheilungswege
beginnen mit Abschied

Die Möglichkeiten eines kreativen Umgangs mit Körper und Krankheit, von denen dieses Buch handelt, habe ich selbst »am eigenen Leibe« erfahren. Vor mehr als zwanzig Jahren erwachte mein Interesse an Selbsthilfe aufgrund einer eigenen Erkrankung. Im Verlauf der Jahre lernte ich dann durch meine Erfahrungen und durch die anderen Menschen, was Selbstheilungsprozesse sind und wie sie gestaltend im Leben eines Menschen wirken.

In diesem Buch werden Sie einzelne, elementare Bestandteile von Selbstheilungsprozessen und praktische Möglichkeiten der Selbstheilungsarbeit kennen lernen. Sie erhalten Einblick in die Voraussetzungen und vielfältigen Chancen von Selbsthilfearbeit und können anhand der Anleitungen in diesem Buch erste eigene Schritte erproben.

Um Ihnen die grundlegenden Elemente von Selbstheilungsprozessen als Basis von Selbsthilfe und Selbstheilungsarbeit möglichst anschaulich zu vermitteln, möchte ich von einigen wichtigen Erfahrungen aus meinem eigenen Lebens- und Selbstheilungsweg berichten.

Mein eigener Weg zur Selbstheilung

Im Alter von 24 Jahren machte sich meine Erkrankung eines Tages völlig überraschend durch starke Schmerzen im Unterbauch bemerkbar. Wie viele andere Frauen in der Selbstheilungsberatung berichten, empfand ich das plötzliche Auftreten der Beschwerden als »Überfall«, zu dem dann noch der Schock über die ärztliche Diagnose eines schnell wachsenden Tumors im Becken sowie der Verdacht auf Gebärmutterkrebs gehörten. Die einzig mögliche Behandlung schien damals eine Operation zu sein; es war das Jahr 1976, also eine Zeit, in der andere Heilmethoden in Deutschland wenig – und mir persönlich überhaupt nicht – bekannt waren. Nach der Operation teilten mir die Ärzte mit, dass es sich bei dem Tumor um gutartiges Gewebe gehandelt hätte, aber im gesamten Bauchraum sei bei dem Eingriff eine verbreitete Endometriose, das heißt gebärmutterschleimhautähnliches Gewebe und Verwachsungen, festgestellt worden. Die Endometriose-Herde und die Verwachsungen waren entfernt worden; ein Eierstock musste entnommen und der zweite konnte in den Verwachsungen nicht gefunden werden.

Resultat dieses medizinischen Eingriffs sei, so wurde mir damals erklärt, dass ich zu 99 Prozent Wahrscheinlichkeit keine Kinder bekommen könne und fortan lebenslang künstliche Hormone zu mir nehmen müsse. Diese Hormoneinnahme sei notwendig, da ich sonst wegen der fehlenden Eierstockhormone verfrüht in die Wechseljahre kommen würde. Und dieser Zustand wiederum könne solche Auswirkungen haben wie Hitzewallungen, Haarverlust, Haut- und Stimmveränderungen, Osteoporose (eine nicht rückgängig zu machende Knochenentkalkung) und auch Beeinträchtigungen in der Sexualität. Außerdem handele es sich bei Endometriose um eine relativ unbekannte Gebärmuttererkrankung: So genannte »Herde« bauen gebärmutterschleimhautähnliches Gewebe im Beckenraum auf, dabei können sich Verwachsungen und Zysten bilden (Erläuterungen zu dieser Erkrankung finden Sie im Kapitel 7, »Frauenkrankheiten im Spiegel innerer Bilder«).

Nach diesen Informationen der Ärzte war ich entsetzt. Die prognostizierte Kinderlosigkeit bedrückte mich nicht so sehr, da ich zum damaligen Zeitpunkt keinen Wunsch nach eigenen Kindern verspürte und eine Adoption mir als eine gute Alternative erschien. Die Aussicht allerdings, in absehbarer Zeit in die Wechseljahre zu kommen und wie eine »alte Frau« auszusehen, setzte mich als junge Frau sehr unter Druck. Auch von anderen Ärzten und Ärztinnen erhielt ich die gleich lautende Information, dass eine Hormonersatztherapie unabwendbar sei. Ich wartete noch fast ein Jahr ab in der Hoffnung, dass doch noch ein ausreichender Rest von Eierstockgewebe in meinem Körper vorhanden wäre, aber nachdem die Messdaten der Hormonspiegel negativ waren und nächtliche Hitzewallungen begannen, gab ich innerlich auf und fügte mich in die tägliche Hormoneinnahme. Mir erschien diese Hormongabe meinem damaligen Körper- und Krankheitsverständnis gemäß auch einleuchtend: Wenn im Körper etwas fehlte – wie eben meine Eierstöcke –, dann musste ein künstlicher Ersatz geschaffen werden. Diese Sicht von der Funktionsweise des Körpers hatte ich gelernt, und sie folgte den wissenschaftlich fundierten Aussagen der Medizin. Außerdem wollte ich endlich eine Lösung, und ich wollte die für mich schlimme Erfahrung des »Überfalls« durch die Erkrankung, das traumatische Erlebnis von Ohnmacht und Schmerz durch die Operation sowie die Aussicht auf ein lebenslängliches Patientinnen-Dasein möglichst schnell vergessen.

Ich versuchte meine bisherige Lebensweise »normal« weiterzuführen, aber infolge der jahrelangen Hormoneinnahme nahm ich zehn Kilogramm an Körpergewicht zu. Außerdem quälten mich zurzeit der Menstruation schmerzhafte Flüssigkeitsansammlungen in Waden und Brüsten sowie mir zuvor unbekannte Migräneschmerzen. Mein Körpergefühl als Frau, das nie besonders positiv gewesen war, rutschte völlig in den Negativbereich: Ich fand mich hässlich. Auch in meinem psychischen Erleben fühlte ich mich immer mehr verunsichert: Waren meine Launenhaftigkeit, die Nervosität, die depressiven Verstimmungen und die sexuelle Lustlosigkeit Ausdruck der Hormonstörung oder eher die Anzeichen für eine Unzufriedenheit mit den Lebensumständen, zum Beispiel in der Partnerschaft? Meine wohlmeinende Gynäkologin bot mir eine Veränderung der Hormondosis an und verschrieb mir zusätzlich ein Medikament gegen die Nebenwirkungen der Hormone. Während ich noch mit diesem Rezept in der Hand vor der Arztpraxis stand, erklang plötzlich ein ganz klares Nein in meinem Inneren, so als würde etwas in mir dieses Nein sagen: Ich hatte Ohnmacht und Schmerz während der Zeit der Diagnose und Operation der Endometriose ertragen, ich hatte mich bei etwa zehn Ärzten über andere medizinische Behandlungsmöglichkeiten informiert, ich hatte jahrelang mit der Hormoneinnahme und deren Nebenwirkungen gelebt, fühlte mich fremd in meinem eigenen Körper … Das konnte nicht meine Zukunft sein, mit diesem Lebensgefühl konnte ich nicht weiterleben! Es sagte Nein in mir.

Jahre später habe ich andere Frauen zu ihren Selbstheilungsprozessen interviewt, und viele berichteten von einem ähnlichen Phänomen: Es waren meist unspektakuläre Situationen, in denen sich ihre innere Stimme unüberhörbar bemerkbar gemacht und einen deutlichen Hinweis für den weiteren Lebensweg gegeben hatte. Der neue Weg wurde beispielsweise in einem Traum angedeutet oder offenbarte sich bei einer wichtigen Begegnung mit einem Menschen oder durch ein inneres Bild während des Aufwachens aus der Narkose. Diese Zeichen signalisierten das Ende der bis dahin gewohnten Umgangsweise mit Körper und Krankheit und auch das Ende vertrauter Gegebenheiten und Sicherheiten des Alltagslebens. Selbstheilungswege beginnen mit Abschied, das ist immer wieder meine Erfahrung. Für mich persönlich bedeutete dies vor zwanzig Jahren, meine Ohnmachts- und Leidenshaltung aufzugeben und mich auf die Suche nach alternativen Heilungswegen zu machen, da die traditionelle Medizin damals für mich keine lebenswerte Perspektive bieten konnte. Es war für mich ein großer Schritt, ein Sprung, den Glauben an eine ausschließliche und umfassende Versorgung durch die Medizin aufzugeben und als Erkrankte die eigene Verantwortung für die Qualität meines Lebens anzunehmen.

Die inneren Abschiede bewirken erfahrungsgemäß nach und nach auch Veränderungen in anderen Lebensbereichen. Meine Interviewpartnerinnen haben beispielsweise berichtet, dass die Wandlungen in ihrem Leben nicht plötzlich und abrupt geschahen, aber immer durch einen inneren Abschied eingeleitet wurden. Eine Frau gab ihren übermäßig anstrengenden Beruf auf, eine andere kündigte ihr sicheres, aber unbefriedigendes Beamtenverhältnis, wieder eine andere fühlte, dass sie ihre Ehe beenden musste, eine weitere gab ihre Helferinnenrolle anderen Menschen gegenüber auf.

Die Erfahrungen meiner heutigen soziotherapeutischen Beratungsarbeit bei der Begleitung von Selbstheilungsprozessen bestätigen die Notwendigkeit, zu Beginn des Weges von Gewohntem, Sicherem und Vertrautem abzulassen. In einem tieferen Sinne ist dieser Abschied nicht nur ein Vorhaben wie beispielsweise mit dem Rauchen aufzuhören (obwohl natürlich auch dies einen wichtigen Wendepunkt darstellen kann), sondern es ist die Entscheidung, zu einer bestimmten Art von Lebensqualität, zu einer gewohnten Lebensführung Nein zu sagen. Menschen sagen, was sie in ihrem Leben nicht mehr haben möchten, was sie – wie Bäume ihre Blätter im November – loslassen wollen, damit sich für sie Wesentliches im Leben neu zeigen kann. Dasselbe Lebensgesetz erleben wir in der Natur, wo die neuen Knospen an den Zweigen der Bäume erst sichtbar werden, wenn die alten Blätter verschwunden sind und die Sicht freigegeben haben.

Dieser erste Schritt in einem Selbstheilungsprozess ist eine tiefe, einsame Wahl im eigenen Inneren – eine Wahl, die sich in ihrer Konsequenz weder überschauen noch kontrollieren lässt. Den Tod von etwas Altem zu akzeptieren und sogar selbst herbeizuführen, macht uns Angst. Es gehört Mut dazu, alte Sicherheiten, Gewohnheiten, Beziehungen, Verhaltensmuster und Einstellungen »sterben« zu lassen. Doch auf diese Weise wird Platz geschaffen für den Beginn von etwas Neuem, und das Geschenk ist dann, dass dem Menschen neue Lebensmöglichkeiten »zu-fallen« – so wie der Frühling auf den Winter folgt. Eine Frau hat das so ausgedrückt: »Ein uraltes Lebensgesetz ist, wenn du das Alte sterben lässt, dann fällt dir etwas Neues zu ... das alte Blatt fallen lassen wie der Baum, das Loch entstehen lassen, die Leere aushalten ... dann fällt dir etwas Neues zu ... Das Risiko im Leben ist, darauf zu vertrauen.«

In meiner Geschichte begannen nach der Entscheidung für einen eigenverantwortlichen Umgang mit meinem Körper tatsächlich die »Zufälle«. Anfang der achtziger Jahre las ich zufällig in einem Zeitungsbericht über die Arbeit von Stephanie und Dr. Carl Simonton, die in den USA gemeinsam ein neuartiges Krebstherapie-Konzept entwickelt hatten. Diese Informationen stellten mein Wissen und Denken über Krankheit gründlich auf den Kopf und verhalfen mir zu einem neuen Verständnis vom Körpergeschehen. Die Grundannahme der Simonton-Methode besagt, dass die Glaubensmuster von Menschen eine wichtige Kraft für den Verlauf und Heilungsprozess einer (Krebs-)Erkrankung sind. Als »Glaubensmuster« werden die tiefen, inneren Einstellungen eines Menschen zu sich selbst bezeichnet. Diese Lebenseinstellungen beinhalten auch die persönliche Sichtweise von der Welt und den eigenen Verwirklichungschancen darin, und beeinflussen so die Lebensfreude und Hoffnung von Menschen. Außerdem wurde durch Forschungen – unter anderem von Carl Simonton – belegt, dass sich die Glaubensmuster auf körperliche Prozesse auswirken. In anderen Untersuchungen mit dem Biofeedback-Verfahren konnte nachgewiesen werden, dass Gedanken, Gefühle und Lebenseinstellungen messbare Reaktionen im Körper hervorrufen. So hat beispielsweise allein die Vorstellung, Fahrrad zu fahren, die Konsequenz, dass die entsprechenden Muskeln aktiviert werden. Andere Arbeiten zeigten, dass bestimmte Lebensumstände – zum Beispiel Einsamkeit – eine Minderung der Abwehrkraft des Immunsystems zur Folge haben. Im Gegensatz dazu wirken sich Lebensqualitäten wie Hoffnung und Freude nachweisbar stärkend auf das Immunsystem aus.

Außerdem ergaben die Forschungen der Simontons, dass mithilfe innerer Bilder – ähnlich solchen Bildern, wie Sie sie aus Träumen kennen – eine Kommunikation mit dem Körper stattfinden kann. In diesen Bildern werden Körper- und Krankheitszustände sichtbar, und durch bestimmte innere Vorstellungen können heilsame Impulse in die komplizierten Körperprozesse gesandt werden. Das Ehepaar Simonton hatte auf der Grundlage dieser Forschungsergebnisse ein Genesungsprogramm für ihre Patienten entwickelt, in dessen Verlauf die Kraft innerer Bilder in Form von Entspannungs- und Heilungsvisualisierungen genutzt wurde. Gedankenkraft und heilsame Visualisierungen unterstützen den Genesungsprozess der an Krebs erkrankten Menschen. Heute ist die Simonton-Methode weltweit bekannt, und auch in Deutschland bieten Kliniken diese Therapieform an.

Ähnlich arbeitete auch die amerikanische Psychotherapeutin Dr. Rosemary Rodewald, die ihre Erkenntnisse in dem Buch *Magie, Heilen, Menstruation* Anfang der achtziger Jahre beschrieb. In ihrer therapeutischen Arbeit mit Frauen erlebte sie, wie Glaubenssätze und Einstellungen über das Frausein mit dem Auftreten von Menstruationsbeschwerden zusammenhängen und diese beeinflussen.

Jahre später lernte ich die amerikanische Psychologin Jeanne Achterberg kennen, die aus ihrer Arbeit mit vielen an Brustkrebs erkrankten Frauen ebenfalls die Macht der inneren Vorstellungen belegen konnte. Ihre Forschungen und Erkenntnisse zum Einsatz von Phantasiebildern und Heilungsritualen bei körperlichen Erkrankungen sind dem Gebiet der *Psychoneuroimmunologie* (PNI) zuzuordnen – eine relativ junge Wissenschaft, die die Zusammenhänge zwischen psychischen und immunologischen Prozessen erforscht.

Eine neue Sichtweise von Körper und Krankheit

Ich persönlich habe diese damals sehr neuen wissenschaftlichen Erkenntnisse über die Zusammenhänge von Psyche und Körper als Mut machenden Impuls für mein eigenverantwortliches Handeln erlebt. Für die Selbstheilungsarbeit und -beratung bedeuten diese neuen Vorstellungen von Körper und Krankheit eine Basis, von der aus eigenverantwortliche Selbsthilfe überhaupt erst möglich ist. Nach herkömmlichem Denken gehen wir zum Beispiel davon aus, dass »ein weiblicher Körper wie ein hormongesteuertes Regelsystem« funktioniert. Der Kreislauf eines abgeschlossenen, hormonellen Steuerungssystems zwischen Gehirnarealen, Hormondrüsen und weiblichen Organen macht dieser Auffassung zufolge das Spezifische eines weiblichen Körpers aus. Das neue Denkmodell vom Körper, das auf den Forschungen der Psycho-Neuro-Immunologie basiert, geht aus von einem Zusammenwirken zwischen psychischen Wirkfaktoren wie Lebenseinstellungen, Glaubensmustern, Gefühlen und körperlichen Prozessen. Diese Sichtweise von Körperprozessen impliziert auch ein anderes Verständnis von Krankheit. Statt sie als eine zu reparierende Störung in geschlossenen und logischen Systemabläufen zu betrachten, wird Krankheit verstanden als eine Aktion des Körpers im Zusammenspiel mit sozialen und psychisch-seelischen Einflüssen. Als Ausdrucks- und Sprachmöglichkeit des Körpers begriffen, hat Krankheit eine veränderte Bedeutung: Sie wird zu einer Botschaft des Körpers. Der Körper gibt quasi seinen »Kommentar« zu den Qualitäten einer Lebensweise ab. Oder anders betrachtet: Der »Körperausdruck« Krankheit kann eine bedeutende Informationsquelle und Hilfestellung für den menschlichen Entwicklungs- und Wachstumsprozess sein.

Für die Selbstheilungsarbeit ist ein Denkmodell von Körper und Krankheit unerlässlich, das eigenverantwortliche Selbsthilfe überhaupt vorstellbar macht. Ich habe mit meiner damaligen Erkrankung selbst erlebt, welche Auswirkungen unsere Vorstellungen haben: Das gewohnte, mir bekannte medizinische Modell von Körper und Krankheit hatte meine Ohnmacht im Heilungsprozess zur Konsequenz. Ich glaubte, dass allein das ärztliche Fachpersonal meinen durch die Erkrankung gestörten weiblichen Regelkreislauf reparieren und mich durch Behandlung »gesund« machen könne. Meine Überzeugung als Patientin war, dass ich selbst nichts für die Heilung tun könne. Im Gegensatz dazu bekam in der neuen Sichtweise vom Körpergeschehen die Psyche eine große Bedeutung im Verlauf von Krankheits- und Heilungsprozessen. Und dies beinhaltete die Möglichkeit von »Eigenmacht«: Mit diesem anderen Körperverständnis konnte ich selbst auch etwas für meinen Heilungsprozess »machen«, – auch wenn ich zu diesem Zeitpunkt noch nicht wusste, was. Meine Überlegung war damals: »Vielleicht kann ich durch Veränderungen in meinen Gefühlen, Gedanken und Lebenseinstellungen ja selbst Einfluss auf meinen Körper nehmen, also auf meine Hormone einwirken.«

Diese neue Sichtweise eröffnete mir – zunächst in meinen Gedanken – die Möglichkeit, selbst aktiv zu werden und etwas für meine Heilung zu tun.

Die Übernahme von Eigenverantwortung in der Selbstheilungsarbeit erfordert also nicht nur den Mut, etwas Neues zu erproben. Für die Entwicklung von Eigenmacht ist außerdem noch eine veränderte Vorstellung von Körper und Krankheit notwendig. Wie ein Selbstheilungsweg im Weiteren verlaufen kann, möchte ich Ihnen anhand einiger Stationen meines eigenen Prozesses schildern.

• Das neue Denkmodell vom Körper inspirierte mich, und es warf Fragen auf, die für meinen Selbstheilungsweg viele Jahre richtungsweisend sein sollten. Ich wollte wissen, welche Lebenseinstellungen und Lebensqualitäten, welche Verhaltensmuster und Alltagserscheinungen an der Entstehung und Aufrechterhaltung meiner Erkrankung mitgewirkt haben könnten. Ich fragte: »Wie ist es zu der Erkrankung Endometriose gekommen?« Das war die Frage nach meiner Verantwortlichkeit und Eigenmacht – nicht die Suche nach meiner »Schuld«. Ich wollte die Hintergründe und »Trieb«kräfte für die Erkrankung entdecken, um herauszufinden, was ich selbst für meine Gesundung und Heilung tun konnte.

• Während der folgenden Jahre meines Selbstheilungsprozesses fand ich viele Möglichkeiten und Methoden, die für mich heilsame Schritte waren und mein Leben nach und nach veränderten: Ich wechselte beruflich in ein Arbeitsfeld, das mir einen Alltag ermöglichte, der von den Aufgaben und Arbeitsbedingungen her mehr meinen persönlichen Bedürfnissen und Interessen entsprach. Außerdem änderte ich meine Ernährungsweise, indem ich mich auf eine den Körper wirklich nährende Kost umstellte. Verschiedenste Massagearten, die ich mir regelmässig gönnte und die ich auch selbst erlernte, förderten die Wahrnehmung meines mir so fremd gewordenen Körpers. Mein Körpergefühl veränderte sich allmählich, und ich konnte meinen Körper wieder mehr genießen. Und ich schenkte ihm mehr Gehör, entwickelte einen freundschaftlichen Kontakt zu meinem Körper. Sport, und besonders das

Luna-Yoga (von Adelheid Ohlig), unterstützten mich ebenfalls in meinem Körpergespür. Zusätzliche Hilfe gaben Vitamine und Mineralien ebenso wie die naturheilkundlichen Mittel der Anthroposophen. Die wichtigsten Erlebnisse meines Selbstheilungsweges hatte ich aber durch die Selbst-Erfahrung in der Psychotherapie, in Selbstheilungsgruppen und bei der Meditation.

• In einer Frauen-Selbsthilfegruppe zu dem Thema »Krankheit und Selbstliebe« lernte ich Anfang der achtziger Jahre die Visualisierungen kennen, von denen ich bis dahin nur in den Büchern von Simonton und Rodewald gelesen hatte. Durch die Arbeit mit inneren Bildern erlebte ich neue Zugänge zu Körper und Krankheit. Trance, Phantasiereisen und Körpervisualisierungen faszinierten mich; die Wahrheit und Mächtigkeit dieser Bilder beeindruckte mich tief. Im Laufe der Jahre wurde die Arbeit mit inneren Bildern zu meiner Leidenschaft, und sie ist auch heute noch das zentrale Element in meinem eigenen Selbstheilungsprozess.

• Die Entwicklung eines neuen Körperbewusstseins und damit eines neuen Bewusstseins meines Frauseins änderte mein Verhältnis zu der Erkrankung. Im Verlauf meines Selbstheilungsweges wandelte sich meine gesamte Lebensweise durch das Erfahren neuer Lebensqualitäten. Mein neu gewählter Beruf als Soziotherapeutin mit der Beratung und Ausbildung in Selbsthilfe- und Selbstheilungsbegleitung ist ein wesentliches Resultat dieser Entwicklung.

Die Arbeit mit inneren Bildern

Eine Möglichkeit von Selbstheilungsarbeit ist die Methode, mit inneren Bildern weiterführende, gesundheitsförderliche Schritte zu finden. Die Amerikaner Simonton, Rodewald, Achterberg und viele andere Therapeuten nutzen diese Methode bei der Begleitung von erkrankten Menschen. In Deutschland ist dieses Verfahren hauptsächlich bekannt in der Arbeit mit an Krebs erkrankten Menschen, bei Herz-Kreislauf-Patienten sowie bei an Aids erkrankten Menschen.

Die Methode »Wildwuchs«, das von mir entwickelte und in diesem Buch vorgestellte Selbstheilungskonzept, basiert auf der Arbeit mit inneren Bildern, also auf Visualisierungen. Ich möchte Sie daher nun kurz in die Arbeit mit inneren Bildern einführen.

Ist ein Mensch erkrankt, so stellt sich das Problem, wie die Körpersprache »Krankheit« entschlüsselt werden kann. Wie können die Hinweise, die in den Beschwerden liegen, erkannt und für uns zugänglich werden? Wie können die Symptome »verstanden« und dann angemessene heilsame Schritte gefunden werden? Wir Menschen leben immer mit inneren Bildern, auch wenn wir diese meist nicht mit unserem Bewusstsein wahrnehmen. »Sorgen machen« erzeugt beispielsweise Vorstellungen über unsere Eigenmacht und Zukunft im Leben. Wenn Sie Ihre Augen schließen und sich einen Menschen mit Sorgen vorstellen, können Sie wahrnehmen, wie diese Person aussieht und wie sich das Sorgenmachen auf den Körper auswirkt. Die betreffende Person hat wahrscheinlich eine bestimmte Körperhaltung, ihre Mimik und Fortbewegungsweise drücken ihren Bewusstseinszustand aus.

Innere Bilder sind die Dimension, in der eine Kommunikation zwischen bewusstem Geist und Körper stattfindet. Wir erzeugen solche Bilder, und diese wirken als Informationen im Körperorganismus. Aber der Körper kann seine Informationen und sein Wissen ebenfalls in Form innerer Bilder an uns »senden«. Wir können mit unserem Verstand diese Bildersprache entschlüsseln und so unsere inneren Körperverhältnisse etwas besser begreifen. Einen Zugang zu dieser Dimension und damit zu dieser Art von Körperwahrnehmung bekommen Sie, wenn Sie sich in einen leichten Entspannungszustand begeben, still werden und sich mit all Ihren Sinnen den Informationen aus Ihrem Innersten zuwenden. Die Bezeichnung Visualisierung ist eigentlich falsch, denn die inneren Bilder können nicht nur angeschaut, also visuell aufgenommen, sondern auch mit den anderen Sinnen – Riechen, Hören, Fühlen usw. – erfasst werden. Der Informationsgehalt der Visualisierungen ist ein Wissen, das nicht durch Denken, durch den Verstand erlangt werden kann. Die inneren Bilder berichten von nicht Gewusstem, das heißt von unbewusstem Körperwissen.

In der wissenschaftlichen Forschung ist unklar, wie und wodurch solche inneren Bilder genau entstehen, aber es gibt Vermutungen und Beobachtungen dazu. Dass die inneren Bilder mit Körper und Psyche in Zusammenhang stehen, wussten schon die Heilerinnen und Heiler in alten Kulturen. Heute beschäftigt sich die Psycho-Neuro-Immunologie als neue Wissenschaft mit diesen Wirkungszusammenhängen. Das Buch von Carl Simonton *Wieder gesund werden* und besonders die beiden Bücher von Jeanne Achterberg, *Gedanken heilen* und *Rituale der Heilung**, geben einen umfassenden Einblick in dieses Thema.

---

* Achterberg/Dossey/Kolkmeier, *Rituale der Heilung: Die Kraft von Phantasiebildern im Gesundungsprozeß*, München: Goldmann, 1996.

Für die Erläuterung von Selbstheilungsarbeit und meines eigenen Beratungskonzeptes »Methode Wildwuchs« möchte ich aus den vielfältigen Forschungsergebnissen zur Bilderarbeit hier drei Aspekte hervorheben, die mir wesentlich für die Bestimmung von Maßnahmen zur Gesundheitsförderung erscheinen.

1. Innere Bilder zeigen reale, biologisch korrekte Körperzustände auf.

Es gibt wissenschaftliche Untersuchungen, die nachweisen, dass sich in den inneren Bildern konkrete Körper- und Krankheitszustände abbilden. Beispielsweise lassen sich an den Bildern die Art und Resistenz von Krebszellen ablesen oder auch die genauen, zellularen Verhältnisse und Fähigkeiten des Immunsystems. Ebenso zeigt sich der menschliche Glaube an die eigenen Kräfte in den inneren Vorstellungen. Diese Forschungsergebnisse enthalten wichtige Hinweise für die Arbeit mit Visualisierungen. Sie bedeuten die Möglichkeit, Menschen anleiten zu können, sich körperliche Prozesse vor Augen zu führen und ihre Körper- und Krankheitszustände selbst wahrzunehmen. Gleichzeitig kann sich in der Dimension der inneren Bilder auch die psychisch-seelische Komponente einer Erkrankung verdeutlichen.

2. Körperliche Prozesse können durch innere Bilder beeinflusst werden.

Das einfachste Beispiel dafür kennen Sie sicher: Schließen Sie die Augen und stellen Sie sich eine gelbe, saftige Zitrone vor. Stellen Sie sich dann vor, Sie beißen in diese Zitrone hinein… Als körperliche Reaktion wird sich wahrscheinlich Ihr Speichelfluss vermehren. Auf ähnliche Weise können Visualisierungen zum Beispiel einzelne Zellen des Immunsystems beeinflussen. Wenn Sie sich ein Bild vorstellen, dann wird dies einen Impuls im Nervensystem zur Folge haben. Diese Tatsache ist vielfach nachgewiesen durch das Biofeedback-Verfahren, in dem Körperreaktionen wie Muskelbewegungen, Herzschlag- und Hauttemperaturveränderungen als Antwort auf innere Vorstellungen gemessen wurden. Die Untersuchungen der PNI zeigen, dass bei inneren Vorstellungen auch biochemische Prozesse in Gang gesetzt werden. Eine Vorstellung oder ein Gedanke, eine Sorge oder Freude, löst die Bildung von so genannten Botenstoffen aus – das sind unter anderem Neurotransmitter, Hormone, Neuropeptide –, die Informationen zu allen Zellen des Körpers bringen und deren Funktionsweise beeinflussen können. Es gibt beispielsweise Botenstoffe, die Endorphine, die als körpereigenes Opiat das Schmerzempfinden regulieren. Positive Vorstellungen, so haben die Forschungen gezeigt, fördern die Endorphinbildung. Organe und einzelne Zellen des Immunsystems – zum Beispiel die Milz, die Makrophagen, Lymphozyten etc. – können die Information dieser chemischen Botenstoffe empfangen. Jeanne Achterberg berichtet von Versuchen, in denen einzelne Teile des Immunsystems in ihrem Zusammenwirken durch innere Bilder regelrecht trainiert werden konnten. Die Wissenschaft nimmt heute die Vorstellungsbilder als hypothetisches Bindeglied zwischen bewusster Informationsverarbeitung und physiologischen Körperveränderungen an. Man geht davon aus, dass die inneren Bilder wahrscheinlich ein zentrales Kommunikationsmittel zwischen Körper und Verstand sind. Für die Selbstheilungsarbeit bedeutet dieses Wissen die Möglichkeit, gesundheitsfördernde Visualisierungen entwickeln zu können.

3. Die Welt der inneren Bilder bietet eine wunderbare Möglichkeit, dem eigenen Körper (wieder) nahe zu kommen.

Weiter oben habe ich schon beschrieben, dass Vorstellungsbilder mit allen Sinnen wahrgenommen werden können. Das bedeutet, wenn sich jemand beispielsweise ein Körperorgan vorstellt und sich in der Vorstellung diesem Abbild nähert, so erlebt die betreffende Person dies wie eine wirkliche Berührung, wie einen realen Kontakt zu dem Organ. Dieser Aspekt der Bilderarbeit hält einen ganz besonderen Wert für die Selbstheilungsarbeit mit Frauen bereit. Besonders für Frauen, die durch frühere Gewalterfahrungen ein schwieriges oder ablehnendes Verhältnis zu ihrem Körper entwickelt haben, stellt diese Qualität von Berührung des Körperinneren eine behutsame und neue Erfahrung von Nähe zum eigenen Körper dar. In der Welt der Bilder kann eine Frau sich vorsichtig und langsam wieder ihrer Körperlichkeit nähern, sie kann die abgelehnten oder mit Scham belegten Körperorgane und -bereiche anschauen, sie berühren, Kontakt dazu aufnehmen – und zwar mit dem gewünschten Abstand und in dem Tempo, das ihr verträglich ist. Diese neue Art von Kontakt fördert auch gleichzeitig einen Prozess der Wiederaneignung von Selbstvertrauen, denn das Vertrauen in den eigenen Körper ist die Basis weiblichen Selbstvertrauens.

Die Methode Wildwuchs – speziell für Frauen

Die *Methode Wildwuchs* ist ein Beratungskonzept, das Menschen – insbesondere Frauen – in ihren Selbstheilungsprozessen unterstützt. Im Laufe solcher Prozesse wandelt sich die ursprüngliche Ohnmacht im Krankheits- und Heilungsgeschehen zu der fortschreitenden Entdeckung von Möglichkeiten einer kreativen, lustvollen Lebensgestaltung. Durch diese Methode wird ein Kontakt zur vermeintlichen »Gegnerin Krankheit« geschaffen, in dem dann eine Kommunikation über die Bedürfnisse und Gelüste des Körpers stattfinden kann. Dabei wird auch deutlich, wo die Eigenverantwortlichkeit liegt und welche Veränderungen in der Lebensführung notwendig sind. Meine Erfahrungen aus der Selbstheilungsberatung zeigen, dass der Körper immer an Wachstum, an einer Steigerung von Lebensqualität, an liebevoller Aufmerksamkeit, an besinnlicher und kreativer Alltagsgestaltung, an dem Sprudeln von Lebenslust interessiert ist.

Herzstück der Methode Wildwuchs sind verschiedene Visualisierungstechniken, die in ihrer heutigen Qualität das Resultat langjähriger praktischer Erprobung sind. Die Visualisierungsübung »Körpererkundung« zum Beispiel, die die Beratung einleitet, benötigte insgesamt einen Zeitraum von etwa sieben Jahren für ihre Entwicklung. Gemeinsam mit Kolleginnen, Lehrerinnen und Seminarteilnehmerinnen wurde diese – für viele Frauen gut funktionierende – Anleitung zur Wahrnehmung vom Körperinneren erarbeitet. Die Auswertung der inneren Bilder geschieht dann mit Hilfe von Elementen aus der Gestalt-, Kunst- und Bewegungstherapie, aus dem Psychodrama sowie aus der Trauerbegleitung und dient der Kreation von gesundheitsförderlichen Selbsthilfeschritten. Selbstheilungsarbeit nach der Methode Wildwuchs endet (vorläufig) damit, die entdeckten, alltagstauglichen Handlungsschritte zu einem individuellen Gesundheitstrainingsprogramm zusammenzustellen.

Selbstheilungsarbeit für Frauen

Das Motto, unter dem diese Arbeit steht, lautet: »Im Krankheitsfalle hat eine Frau mehr Möglichkeiten, ihren Heilungsprozess selbst zu fördern, als sie gewöhnlich zu denken wagt – und doch ist Heilung immer auch ein Wunder!«

Die Methode Wildwuchs leitet zu einer offensiven Entfaltung von Eigenverantwortung und Eigenmacht an – so wie es die erste Hälfte des Mottos betont. Die zweite Aussage bezeichnet eine wichtige Grenze und das Ende der eigenen Macht: Es gibt eine Grenze des menschlichen Einflusses auf die Natur unseres eigenen Körpers, und das ist unsere Sterblichkeit, unser grundsätzliches Ohne-Macht-Sein dem Tod gegenüber. Krankheit, Gesundheit und Heilung gehören für mich letztlich auch in den Bereich der Gnade und werfen Fragen auf nach der Lebensaufgabe und dem Lebenssinn. Es ist nur ein geringer Einfluss, den wir als Menschen ausüben können auf die immer noch geheimnisvollen Lebenskräfte, die auch in unserem Körper walten. Aber unser Wirken kann einen Samen legen für heilsame Körperprozesse und für Wachstum im psychisch-seelischen Bereich.

Die Methode Wildwuchs ist spezialisiert auf die Selbstheilungsarbeit mit Frauen, und zwar in zweierlei Hinsicht: Zunächst entwickelte sich diese Orientierung aufgrund meines eigenen Interesses an dem Phänomen »Frauenerkrankungen«. Ich habe bisher über tausend Frauen auf ihrer Suche nach Selbsthilfemöglichkeiten begleitet. Schwerpunktmäßig habe ich mit Frauen gearbeitet, die an Endometriose, Myomen, Zysten sowie an der Schilddrüse erkrankt waren, darüber hinaus aber auch mit Frauen, die unter Migräne, Hormonstörungen, Rücken- oder Hauterkrankungen und Wechseljahresbeschwerden litten. Da ich seit einigen Jahren auch Fachkräfte aus dem Gesundheitsbereich, aus der Geburtshilfe sowie aus dem pädagogischen Bereich und dem Beratungs- und Begleitungsbereich fortbilde, erweitern sich die Anwendungsmöglichkeiten der Methode immer mehr. Zudem trainiere und coache ich seit einigen Jahren Frauen in der Entwicklung heilsamer Lebensweisen im Beruf mit Hilfe von körperorientierten Visualisierungstechniken.

Weitere Impulse für die spezifische Ausrichtung meiner Selbstheilungsberatung auf Frauen ergaben sich aus der Erfahrung, dass das Frausein aufgrund einer langen Tradition häufig ein gebrochenes Verhältnis zur eigenen weiblichen Körperlichkeit beinhaltet. Außerdem erschweren die vielfach von Frauen erlebten körperlichen Gewalterfahrungen jede Art von Körpererkundung. Diese Besonderheiten weiblicher Realität müssen in der Selbstheilungsarbeit berücksichtigt werden. Und noch mehr: Sowohl in den Inhalten, in den Methoden und Techniken der Beratung als auch im Vorgehen und Setting müssen diese weiblichen Lebenserfahrungen eine Antwort erfahren. Dies geschieht in der Methode Wildwuchs durch folgende Besonderheiten:

- In den Entspannungsanleitungen wird ausdrücklich die weibliche Körperlichkeit mit einbezogen, und in den Anleitungen zur Visualisierung wird Raum gegeben für das Erleben der weiblichen Innenwelten.
- Sämtliche Entspannungs- und Visualisierungsanleitungen berücksichtigen die Tatsache der von Frauen häufig erlebten Grenzverletzungen durch sexuelle Gewalt. Mithilfe methodischer Schritte wird die Selbstsicherheit bezüglich des eigenen Körpers gestärkt. Die Fähigkeit zur Wahrnehmung und Wahrung persönlicher und körperlicher Gren-

zen wird in den körperorientierten Visualisierungstechniken belebt und gefördert.

- Die Visualisierungen provozieren eine Reflexion der eigenen Weiblichkeit durch Wahrnehmungsmöglichkeiten des eigenen, inneren Frauenbildes.
- Die Anleitungen für die inneren Bilder sind sinnlich, sie stellen eine neue Dimension sinnlicher Körperwahrnehmung zur Verfügung.
- Die Ausrichtung der gesamten Selbstheilungsarbeit zielt auf die Stärkung von Handlungskraft ab. Selbsthilfeschritte machen die Eigenmacht erlebbar und stärken die Gewissheit, Veränderungen im eigenen Leben vornehmen zu können.
- Die körperorientierte Visualisierungsarbeit nach der Methode Wildwuchs stärkt das Vertrauen in die Weisheit des weiblichen Körpers.

Die Bedeutung von »Selbstheilungsarbeit«, »Selbstheilung« und »Heilung«

Bevor ich Ihnen die Elemente von Selbstheilungsprozessen in den nachfolgenden Kapiteln vorstelle, möchte ich genauer definieren, was die Begriffe Selbstheilungsarbeit, Selbstheilung und Heilung nach meinem Verständnis bedeuten.

Mit *Selbstheilungsarbeit* bezeichne ich das Bestreben, eine Antwort auf die Bedürfnisse des eigenen Körpers zu finden und zu leben. Das erfordert zunächst einmal die Fähigkeit, dem Körper zu trauen und auf die jeweilige Beschwerde oder Erkrankung einzugehen, ihren Signalcharakter zu achten, sie anzuschauen und kennen lernen zu wollen. Weitere Schritte in der Selbstheilungsarbeit sind, auf die erkannten Bedürfnisse und Hinweise des Körpers eine Antwort zu geben. An dieser Stelle möchte ich betonen, wie wichtig das Handeln in einem Selbstheilungsprozess ist. Erfahrungen aus der Arbeit mit an Krebs erkrankten Menschen belegen hinreichend, dass Glaube und Hoffnung sowie der Entschluss, Leben und Gesundheit in die eigene Hand zu nehmen, gesundheitsförderlich sind. Auch meine Erfahrungen aus der Selbstheilungsberatung zeigen, dass die durch Krankheit angezeigten Körperbedürfnisse und -gelüste durch Handlungen erlöst und befriedigt werden müssen. Wenn der Körper etwa mehr Aufmerksamkeit und Pflege braucht, sind nur entsprechende Handlungen eine glaubwürdige Antwort. Notwendige Körpernähe und -berührung wollen ganz praktisch und konkret, zum Beispiel durch Massagen oder Streicheln, erlebt werden. Erkenntnisse und Wissen sind wichtig, reichen aber allein nicht aus, denn persönliches Wachstum geschieht immer sichtbarer und spürbarer.

Selbstheilungsarbeit stellt eine besondere Art von Kontakt zum eigenen Körper und der Krankheit her, und dieser Kontakt kann meistens nicht ohne Begleitung entwickelt werden. Ganz im Gegenteil geschieht Heilung meist im Kontakt, und Heilung ist immer auch Kontakt: Kontakt zu sich selbst, zu den Mitmenschen, zur Natur und zum Göttlichen. Der Widerstand oder Widerwille, den wir als Schutz vor verdrängten Erlebnissen, unterdrückten Gefühlen oder auch vor dem Verabschieden von Altem erleben, fordert meist die Begleitung durch einen anderen Menschen, mit dem wir uns den Furcht erregenden Lebensbereichen zuwenden. Krankheit, so wie ich sie selbst erlebt habe und bei anderen Menschen tagtäglich miterlebe, weist oft auf solche vom Körper aufbewahrten dunklen Seiten in unserer menschlichen Existenz hin.

Selbstheilungsarbeit bedeutet nicht, sich von möglichen

Angeboten der Medizin und des Gesundheitswesens abzuwenden. Selbstheilungsarbeit ist die Entwicklung von Selbsthilfe und Lebenslust. Im Krankheitsfall stärkt diese Arbeit die Selbstsicherheit und Kompetenz für das eigene Körpergeschehen und die eigenverantwortliche Wahl notwendiger medizinischer Behandlung.

Selbstheilung sehe ich als einen Prozess des Ganz-Werdens von Menschen; es ist ein Heil-Werden durch das Annehmen aller Aspekte einer Persönlichkeit mit ihrer jeweiligen Geschichte. Diese Annahme beinhaltet den Erkenntnisprozess der Eigenverantwortlichkeit in der Gestaltung des individuellen Lebensalltags. Selbstheilung umfasst auch den Lernprozess, das Ende menschlicher Macht anzuerkennen und die persönliche Eingebundenheit in allgemein gültige Naturgesetze zu achten. Mit dieser Sichtweise kann ich sowohl meine Krankheiten, »Schicksalsschläge«, meine Alltagsbegegnungen und -bedingungen sowie mein Eingebundensein in Gesellschaft und Natur auf eine neue Art wahrnehmen und erforschen. Dies hat eine Transformation von Ohnmachtsgefühlen zur Folge. Und so kann in gleichem Maße die Lebensenergie, die Lust am Leben und Wachsen, wieder aktiviert und freigesetzt werden für neue Wünsche und Ziele eines erfüllenden Lebensalltags.

Aus meinem eigenen Selbstheilungsprozess habe ich gelernt, dass *Heilung* ein lebenslanger Prozess ist: Heilung bedeutet für mich heute, dass ich mit allem Frieden schließen kann. Mein Verständnis von Heilung bezieht alle Lebensbereiche und -prozesse, die zu meinem Menschsein gehören, mit ein. Frieden zu schließen bedeutet für mich, auf die hellen und dunklen Seiten des Lebens eine Antwort zu finden. Das bedeutet, mich auch von dem Dunklen im Leben – von abgelehnten Persönlichkeitsanteilen und Verhaltensweisen, von Krankheit und Tod, Gewalt und Krieg – berühren zu lassen und diesen Lebenstatsachen einen Platz in meinem Lebensalltag geben zu können. Somit ist Heilung für mich mehr als Gesundheit. Bin ich ohne Eierstöcke und mit niedrigem Hormonspiegel gesund? Was bedeutet letztlich die körperliche Gesundheit für einen Heilungsweg? Eine Freundin, die in der Trauerbegleitung tätig ist, hat es so formuliert: »Für manche Menschen bedeutet es Heilung, zu sterben.«

Wenn Sie sich auf das Abenteuer eines Selbstheilungsprozesses einlassen möchten, denken Sie an den ersten Schritt: die Entscheidung, Ihre Eigenverantwortlichkeit für Körper und Krankheit entdecken zu wollen.

2

Den eigenen Körper
neu erleben,
der Krankheit neu begegnen

Wenn Sie auf der Suche nach persönlichen Selbsthilfe- und Selbstheilungsmöglichkeiten sind oder wenn Sie sich aus beruflichen Gründen für diese Thematik interessieren, ist es von zentraler Bedeutung, welche Sichtweise, welches Verständnis Sie vom Körper mit seinen vielfältigen, komplizierten Prozessen haben. Ihre Auffassung von Körper und Krankheit ist grundlegend für die Einschätzung, wie weitgehend Ihre Einwirkungsmöglichkeiten sein können im Krankheits- bzw. Heilungsprozess. Welches Bild Sie sich vom Körper und seinem Eigenleben machen, bestimmt den Handlungsbereich, den Sie zu haben glauben, um auf körperliche Prozesse Einfluss nehmen zu können. Ihr Verständnis vom Körper sowie Ihre Vorstellungen von Krankheit und Heilung sind maßgeblich für Ihr Zutrauen, wie viel Sie selbst in Heilungsprozessen »machen« können. Mit dieser inneren Haltung definieren Sie Ihre Eigenmacht.

Der Körper als Landschaft

Auch die Selbstheilungsarbeit nach der Methode Wildwuchs beruht auf einem speziellen Verständnis von Körper und Krankheit. Als eine Anleitung zu Selbsthilfe und Selbstheilung wurzelt die Methode in einer neuen Sichtweise von Körperprozessen und -empfindungen, und diese hat sich als Erkenntnis aus erlebten Selbstheilungswegen herauskristallisiert. Diese neue Auffassung von Körper und Krankheit ist gleichzeitig notwendige Grundlage der Selbstheilungsarbeit. Ich möchte Ihnen zunächst diese Basis der Methode Wildwuchs mit Hilfe eines Bildes erläutern, und zwar mit dem Bild vom Körper als einer »Gartenlandschaft«. Diese bildhafte Betrachtungsweise lädt dazu ein, die Möglichkeiten und Grenzen von Selbsthilfe und Selbstheilung auf eine neue Weise zu reflektieren.

Stellen Sie sich Ihren Körper einmal als Landschaft oder als einen Garten vor… Es ist ein Stück Landschaft, das abgegrenzt und ein besonderer Bereich ist, eine Landschaft mit verschiedenen Organen und Rhythmen, eine Landschaft, die immer in einem Entwicklungsprozess ist. Diese Gartenlandschaft entsteht in ihrer abgegrenzten und besonderen Form zunächst durch die Geburt, eingebettet in das sie umgebende Gebiet, also in das gesamte Land. Dadurch ergibt sich für diese Gartenlandschaft eine spezielle Herkunft, es gibt eine (Familien-)Tradition, die ihre Beschaffenheit und Besonderheit wesentlich mitgestaltet. Des Weiteren ist diese Landschaft verbunden mit dem gesamten Naturgeschehen der Umgebung – mit den Qualitäten des Wetters, der Luft, des Wassers. Auch diese Einflussfaktoren wirken bei der Entwicklung und Gestaltung des Landschaftslebens mit. Die Landschaft steht zudem in Kontakt mit den umliegenden anderen Landschaften und wird von ihnen beeinflusst. Sie bildet sich in ihrer einzigartigen Besonderheit während der Kindheit aus.

Vielleicht schließen Sie jetzt einmal Ihre Augen und stellen sich für eine Weile Ihren Körper als solch eine Gartenlandschaft vor ...

Wir selbst sind auch immer die Hüterin dieser Landschaft: die Hüterin, die eine bestimmte Einstellung und Haltung ihrem Garten gegenüber hat, ihn mag oder ihn ablehnt, vielleicht sogar hasst, die den Garten pflegt oder nicht beachtet, die in die Landschaft eingreift, etwas einpflanzt, einarbeitet oder etwas entfernt, beseitigt, die von außen etwas zulässt ... Wir haben ein Leben lang die Entscheidung, wie wir in der Landschaft wirken, welche Eigenarten und Ausgewogenheiten wir herstellen. Wir gestalten die Landschaftsmerkmale bewusst und auch unbewusst: Unsere geistigen Einstellungen wirken sich ebenso aus wie unsere Verhaltensweisen, unser Tun. Vielleicht hat unsere Existenz ja auch eine karmische Dimension, und wir haben mit dieser Landschaft eine spirituelle Aufgabe oder einen bestimmten Lebenssinn erhalten.

Unsere Körperlandschaft ist also in vielfältiger Weise eingebunden in die verschiedenen Wirkungszusammenhänge, die das Leben ausmachen. Im Verlauf unserer Lebenszeit entsteht und formt sich die Einzigartigkeit unserer Gartenlandschaft. Pure Lebens- und Wachstumsenergie drückt sich in allen Facetten ihrer Gestaltung aus, in ihrer Schönheit und auch in ihren »schwachen« Bereichen. Einflüsse, die die Vernachlässigung, Beschädigung oder gar das Unterdrücken von Bereichen der Gartenlandschaft bewirken, hinterlassen ebenso ihre Spuren, und da die Landschaft ein organischer Lebenszusammenhang ist, werden diese Faktoren auch das Gesamtwachstum der Landschaft beeinflussen. Wenn beispielsweise in einem Bereich eine Störung passiert oder eine Blockade entsteht, so wirkt diese auch auf die vitalen Verhältnisse der anderen Bereiche des Organismus ein. Dort kommt es dann zu Druck und Stauung, Funktionen und Abläufe verschieben sich. Um dennoch eine gewisse »Harmonie der Landschaft« zu wahren, schafft der Körper einen Ausgleich für diesen lebens- und wachstumsfeindlichen Zustand. Dieser Balance-Vorgang kann dann zum Beispiel eine »Missbildung«, ein Wachstum an »verkehrter« Stelle hervorbringen, einen »Fremdkörper«, den wir dann als Krankheit bezeichnen.

Schauen wir uns einmal an, welche Einflüsse bei dem Entstehen von Frauenkrankheiten eine Rolle spielen könnten: Stellen Sie sich vor, in einem Landschaftsbereich, in dem die weiblichen Organe eine Gemeinschaft bilden, steht von Geburt an ein uraltes Schild mit der Aufschrift: »Nur zur Fortpflanzung – ansonsten unnütz!« Dieses Schild ist fast allen Frauen vertraut, auch aus den Landschaftsgärten anderer Frauen. Sie kennen es aus der weiblichen Tradition ihrer eigenen Familie; dieses Schild ist für sie ganz »normal«, fällt nicht mehr als ungewöhnlich auf oder ist nicht mehr bewusst. Wenn Frauen nur dieser Schildaufschrift glauben und diese zu einer tiefen, grundlegenden Lebenseinstellung wird, so werden sie auf Regungen und Wachstumsbestrebungen in diesem Bereich vielleicht so reagieren: Sie decken eine Plane darüber, »vergessen« oder schneiden Triebe, oder sie lassen möglichst unbemerkt nur nachts etwas frei – vielleicht mit Schuldgefühlen.
Frauen werden mit diesen und weiteren Verbotsschildern bezüglich ihres Frauseins und ihrer Körperlichkeit geboren und sozialisiert. In diesem oder jenem Garten gibt es vielleicht mehr Schilder als in anderen Gärten, oder die Aufschriften lauten dort etwas anders. Historische Gegebenheiten wie beispielsweise die Familientradition als unsere »Landschaftsge-

schichte« bieten die Voraussetzungen, in die wir hineingeboren wurden. Die Geschichte und Kultur der umliegenden Gesamtgesellschaft beeinflusst ebenso unseren individuellen Bereich. In der deutschen Kultur hat die Ideologie des Faschismus ein Frauenbild nachhaltig zementiert, das den weiblichen Organen, besonders der Gebärmutter, lediglich eine auf Fortpflanzung reduzierte Funktion zugesteht. Falls Sie meinen, diese Vorstellung sei »Schnee von gestern«, stellen Sie sich doch selbst einmal die Frage, welche Funktion Ihre Gebärmutter für Sie persönlich hat, wenn sich keine Kinder darin entwickeln.

Ein weiterer wichtiger Einfluss für das Entstehen und die Präsenz von Frauenerkrankungen ist die Verschmutzung und Verseuchung unseres Lebensraums und unserer Nahrungsmittel. Natürlich haben Gift im Wasser und verpestete Luft Auswirkungen auf den Landschaftsorganismus. Forschungen, wie zum Beispiel die von der Umweltmedizinischen Beratungsstelle der Frauenklinik Straubing, weisen das Ausmaß solcher Einflussfaktoren nach.

Daneben gilt für weibliche »Gartenlandschaften« noch ein besonders zu beachtender, schlimmer Umstand: Viele dieser Gärten haben »Kriege« erlebt, psychische und physische Gewalt. Ihre Grenzen wurden missachtet, niedergetrampelt, Löcher entstanden in den Grenzen, oder sie verschwanden ganz. Teile des Gartens wurden zerstört (zum Beispiel durch körperliche Gewalt), verstümmelt (zum Beispiel durch Beschneidungen), entfernt (durch Operationen), vergiftet (durch ständige Medikation) usw.

In meiner Selbstheilungs-Beratungspraxis hat sich im Laufe vieler Jahre gezeigt, dass der Körper Erinnerungen an solche Gewalt speichert und mit Symptomen darauf aufmerksam macht. Ein besonders eindringlicher Beweis dafür ist, dass bei etwa jeder dritten Frau, die wegen einer Frauenerkrankung in unsere Beratung kommt, sexuelle Gewalterfahrungen in ursächlichem Zusammenhang mit der Erkrankung stehen. (In späteren Kapiteln werde ich darüber ausführlich berichten.) Diese Erfahrungen aus der Beratungsarbeit zeigen, dass die körperlichen, emotionalen und seelischen Gewalterlebnisse zwar von dem Alltagsbewusstsein abgespalten, »vergessen« werden können. Unser Körper aber bewahrt diese Ereignisse und die dazugehörigen Gefühle auf, er ver-körpert sozusagen dieses dunkle Geschehen. In der Selbstheilungs-Beratung, in der wir auch der Genese von körperlichen Beschwerden nachgehen, zeigt sich dann meist folgendes Paradox: Körperliche Symptome geben nicht nur Hinweis auf unterdrückte Lebenspotenziale, indem sie uns etwa auffordern, die eigene weibliche Kreativität zu entwickeln oder den Körper zu beachten und zu genießen. Die Symptome selbst bewahren gleichzeitig die Erinnerung an das, »was nicht sein darf« –, egal ob es sich um Gutes oder Schlechtes handelt, um Gewalterfahrungen, Trauer, Schmerz und Wut oder um Ekstase und Lebenslust. Die Körperbeschwerden erinnern also nicht nur an die Angst machenden, die Lebensenergie unterdrückenden Erlebnisse einer Lebensgeschichte, sie berichten nicht nur von der Reduzierung weiblicher Potenziale. Auch die Erinnerung an die ungel(i)ebten Impulse und Triebe, an die nicht gelebte Lebenslust wird geweckt durch den Kontakt zu den als krank bezeichneten Körpersignalen. Allerdings ist es meist so: Das, was bisher nicht leben durfte, erscheint uns selbst zunächst als ekel- und angsterregend, hässlich, dumm usw. So kann uns auch die Wiederentdeckung der eigenen Lebenskraft und Körperlust Angst machen, wie ein Schatten unserer Persönlichkeit, der Beachtung und Raum in unserem Leben fordert.

Und damit sind wir bei einem zentralen Einflussfaktor angelangt, nämlich bei den Auswirkungen, die die Hüterin der
Gartenlandschaft durch ihre Lebensweise erzeugt. Dieser Faktor ist mit seinen Folgen vielleicht nicht immer sofort sichtbar
und verständlich, die Reaktionen passieren eben in nicht direkt wahrnehmbaren und unbewussten Bereichen der Landschaft. Der Gartenorganismus verarbeitet viele Eindrücke
und Einflüsse auch im unterirdischen Bereich, kommuniziert
mit anderen Landschaftsorganen auf uns unbekannte Art und
Weise. Die Hüterin steht in ihrem Wirken in ihrer Eigenverantwortlichkeit und Eigenmacht: Mit ihren Lebenseinstellungen, ihren Gedanken und Gefühlen, mit den entsprechenden
Verhaltensweisen und Alltagshandlungen nimmt die Hüterin
Einfluss auf ihre Gartenlandschaft. Das ist noch leicht nachzuvollziehen; die Eigeninitiative bei Gesundheitsprävention
und gesundheitsförderlicher Lebensweise im Alltag ist ja zurzeit auch gesamtgesellschaftlich in der Diskussion. Aber wie
verhält es sich mit der Eigenverantwortlichkeit im Krankheitsfalle? Nun gut, bei Erkältungen, Raucherhusten oder
Magengeschwüren sind wir vielleicht mit verantwortlich,
aber wie steht es mit der eigenen Mitwirkung bei solchen Körpersymptomen wie Zysten und Myomen oder bei Endometriose?

Ohne Zweifel eine komplizierte Fragestellung, denn mit dem
Aufkommen einer »ganzheitlichen Medizin« breitete sich auch
die uralte Auffassung, dass wir an Krankheit »schuld seien«, in
den Köpfen der Menschen aus. Auf diesen sensiblen Punkt der
Eigenverantwortlichkeit werde ich in Kapitel 4 ausführlich eingehen.

Können Sie sich nun vorstellen, wie all die genannten Gegebenheiten und Einflussfaktoren, wie all diese Kräfte die Ent-

wicklung der Gartenlandschaft mit bewirken? Manche von ihnen hinterlassen sichtbare Spuren, andere Einflüsse wiederum wirken eher wie unsichtbare Kräfte in dem Garten. Und in all diesem Wirken und Wachsen entsteht plötzlich etwas, das scheinbar so nicht in die Gartenlandschaft gehört, etwas, das als Fremdkörper entdeckt wird: Verhärtungen, Verwachsungen, neue Körpergebilde, Wucherungen. Wir nennen dieses Etwas dann eine körperliche Beschwerde oder *Krankheit*.

Wenn wir den weiblichen Körper als Landschaft begreifen, erscheinen uns Beschwerden und Krankheiten plötzlich in einem ganz neuen Licht, und zwar als ein sehr kreativer Akt der Körperlandschaft. Ein Gebilde, eine Wucherung zu erschaffen erfordert beispielsweise höchste Aktivität und Energiekonzentration – ein äußerst lebendiges, dynamisches Geschehen. So gesehen ist Krankheit »neutral«, eine Ausdrucksmöglichkeit von Lebensenergie. In Krankheit spiegeln sich die lebendigen Verhältnisse wider, sodass krank machende, gestörte, disharmonische Zustände in der Gartenlandschaft sichtbar werden. Der Körper »weiß« dabei, was er tut! Und das heißt auch, dass der Körper die Möglichkeiten kennt, wie die Harmonie in der Landschaft wiederhergestellt werden kann.

Wir haben gelernt, dieses oder jenes als krank zu bezeichnen. Indem wir bestimmten Erscheinungsformen von Lebensenergie den Namen »Krankheit« geben, definieren wir zugleich, was »normal« und »gesund« ist. (In Deutschland haben derartige Bewertungen durch die Zeit des Faschismus einen besonderen Beigeschmack.) Vielleicht überprüfen Sie an dieser Stelle einmal Ihren eigenen Sprachgebrauch, Ihre persönliche Auffassung von Krankheit und Gesundheit. Ist Krankheit für Sie etwas »Abartiges«, »Schlechtes« oder »Unnormales« in Ihrem Körper? Wann empfinden Sie sich als »gesund« oder »normal«? Wie definieren Sie »krank«?

In unserem Bild der Körperlandschaft ist Krankheit ein Ausdruck von den spezifischen Verhältnissen und Zuständen in der Landschaft, von Geschichte, Tradition, von ökologischen und sozialen Lebensbedingungen, ein Spiegel von individuellen, tiefgründigen Lebenseinstellungen und Alltagshandlungen und vielleicht auch Ausdruck eines spirituellen Lebenssinns.

Selbstheilungsarbeit nach der Methode Wildwuchs hat zum Ziel, eine heilsame Antwort auf das Körpersignal Krankheit zu finden; das heißt, die Frage nach der Eigenverantwortlichkeit ist eine Frage nach der Antwort auf den Lebensprozess »Krankheit«. Wie reagiert die Hüterin der Landschaft auf die Entdeckung, dass sich in ihrem Landschaftsgarten plötzlich etwas als »krankhaft« Bezeichnetes zeigt? Wird sie solche Prozesse und Gebilde ignorieren, sie herausreißen (lassen), »Gift spritzen«, oder wird sie sich das Geschehen anschauen, es erforschen? Welche Einstellung nimmt sie gegenüber den Veränderungen ein, was wird sie unternehmen, um einen heilsamen Prozess einzuleiten, wie also wird ihre Antwort auf die Zustände in der Gartenlandschaft lauten? Die Haltung einer Frau und die Mittel, die sie als Reaktion auf eine Erkrankung ergreift, sind wiederum in hohem Maße abhängig von den Paradigmen, dem Wissen und auch von den materiellen Möglichkeiten der Gesamtkultur. In unserer westlichen Kultur gibt es beispielsweise bestimmte bekannte und gewohnte Therapiemöglichkeiten als Reaktionen auf Menstruationsbeschwerden, in einem anderen Kulturkreis hat eine Frau Zugang zu anderen heilsamen Behandlungsformen.

Bei der Methode Wildwuchs ist die Frage nach Quellen für die Entstehung und Aufrechterhaltung der Erkrankung – zum Beispiel wie frühere Lebensweisen die körperlichen Prozesse beeinflusst haben könnten – sekundär. Diese Fragestellung ist

nur wichtig im Zusammenhang mit der Suche nach zukunft-
weisenden Möglichkeiten zur Stärkung der Selbstheilungskraft des Körpers.

Ich möchte zu dem bis hierher entwickelten Bild von Körper
und Krankheit zwei Frauen zu Wort kommen lassen, die
schon über viele Erfahrungen und tiefes Wissen aus ihren eigenen Selbstheilungswegen verfügen. Es sind zwei mögliche
Sichtweisen vom Krankheitsgeschehen, die Sie auf sich wirken
lassen und mit Ihrer eigenen Definition vergleichen können.
Die folgenden Zitate stammen aus Interviews, in denen mir
Frauen von Erfahrungen aus ihren Selbstheilungsprozessen
berichtet haben. Die eine Frau, ich nenne sie hier Ursula,
schien aufgrund mehrerer Bandscheibenvorfälle und entspre-
chender Operationen ihr Leben in einem Stahlkorsett verbringen zu müssen. Heute arbeitet sie als Heilerin in einem
von ihr gegründeten Zentrum für Gesundheit und Lebensenergie.

Ursula: Also, wenn mein Rücken reagiert, weiß ich heute
sofort, dass ich irgendwo im Ungleichgewicht bin. Sei es,
dass ich zu viel gearbeitet habe oder dass ich einen Konflikt
noch nicht gelöst habe. Oder ich bin in einer Beziehung
noch nicht klar genug. Ich sehe jetzt meinen Rücken als ein
wunderbares Signal, um weiter zu gehen. Ich bin in Kontakt mit ihm, für mich ist das jetzt eine große Hilfe im
Leben.
Interviewerin: Damit sind wir auch schon bei meiner nächsten Frage, nämlich wie heute deine Einstellung zu Krankheit ist. Vielleicht auch im Vergleich zu früher? Mich interessiert dein Krankheitsverständnis, das dich sagen lässt,
»Krankheit oder Schmerzen sind für mich ein Signal«.

Ursula: Ja, das ist für mich nur noch ein Signal, für mich gibt es »Krankheit« nicht mehr.

Interviewerin: Kannst du das noch ein bisschen näher beschreiben?

Ursula: Krankheit ist für mich ein Signal des Körpers, ein Signal, dass Körper, Geist und Seele nicht mehr in Balance sind. Das bedeutet, wenn ein Signal gesetzt wird, muss ich schauen, wo der Ausgangspunkt war, wo zum Beispiel der Schmerz angefangen hat, wo ich aus der Balance zu mir selbst herausgetreten bin. Und wenn ich diesen Punkt habe, kann ich mich wieder neu erfahren oder neue Schritte dafür tun, in ein besseres Gleichgewicht zwischen Körper, Seele und Geist zu kommen. Und das bedeutet natürlich Selbstheilung. Ob ich das alleine schaffe oder mit Unterstützung oder mit Begleitung, ist ein anderer Punkt… Ich sehe Krankheit nicht mehr als etwas krank Machendes an, sondern Krankheit ist für mich, wie soll ich das sagen, ein Stein auf dem Weg. Wo ich stolpern kann, wo ich mich auch mal anstoßen kann, aber wo ich auch merken kann: »Ach, da ist ein Stein, den muss ich mir angucken!« Und ich mache einen Schritt darüber hinaus… In meiner Heilarbeit ist es sogar so, dass über meine Energiearbeit Krankheitssignale hervorgerufen werden, die ich als Ausdruck und Meilenstein in einem Selbstheilungsprozess verstehe. Die Menschen können dann über ihre eigenen Krankheitssignale in einen ganzheitlichen Gesundungsprozess kommen.

Interviewerin: Also die Krankheitssignale tauchen dann auf und signalisieren damit: »Hier! Da musst du noch weiterarbeiten, da…«

Ursula: »…da musst du noch weiterarbeiten, da ist ein Konflikt, ja!«

Eine andere Frau, ich nenne sie im Folgenden Hanna, hat einen abenteuerlichen Selbstheilungsweg erlebt, den sie aufgrund der Diagnose von Tumoren in ihrer Brust (Fibroalinome) begann. Heute leitet sie ein Zentrum für Tantra.

Hanna: Mein Verständnis von Krankheit hat sich radikal geändert. Früher habe ich natürlich wie jeder Mensch geglaubt, na ja, wenn etwas im Körper nicht stimmt, dann muss man zum Arzt gehen. Der Körper muss repariert und der Schmerz abgestellt werden. Das Teil muss aus dem Körper raus, und Ersatzteile müssen rein. Von diesem mechanistischen Krankheitsverständnis bin ich ganz weggekommen zu einem Krankheitsverständnis, in dem der Krankheitsprozess ganzheitlich gesehen wird. Das ist eine Sichtweise, die davon ausgeht, dass der Körper erst krank wird, wenn das Bewusstsein schon krank ist. Es ist die Auffassung, dass wir als Menschen eine Einheit von Körper und Seele sind und unsere Seele bedeutet Bewusstsein und noch vieles mehr. Auf jeden Fall, da wir mit sehr beschränktem Bewusstsein leben und von unserer Seele fast nichts mehr wissen, laufen tausend Sachen schief, nicht nur in unserem Körper, sondern in unserem Leben überhaupt. Worum es also geht, ist dieses Zusammenspiel von Körper und Bewusstsein, von Körper und Seele. Wenn mein Bewusstsein so beschränkt ist, dass ich nur noch wie ein Roboter lebe und mit meinem wirklichen göttlichen Wesen nicht in Kontakt bin, denken sich mein Körper und meine Seele im Zusammenspiel allerhand aus, um mich wachzurütteln.

Krankheitssymptome sind so etwas wie Warnsignale vom Körper und von der Seele, damit ich mit meinem Leben nicht einfach weitermachen soll wie bisher. Ich soll wach werden und lernen, dass und wie ich anders leben könnte.

Nämlich voller Ekstase, voller Freude, voller Erfolg und nicht mehr mit all den Selbstbeschränkungen, mit denen ich früher gelebt habe.

Selbstheilungsarbeit nach der Methode Wildwuchs

Die Methode Wildwuchs bietet eine gezielte Unterstützung von Selbstheilungsprozessen – Schritt für Schritt. Das Wissen über solche Selbstheilungs-Schritte ist zum einen aus den Erfahrungen meines eigenen Selbstheilungsweges erwachsen. Eine weitere Quelle sind die Erfahrungen von anderen Frauen, die ebenfalls neue Umgangsweisen für ihre Erkrankungen gesucht und gefunden haben. Diese Frauen berichteten mir in Interviews, welche Qualitäten sie für Selbstheilungsprozesse als wichtig und notwendig ansehen.

Die eigentlichen »Entwicklungshelferinnen« für die Selbstheilungsarbeit nach der Methode Wildwuchs in ihrer heutigen Form sind allerdings die vielen mutigen Frauen, die diese Methode in Seminaren und Einzelarbeit im Verlauf von zehn Jahren praktisch erprobt haben. In dem Durchleben der Selbstheilungsschritte gaben diese Frauen mit ihren Erfahrungen weiterführende Anregungen, so dass sich ganz allmählich ein praktikables Konzept zur Anleitung von Selbstheilungsprozessen herauskristallisieren konnte. Die vielen verschiedenen Erfahrungen von Frauen mit den unterschiedlichsten Erkrankungen haben gezeigt, dass Selbstheilungsprozesse einer bestimmten Struktur folgen. Die Methode Wildwuchs berücksichtigt diesen Verlauf; richtungweisend war dabei die Arbeit mit Frauen mit gynäkologischen Erkrankungen.

Indem sie Frauen bei ihren Selbstheilungsprozessen begleitet und berät, verhilft die Methode ihnen dazu, körperliche Beschwerden und Erkrankungen in ihrer seelischen und spirituellen Dimension zu begreifen. Ziel ist, dass eine Frau eigenverantwortlich und in höchstem Maße selbstbestimmt solche gesundheitsförderlichen »Maßnahmen« erarbeitet, die sie selbst aktiv umsetzen kann: Die Frau erstellt sich – mit fachlicher Anleitung – ein individuelles Rezept zur Selbstheilung. Spezielle Beratungsschwerpunkte sind Frauenkrankheiten wie zum Beispiel Endometriose, Zysten und Myome sowie Schilddrüsenerkrankungen.

Die Arbeit mit verschiedenen Visualisierungstechniken bildet den Kern der Methode Wildwuchs. Es sind unterschiedliche Arten von Visualisierungsanleitungen speziell zur Körpererkundung oder als Forschungs- und Heilungsvisualisierung. Die verschiedenartigen *inneren Reisen* eröffnen tiefer liegende Bewusstseinsschichten, die wichtige Informationen und Hinweise bezüglich der Krankheit bereithalten. In den *inneren Bildern* zeigen sich die Verbindungen zwischen Körper und Geist und auch zur Seele, das heißt, der Körper kann Informationen in Form von Bildern geben und unser Bewusstsein kann diese Bilder erkennen, den Inhalt der Bilder (und damit die Körpersprache) etwas besser begreifen. Die Bilder sind wie eine Schicht, in der die Verbindungsfäden zwischen dem Körper und seinen Befindlichkeiten einerseits sowie dem Alltagsbewusstsein mit seinen Gefühlen und Entscheidungsmustern andererseits aufgespürt und gespürt werden können. Denn die Beschäftigung mit den inneren Bildern ist nicht nur eine Art innerer Sightseeingtour, sondern diese Art von Körperwahrnehmung bewirkt eine innere Berührung, stellt einen Kontakt mit dem Körperinneren her.

Wenn wir noch ein wenig bei dem Bild der Körperlandschaft bleiben, so ist die Methode Wildwuchs eine Anleitung und Begleitung für die Hüterin der Landschaft. Die Methode hilft, Einwirkungs- und Handlungsmöglichkeiten zu erkunden – das Ziel aller Selbsthilfe- und Selbstheilungsarbeit. Dafür ist es letztlich gleichgültig, welche Faktoren zur Entstehung einer Krankheit beigetragen haben. Die Leitfrage für den Selbstheilungsprozess lautet vielmehr: Wie und mit welchen Mitteln kann die Hüterin die heilungs- und gesundheitsförderlichen Kräfte ihrer eigenen Körperlandschaft aktivieren?

Konkret verläuft die Selbstheilungsarbeit nach der Methode Wildwuchs als Drei-Schritte-Programm mit sinnvoll aufeinander abgestimmten Wegstationen.

Der erste Schritt ist wie ein Hineingehen in die Körperlandschaft, um mit allen Sinnen den Ort der Erkrankung ausführlich wahrzunehmen und kennen zu lernen. Ich nenne diesen ersten Schritt eines Selbstheilungsprozesses die *Eigendiagnose*. Stellen Sie sich jetzt die Hüterin der Körperlandschaft vor, wie sie in den Garten hineingeht, wie sie sich dem »gestörten« Bereich nähert und dabei alle Sinne öffnet. Durch das innere Sehen, Riechen, Hören, Fühlen, Schmecken wird der Organismus erkundet. Es gehört Mut dazu, einem »kranken Etwas«, das wir ablehnen, das uns vielleicht auch Angst macht, nahe zu kommen und es sogar sinnlich zu erfassen. Frauen sehen beispielsweise bei Endometriose den Schoß, den Raum der weiblichen Organe, oft als ungemütliche, kühle Grotte. Fast schon typisch sind die grau-dunkle Farbe und die feucht-kalte Atmosphäre. Auch der muffige Geruch von altem Blut wird manchmal wahrgenommen. Dazu gehören Gefühle von Ungeborgenheit, Wut, Ekel, Angst und Trotz. Die versprengte Schleimhaut wird manchmal als etwas Bläulich-Kaltes gesehen, das auf den verschiedenen Organen im Beckenraum sitzt oder auch als schwammartiges Gewächs mit einzelnen stacheligen Spitzen, die frau nicht berühren kann, oder auch als knubbelig-wulstige, gallertartige Masse, kalt und glitschig, von dunklen Strängen der Verwachsung umgeben.

In diesem ersten Schritt befragen wir den erkrankten Bereich danach, »was fehlt«. Vielleicht sind wir sogar so mutig, uns in diesen Körperbereich hineinzuversetzen, uns damit zu identifizieren, mit ihm zu verschmelzen und ihn auf diese Weise intensiv zu erleben. Interessant und wichtig ist dann auch, wie dieses Körpergebiet mit dem gesamten Körpergeschehen in Verbindung steht. Oftmals gibt es Zusammenhänge und Verbindungen mit anderen Symptomen zu entdecken: Krankheit ist ein Bericht des gesamten Körper-Lebens! Und im Körper sind auch Quellen der Kraft zu finden; es gilt die Orte aufzuspüren, die für die Förderung der Gesundheit wichtig sein können und heilsame Kräfte bereithalten.

Um Frauen in die Körperwahrnehmung einzuführen, setze ich in dieser ersten Phase die Visualisierungsübung »Körpererkundung« ein (siehe Seite 77). Es ist eine Reise ins Körperinnere, eine Visualisierung, die in eine neue, unbekannte Dimension der Selbsterkenntnis führt. Und sie ist im wahrsten Sinne des Wortes ein Ent-deckungsweg für alle, die sich aufmachen, ihre Körperlandschaft zu erkunden. Die inneren Bilder eröffnen den Zugang zu einer tiefgründigen Lebensdimension, die dem Alltagsbewusstsein nicht zugänglich ist: eine Art energetisches Netz, gebildet aus körperlichen Prozessen, psychisch-seelischen Mustern, Lebensgewohnheiten sowie historischen, politisch-kulturellen und ökologischen Lebensbedingungen und auch spirituellem Sein. All diese Lebensfacetten sind miteinander verbunden und verwoben.

Mithilfe der Visualisierungen wird eine Art »Röntgenblick« entwickelt und ein »Scheinwerfer« auf das erkrankte

Gewebe gerichtet. So können nach und nach verschiedene Lebensfäden, die mit der Erkrankung in Verbindung stehen und sie mit bewirken, sichtbar werden. Eine Visualisierung ist wie eine Tür, die in die tieferen Schichten von Lebens- und damit auch Krankheitsprozessen führt.

Der zweite Schritt bei der Selbstheilungsarbeit nach der Methode Wildwuchs ist, die *Eigenverantwortung* im Krankheits- und Gesundungsgeschehen aufzuspüren. In einer speziellen Visualisierungsübung, der so genannten analytischen Visualisierung (siehe Seite 127), kann die Frau ganz konkret nachvollziehen, wie sie selbst die Verhältnisse in diesem Körperbereich mitgestaltet, wie prägend ihre eigenen Lebens- und Glaubensgrundsätze, ihre Meinungen, Entscheidungen, Gefühle und Taten wirken. Die Hüterin der Landschaft hat in ihren inneren Bildern den Garten betreten, ihre Aufmerksamkeit dem »erkrankten« Bereich zugewandt und beginnt nun einen inneren Dialog mit dem, was für die Erkrankung wichtig erscheint. Dabei kann sie die inneren Landschaftsgebilde befragen, beispielsweise nach dem Entstehungshintergrund eines Myoms und nach seiner Bedeutung. Die Körperlandschaft selbst erzählt, welche Geschichte hinter den Symptomen steckt und was ihr gut tut – wir brauchen nur die Bereitschaft und den Mut zuzuhören.

Hier ein Beispiel einer solchen Erkundungsreise in der Körperlandschaft:

> Der Gang im Schoß ist dunkelblau, und mir wird beim Durchschreiten und Befühlen übel, ich ekle mich. Dann komme ich in eine Art Höhle, in der der Klumpen (gutartiger Tumor, Anm. der Verf.) liegt. Der Klumpen scheint mir riesig zu sein, sehr wütend und feindselig, ich erwarte geradezu, dass er gleich anfangen wird, mich anzubrüllen

und zu beschimpfen. Ich habe große Angst, will eigentlich gleich wieder wegrennen…

Auf die Frage, warum er immer größer und größer werde, kommt die Antwort: Weil sich die Schnüre um ihn immer fester herumwickelten, drücke er dagegen, werde innen hohl. Gleichzeitig – so gibt er zu – seien die Schnüre vielleicht auch ein Schutz.

In dieser Phase der inneren Erkundung muss meist viel Trauerarbeit geleistet werden: Es ist ein Erinnern an die Vergangenheit, ein Hinabsteigen in das Geflecht krank machender Lebensmuster. Oftmals wird es durch diese Art Innenschau möglich, zu erleben und zu erkennen, wie eine Krankheit sich herausbildet, wie weit sie »gemacht« wird und welche Ohnmachten dabei in der Vergangenheit eine Rolle spielten und heute noch spielen. Diese Arbeit fördert das Gespür für die Eigenverantwortlichkeit bei der Körpergestaltung, beim Krankheitsgeschehen und auch bei der Gesundung. Gleichzeitig eröffnen sich damit Möglichkeiten, durch die Wahl neuer Lebenseinstellungen, Verhaltensweisen und Handlungen den eigenen Heilungsprozess aktiv zu fördern. Wenn die Hüterin der Landschaft auf diese Weise Kontakt mit dem Körpergeschehen aufnimmt, zeigen die inneren Bilder nicht nur die inneren Krankheitsverhältnisse, sondern auch das, was der Körper braucht. Oftmals ermöglichen die inneren Bilder sogar die Entwicklung einer Vorstellung, wie der heilsame Prozess verlaufen könnte. Der Körper »schenkt« heilungs- und gesundheitsförderliche Bilder.

Der dritte Schritt nach der Methode Wildwuchs ist der Kunst gewidmet, gesundheitsförderliche, praktikable Handlungsmöglichkeiten zu finden: *Selbstheilungsschritte,* individuell angemessen für die jeweilige Frau. Im Netz der verschiedenen Aspekte und Dimensionen eines Krankheitsgeschehens gilt es, bildlich ausgedrückt, den nächstliegenden Knotenpunkt zu finden und weiterführende Fäden in die Hand zu nehmen. Oft kann der Körper selbst erzählen, was ihm gut tut, welche wachstums- und entwicklungsförderlichen »Maßnahmen« er vorzuschlagen hat, wo seine Selbstheilungskräfte verborgen liegen und wie wir sie unterstützen können.

In dieser Phase besinnen wir uns auf die eigene innere Stimme, symbolisiert als innere Beraterin. Die spezielle Visualisierungsübung »Der erste Lösungs- oder Heilungsschritt« (siehe Seite 183) eröffnet nun den Zugang zum intuitiven Körperwissen. Die Hüterin der Landschaft besinnt sich jetzt auf ihr eigenes Kräftereservoir, auf ihre inneren Kraftquellen, die ihr unabhängig von jedweder Behandlung selbst zur Verfügung stehen. Und damit wird auch die Lebenslust wieder befreit und bekommt erneut »Luft zum Atmen«, die Lust am Leben und Wachsen wird geweckt.

Dazu ein Beispiel von einer Frau mit Rückenbeschwerden:

Je öfter ich solche Reisen unternahm, umso mehr und umso zusammenhängender konnte ich sehen: Zuerst waren es nur einzelne Wirbel und diverse Farbeindrücke, später konnte ich meine ganze Wirbelsäule erkennen und auch die Stelle, von der das Problem ausgeht. Ich konnte in das Innere meiner Wirbelsäule gelangen, in ihr herunterrutschen bis zu der Problemstelle. Diese Stelle zeigte sich mir als ein Raum, dessen Ausgang so verengt war, dass ich ab hier nicht mehr weiterkonnte. Hier fing meine Arbeit an: Der Ort brauchte Licht und Energie, und ich brachte diese mit meiner Vorstellung in den Körperbereich hinein, ich konnte den Gang nach und nach erweitern. Mittlerweile machte ich diese Reise in meinen Rücken täglich, und mit der Zeit konnte ich einen Durchgang schaffen. Der Gang war nun weit genug, um weiter zu gehen. Dieser Erfolg zeigte sich auch in meinem Gesamtzustand.

Am Ende dieses Prozesses – und damit ist auch der Abschluss einer Selbstheilungsberatung erreicht – zieht die Hüterin der Landschaft dann ein Resümee aus den gewonnenen Informationen und Erkenntnissen. Sie ist nun in der Lage, selbst festzulegen, welche notwendigen Schritte und Handlungen sich als lebensnotwendige und heilsame Konsequenz anschließen müssen. Dies geschieht schriftlich, um die Verbindlichkeit zu betonen. Die Erfahrungen zeigen, dass für die Aktivierung von Selbstheilungskraft neue Qualitäten im Handeln, im Tun notwendig sind. Der neu gewonnene Kontakt zum Körperinneren fordert seinen äquivalenten Ausdruck im Außen, also in neuen Verhaltensweisen und Einstellungen im Alltag.

In der Beratung wird denn auch ein Plan zusammengestellt, wie die neu gefundenen, heilsamen Qualitäten in den normalen Alltag eingebracht und dort etabliert werden können. Diese Zusammenstellung von Selbsthilfebausteinen – in der Methode Wildwuchs als »Selbstheilungs-Rezept« bezeichnet – beinhaltet ein mehrwöchiges Trainingsprogramm zur Einübung der neuen gesundheitsförderlichen Handlungsschritte. Es enthält meistens ganz neue Möglichkeiten der Alltagserfahrung, die beispielsweise durch die Wertschätzung des eigenen Körpers mit Aufmerksamkeit und Pflege gefördert werden oder durch Mutproben für neue Verhaltensweisen, oder durch das Vollziehen von notwendigen Abschieden. Außerdem gibt es eine Reihe von Alltagsritualen, die die Lebensfreude stärken sowie weitere heilsame Visualisierungen. Auf diese Weise lässt sich im behutsamen, liebevollen Zuwenden zum Körper, im Umdenken und kreativ-neuen Handeln nach und nach das Erleben der Körperlandschaft wieder wandeln – lebendig, lustvoll, wild.

Die Methode Wildwuchs bietet eine Anleitung zu einem Selbstheilungsprozess. Sie gibt Führung und gezielte Unterstützung auf dem individuellen Selbstheilungsweg. Die Phasen dieser Art der Selbstheilungsarbeit sind:
– das Körperinnere wahrzunehmen, damit in Kontakt zu treten, eine innere Berührung zu erleben,
– Informationen und heilsame Bilder zu Körper und Krankheit vom Körper selbst zu erfahren,
– ein inneres Bild von gesundheitsförderlichen Alltagshandlungen geschenkt zu bekommen und
– verändernde Lebensqualitäten im Alltag zu praktizieren.

Die Selbstheilungsarbeit hat also nicht nur Aufdeckungscharakter, sondern zielt darauf ab, dass Frauen mit Beschwerden Ansatzpunkte für gesundheitsförderliche Maßnahmen finden. Sie resultiert in Veränderungen des Alltags, also in praktikablen Handlungsschritten, die sofort realisierbar sind. Diese verändernden Konsequenzen bedeuten immer den Abschied von alten Gewohnheiten und Sicherheiten und erfordern viel Mut um neue, unbekannte Lebensqualitäten zu entdecken. Daher stehen bei der Selbstheilungsarbeit die psychisch-seelischen und sozialen Lebensbedingungen der erkrankten Frauen im Vordergrund, sowie die Entwicklung einer gesundheitsförderlichen Perspektive im Alltag. Dabei gehen wir unter anderem folgenden Fragen nach: Wozu dient und wie geschieht die tägliche Aufrechterhaltung der Symptome? Welche Handlungsaufforderung steckt verschlüsselt in den Krankheitssymptomen, auf welche Unausgewogenheiten und Unzumutbarkeiten machen sie aufmerksam, im individuellen und gesellschaftlichen Frauenleben? Was sind die heilungsförderlichen Triebe, die heilsamen Kräfte, wo liegt das heilsame Potenzial?

Der grundlegende Ansatz dieser Arbeit ist die Erkenntnis, dass jede körperliche Erkrankung Signalcharakter hat. Der Körper drückt durch Krankheitssymptome etwas Lebenswichtiges aus. Sie können als »Sprache des Körpers« Hinweise geben auf Unausgewogenheiten und Unzumutbarkeiten in unserer Lebensweise: So betrachtet, hat Krankheit einen Sinn. Frauenkrankheiten berichten in besonderer Weise von der Entwertung und Reduzierung weiblicher Potenz und Kreativität. Sie spiegeln Selbsthass auf den eigenen Körper, nicht gelebte Erotik und Lust, Unterwerfung unter Idealbilder von Mütterlichkeit und Weiblichkeit, psychische und physische Gewalterlebnisse, Selbstentwertung und Armut, Isolationsgefühle und Schutzbedürfnisse. Dies sind beispielhafte Themen, die sich über den Körper Beachtung verschaffen. Zugleich sind damit aber auch die ungelebten, verbotenen Lebensträume und Sehnsüchte nach einem lustvollen Alltag »verschlüsselt« aufbewahrt. Und das ist das Geschenk des Körpers, das in einem Selbstheilungsprozess angenommen werden kann.

3

Mit Körper und Krankheit Kontakt aufnehmen – Visualisierungen als Weg zur Selbstheilung

Wenn Sie sich auf den Selbstheilungsweg begeben, versuchen Sie als Erstes, in Kontakt zu Ihrem eigenen Körper und der Erkrankung zu treten. In diesem Kapitel erfahren Sie, wie diese Kontaktaufnahme geschehen kann. Ich möchte Ihnen dies Schritt für Schritt auf eine Art und Weise vermitteln, die es Ihnen ermöglicht, das Gelesene praktisch nachzuvollziehen. Ich möchte Sie einladen zu einer Reise – einer Reise in Ihren eigenen Körper, zu Orten der Beschwerden und Probleme im Körper, zu den Orten seiner Kraft und seines Heilungspotenzials. So können Sie die Methode Wildwuchs praktisch und konkret »am eigenen Leibe« kennen lernen. Es kann auch der Beginn Ihres eigenen Selbstheilungswegs sein.

Ich werde Ihnen in diesem und auch in den folgenden Kapiteln für jeden Schritt eines Selbstheilungsprozesses beschreiben, wie die Vorbereitung sein sollte, wie dieser Schritt von anderen Frauen erlebt wurde und welche Methoden Ihnen zur Auswertung und Nachbereitung zur Verfügung stehen. Es liegt in Ihrer Verantwortung, bei jedem Schritt, vor jeder Übung, genau zu überprüfen, ob Sie diesen allein oder lieber in Begleitung durch eine Freundin oder mit professioneller Unterstützung erleben möchten.

Die Reise, zu der ich Sie einlade, wird Sie in ein Neuland führen, in ganz neue und ungewohnte Erfahrungsmöglichkeiten Ihrer Körperrealität und Ihres Körperwissens. Die Erfahrungen aus meiner langjährigen Beratungspraxis zeigen aber, dass gleich zu Beginn dieser Reise zwei Hindernisse auf die Frauen »lauern«, die sie zögern lassen. Diese gewichtigen Hindernisse heißen *Schuld* und *Ohnmacht*. Wie zwei dicke Findlingssteine am Zugang des Weges bilden diese Themen eine anfängliche Blockade, die zunächst einmal Beachtung und Aufmerksamkeit erfordert. Deshalb werden wir diese beiden Themen hier näher beleuchten.

Das Hindernis Schuld

Etwa Anfang der 80er Jahre begann sich gesamtgesellschaftlich eine neue, andere, ganzheitliche Betrachtungsweise von Körper und Krankheit zu entwickeln, und als eine Nebenwirkung dieses Prozesses wurde das Thema Schuld im Zusammenhang mit Krankheit wieder »gesellschaftsfähig«. Besonders in Diskussionen um »Ursachen« von Krankheit und um die Verteilung von Verantwortung im Arzt-Patientinnen-Verhältnis ist die Frage nach der Eigenverantwortung der Erkrankten verstärkt in den Mittelpunkt gerückt – und damit gleichzeitig die Frage nach der Schuld. Es wurde modern, zu fragen: »Bin ich schuld an meiner Krankheit, habe ich sie etwa durch eine falsche Lebensweise verursacht? Habe ich etwas falsch gemacht, bin ich also nicht in Ordnung, so wie ich bin?« Gerade für Frauen, die sich ja oft im Grunde ihrer Existenz »falsch« oder »schlecht« fühlen, ist dies eine gefährliche Sichtweise, weil sie das Selbstbewusstsein und die Lebensführungskompetenz schwächt. Schuld und Scham liegen – bedingt durch die weibliche Entwertungs-Sozialisation – dicht nebeneinander. Frauen sind daran gewöhnt, sich für alles Mögliche schuldig zu fühlen – warum nicht auch noch für Krankheiten? Gleichzeitig erinnert diese Schuldbereitschaft an frühere Zeiten, in denen Krankheit als Strafe verstanden wurde, die Gott über die Menschen sandte.

In der Selbstheilungsarbeit hat dieses Sich-Schuldig-Fühlen meiner Erfahrung nach auch die Auswirkung, dass Frauen zögern, eine Beratung in Anspruch zu nehmen. Wie Vorgespräche immer wieder zeigen, befürchten viele Frauen, durch diese Arbeit nun den endgültigen »Schuldbeweis« zu erhalten.

In der Selbstheilungspraxis hat sich folgender Umgang mit der Schuldthematik bewährt. Zunächst ist es notwendig, den Schuldbegriff zu differenzieren: Handelt es sich um eine echte Schuld oder um Schuldgefühle? Mit echter Schuld meine ich Schuldig-Sein im Sinne einer Täterschaft, sei dies aktiv, wie beispielsweise bei Gewaltanwendung, oder passiv, wie bei kollektiver Schuld, etwa im Faschismus. Schuldgefühle dagegen sind eine emotionale Befindlichkeit und haben eine innere Haltung zur Folge, mit der eine Person auf ihre Identität, auf ihre Gedanken und Handlungen sowie auf ihre Umwelt reagiert. Zur Förderung der Selbstheilungskraft und auch für die Entwicklung von neuen belebenden Lebensweisen ist es dienlich, das subjektive Empfinden von Schuld durch die Sichtweise »Ich habe Fehler gemacht« zu ersetzen. Diese Einstellung erlaubt, sich mit dem, was fehlt, was »falsch« gelaufen ist, auseinander zu setzen, denn sie fördert eine Geisteshaltung, die anerkennt, dass und wie etwas »falsch« ist. Sie fordert heraus, zu untersuchen, wie etwas »wieder gutzumachen« ist. Aber aufgepasst: Wenn eingestandene Fehler keine Verhaltensänderungen zur Folge haben, sind verbale Schuldbekenntnisse meist nur ein beliebtes Mittel, alles beim Alten zu lassen.

Schuldgefühle und das Beklagen derselben können auch zum Verschleiern der wahren Antriebe für »Fehler« dienen. Die wirklichen Quellen einer Tat, die Täterschaft, verschwinden hinter der Klage. Es bleibt dann alles so, wie es ist, und die Handlungen wiederholen sich, beispielsweise bei Gewalt gegen Kinder, bei Sucht und gesundheitsschädlichem Verhalten. Schuldgefühle können die Notwendigkeit von Verhaltensänderungen »vernebeln«, das Beklagen wird dann zum Ersatz für wirklichen Wandel durch verantwortliches Handeln.

Im Krankheitsfalle führt die Frage nach der Schuld höchstens zum Beklagen vergangener Handlungen, ist also rückwärts gewandt und damit deprimierend. Diese Haltung verweist gerade nicht auf eine lebensbejahende Perspektive und führt nicht zu einer produktiven Umgangsweise mit echter Schuld und Schuldgefühlen.

In Selbstheilungsprozessen geht es nicht um die Analyse zurückliegender Missstände und »Untaten« oder um nachträgliche Reparaturen. Es geht nicht um die rückwärts gewandte Frage nach dem Warum einer Erkrankung. Im Zentrum stehen vielmehr die erfrischenden und belebenden Fragen nach der eigenen Verantwortung, nach der *Eigenverantwortung*: »Was braucht mein Körper für Wohlgefühl und Gesundung, was fehlt ihm? Was erfordern diese Informationen von mir als Antwort? Durch welche alten Einstellungen dem Leben gegenüber behindere ich meine Kraft und Lebensfreude, was muss ich dafür an alten Verhaltensweisen aufgeben? Welche Einstellungen und Handlungsweisen fördern und stärken mich, meinen Mut, meine Kraft, meine Eigenliebe?« Die Leitlinien für Selbstheilungsprozesse werden also durch neue, heilsame Fragen entwickelt, und die Methode Wildwuchs ist ein Weg und Lernprozess, in dessen Verlauf Sie erleben können, was Eigenverantwortung und Eigenmacht für Sie sind.

Ausgangspunkte sind dabei die beiden Grundbegriffe *Verantwortung* und *Eigenmacht;* darin stecken die Begriffe Antwort und Macht. Verantwortung verstehe ich in dem Sinne, dass wir Antwort geben auf körperliche Beschwerden und Krankheit, mit denen sich unser Körper ausdrückt und zu uns »sprechen« kann. Mit Macht meine ich, dass wir das suchen und entdecken, was wir machen können, was durch unser Verhalten und durch Handlungen machbar ist. Eigenverantwortung bedeutet für mich, den Anteil in meinem Leben zu entdecken, der in meiner persönlichen Gestaltungsmacht liegt, und die Grenzen meines Einflusses, meiner Antwortmöglichkeiten auf das Leben zu erkennen. Sehr schön drückt dies das Motto des Zusammenschlusses der Anonymen Alkoholiker aus: »Gott gebe mir die Gelassenheit, Dinge hinzunehmen, die ich nicht ändern kann, den Mut, Dinge zu ändern, die ich ändern kann, und die Weisheit, das eine von dem anderen zu unterscheiden.«

Das Hindernis Ohnmacht

Und nun kommen wir zu dem zweiten Hindernis, das am Beginn eines Selbstheilungsweges auf uns wartet, nämlich die Ohnmacht. Wir haben also bereits festgestellt, dass die Verantwortung in einem Krankheitsprozess zu übernehmen bedeutet, Antwort auf die Realität einer körperlichen Beschwerde zu geben. Und diese Realität wird zunächst einmal – wie wir alle aus eigener Erfahrung wissen – begleitet von Ohnmacht und Ohnmachtsgefühlen. Die Ohnmachtsgefühle resultieren daraus, dass der Körper etwas Bedrohliches produziert hat. Plötzlich sind da Schmerzen, Disharmonien, »fremde« Körpergebilde. Der Mensch fühlt sich von der

Krankheit »überfallen« – eine klassische Art, Krankheit zu erleben. Zudem fühlen Frauen sich oft den Ärzten, dem medizinischen Apparat und der Behandlung ausgeliefert, sie sind ohne Macht, müssen Hilfe annehmen. Viele Frauen berichten zwar, dass sie rebellieren, möglichst viel Informationen nachfragen, sich möglichst wenig Behandlung »einfach gefallen lassen« – letztlich ist dies jedoch eine ohnmächtige Rebellion. Am Ende scheinen doch nur die Ärzte das Richtige zu wissen und helfen zu können, die Frau fühlt sich der Therapie und Behandlung ausgeliefert und auch von der Erkrankung beherrscht.

Sich in dieser Situation zu dem Abenteuer Selbstheilungsarbeit aufzuschwingen, erfordert enormen Mut! In dieser ohnmächtigen Lage, in dem Gefühl, »ohne Macht zu sein«, ist es ein großer Schritt, sich dafür zu entscheiden, das eigene Schicksal selbst in die Hand zu nehmen. Es ist eine Herausforderung zu untersuchen, was in dieser ohnmachtserzeugenden Situation lediglich Ohnmachtsgefühle sind und was »reale« Ohnmachten. Die erkrankte Frau muss sich für den Mut entscheiden, herausfinden zu wollen, an welcher Stelle sie aus der Opferrolle aussteigen kann – es ist nur eine Rolle, eine Maske, mit deren Hilfe sie vor dem Leben zurückweicht. Und sie steht vor der enormen Herausforderung, reale Ohnmachten akzeptieren zu lernen, wenn der Körper sich zum Beispiel nicht mehr selbst helfen kann und Behandlungen braucht, oder wenn eine Erkrankung auf den Tod hinführt. Es ist wichtig zu erkennen, wann Hilfe notwendig ist und Menschen und Organisationen einen positiven Beitrag leisten können.

In dieser Ausgangssituation fällt die Entscheidung für die Eigenmacht. Paradoxerweise ist die Entscheidung für eine Selbstheilungsberatung aber mitunter gerade der Versuch, sich nicht mit der Erkrankung konfrontieren zu wollen. Oft kommen Frauen in die Beratung mit der Vorstellung, »es auch mal mit Selbstheilungsarbeit versuchen zu wollen«. Vielfach wird dann im Laufe der Arbeit deutlich, dass dieser scheinbar anvisierte Selbstheilungsweg als Absichtserklärung vorgeschoben wurde, um das Ausmaß der Krankheit nicht wirklich sehen und aushalten zu müssen. Eine »grausame genaue« ärztliche Diagnose soll zum Beispiel auf diese Weise umgangen werden; oder es ist der Versuch, das Entsetzen zu vermeiden, wenn ein operativer Eingriff droht oder gar der Tod bei einer lebensgefährlichen Erkrankung. Sogar die Entscheidung für eine Selbstheilungsarbeit kann also bedeuten, sich nicht mit der Ohnmacht angesichts einer Erkrankung zu konfrontieren. Es ist ein legitimes Schutzverhalten, um grausamen Lebensrealitäten auszuweichen, sie nicht wahrhaben zu wollen, also eine Krankheit nicht mehr beim Namen zu nennen, da sie lediglich ein energetisches Geschehen sei, das durch die »Macht der Worte« erst recht Gestalt annehme. Aber es ist nun einmal so: Erst wenn ich die Ohnmacht im Krankheitsgeschehen aushalten und sie mir eingestehen kann, ist es möglich zu differenzieren, welche Ohnmacht existenziell und damit hinzunehmen ist, und was ich entgegen meiner Ohnmachtsgefühle an der Situation verändern kann. Und dazu braucht es viel Mut!

Das Hindernis Ohnmacht stellt uns also vor eine paradoxe Herausforderung: Zum einen sind Ohnmacht und Ohnmachtsgefühle der Grund, sich nicht auf die eigene Kraft zu besinnen, sich nicht auf einen Selbstheilungsweg zu wagen; andererseits muss die Ohnmacht gegenüber einer Erkrankung anerkannt werden, um überhaupt adäquate, heilungsförderliche Mittel finden zu können. Der Schlüssel ist hier wiederum die Eigenverantwortung, die Bereitschaft, Antwort zu geben auf die Tatsachen, die uns das Leben präsentiert. Und das bedeutet als ersten Schritt: hinschauen, hinhören, die Wirklichkeit mit allen Sinnen wahrnehmen und erfassen...

Bevor Sie nun weiterlesen, schließen Sie einmal die Augen, und spüren Sie in Ihrem Körper nach, welche Wirkungen die Begriffe Schuld, Fehler machen, Ohnmacht, Eigenverantwortung bei Ihnen hervorrufen. Sprechen Sie jedes Wort einzeln aus – zum Beispiel »Schuld« – und spüren Sie, wie Ihr Körper darauf reagiert, gehen Sie dem Impuls nach. Vielleicht entsteht eine Anspannung in den Muskeln; beobachten Sie auch Ihren Atem. Was passiert in Ihrem Gesicht, was geschieht mit Ihrer Wirbelsäule, welche Haltung möchte Ihr Körper einnehmen? Welche Gedanken tauchen auf, welche Gefühle erleben Sie? Können Sie die Unterschiede wahrnehmen, wie die jeweiligen Begriffe sich in Ihrem Körper auswirken, welche Worte Ihrem Körper gut tun?

Die Vorbereitungen für die innere Reise

Beginnen wir nun die Reise zu den verschiedenen Wegstationen der Selbstheilungsarbeit. Unser »Transportmittel« auf dieser Reise sind die Visualisierungen nach der Methode Wildwuchs. Ich werde Ihnen Schritt für Schritt genau erklären und Ihnen Hinweise zur Auswertung der inneren Bilder geben. Kommentare und Erfahrungsberichte von anderen Frauen schildere ich als anregende Beispiele für mögliche heilsame Umgangsweisen mit Körper und Krankheit. Wenn Sie sich dafür entscheiden, die Selbstheilungsarbeit auszuprobieren, können Sie sich beispielsweise die Visualisierungsanlei-

tungen langsam vorlesen lassen oder die Texte auf eine Ton-
kassette sprechen. Ich empfehle Ihnen zunächst immer, Ihre
eigenen Bilder genauer auszuwerten, bevor Sie die Erlebnis-
schilderungen der anderen Frauen lesen.

Und nun zu den Reisevorbereitungen: Sie haben wahrscheinlich schon entschieden, wohin Sie reisen wollen, und
haben vielleicht schon einige Informationen über das Land –
Sie wissen also über Ihre Körperlandschaft schon Bescheid.
Es kann sehr aufschlussreich sein, über das bisherige Erleben der Körperlandschaft zu reflektieren, sich ihre Geschichte
vor Augen zu führen, sich Selbstverständliches bewusst zu
machen und es dadurch neu sehen zu lernen. Die Fragen, die
ich bei der Anamnese mit den Frauen zu Beginn jeder Selbstheilungsberatung bespreche, unterstützen die Entwicklung
dieses neuen Blicks. Der Begriff Anamnese bedeutet ja »Erinnerung« oder auch »Wiedererinnerung der Seele an die vor
ihrer Verbindung mit dem Körper geschauten Ideen«.

Beschäftigen Sie sich mit den unten aufgeführten Bereichen
so, als würden Sie diese Fragen über das Leben einer Freundin beantworten, schauen Sie einmal wie eine Beobachterin
auf Ihre eigene Körpergeschichte. Schreiben Sie auf:

1. Die Geschichte der körperlichen Beschwerde oder Erkran-
kung
Notieren Sie alles, was dazugehört.
(Z. B.: in welchem Jahr hat sie sich bemerkbar gemacht? Wie
waren Ihre Lebensumstände seit etwa einem Jahr vor dem
Auftreten der Beschwerde?)
• Wie lautet die ärztliche Diagnose?
  (Z. B.: Wie ist es zu dieser Diagnose gekommen, wann war
  dies, und wie lautet genau die Diagnose?)

2. Die Beschwerde oder Erkrankung

Was wissen Sie über Ihre körperliche Erkrankung, über ihre Entstehung, über die dazugehörigen körperlichen Prozesse?

• Was waren die bisherigen Behandlungen und Therapien? (Welche, wenn, wie lange, mit welchen Erfolgen?)
• Was sind die Krankheitssymptome?
  (Z. B.: Wann, in welchen Situationen spüren Sie körperliche Beschwerden? Mit welchem Lebensthema, mit welchen Lebensumständen hat diese Beschwerde oder Erkrankung Ihrer Meinung nach zu tun?)

3. Selbstheilungswege

Wie sind Ihr Interesse und Ihre Aufmerksamkeit für Möglichkeiten der Selbsthilfe und Selbstheilung entstanden? Welche eigenen Erfahrungen haben Sie bisher gemacht? Wissen Sie von anderen Menschen oder Selbsthilfegruppen?

• Was sind Ihre geheimen Ängste und Hoffnungen bezüglich Ihrer Beschwerde? Was ist Ihr Wunsch?
• Wenn Ihr Körper direkt zu Ihnen sprechen könnte, was ist jetzt Ihre wichtigste Frage an ihn?
• Wem möchten Sie jetzt von den bisher beantworteten Fragen erzählen?
• Wie viel Zeit sind Sie bereit, für den Heilungsprozess einzusetzen?

Sind Sie nun bereit für die Reise in neue Körper- und Krankheitsrealitäten? Nun werde ich Ihnen erklären, wie Sie reisen, und welche Vorbereitungen Sie zu treffen haben: Sie setzen oder legen sich bequem auf den Boden, vielleicht mit einer warmen Decke. Dann entspannen Sie sich und tun nichts mehr! Die meisten Frauen in meiner Beratung bekommen ein glückliches Lächeln ins Gesicht, wenn ich Ihnen diese wundervolle Art von »Arbeit« vorstelle. Bei der Arbeit mit Visualisierungen gibt es Erfahrungen aus den verschiedensten Therapierichtungen – zum Beispiel der Hypnotherapie oder aus dem Katathymen Bilderleben, aus dem Autogenen Training oder auch aus anderen Kulturen, etwa bei schamanischen Praktiken –, die zeigen, dass die körperliche Entspannung eine gute Wahrnehmungsfähigkeit für innere Bilder und Informationen erzeugt. Diese Entspannung ist kein Hypnosezustand oder Ähnliches, sie ist nur ein leicht entspannter Bewusstseinszustand, einem Tagtraum ähnlich. Die entspannte Haltung ist wichtig zur Lockerung des Körpers und zur Konzentration auf die Wahrnehmung der inneren Welten. Sie werden es selbst erleben!

Bereiten Sie sich nun auch äußerlich auf Ihre Reise vor: mit bequemer Kleidung und indem Sie sich einen gemütlichen und ungestörten Ort schaffen, ohne Klingel, Telefon oder Faxgerät.

Da Ihre Reise ja in ein Land geht, in dem es nicht nur Schönes und Wunderbares zu entdecken gibt, sondern in dem auch Angst Machendes und Unbekanntes auf Sie warten kann, gebe ich Ihnen noch eine Art Zauberstab in die Hand, die so genannte Abstandstechnik. Sie dient Ihnen als Kontrollmöglichkeit über die inneren Bilder. Diese Technik wird als Hilfsmittel eingesetzt, wenn innere Bilder beispielsweise zu starke Angst machen oder bedrängend sind. Stellen Sie sich in der Visualisierung vor, so viele Schritte rückwärts zu gehen, bis der Abstand vor dem Bedrohlichen groß genug und Ihr Standpunkt wieder sicher ist. Sie weichen also in Ihrer Vorstellung so weit zurück, bis Sie die Bilder mit einem neutralen Gefühl betrachten können. Das Wichtige ist in der Visualisierungsarbeit, etwas zu sehen, es wahrzunehmen, statt dem Angst Machenden mit einem Kraftakt standzuhalten.

Ich erkläre diese Technik meist an dem Beispiel, dass ich als Kind Angst vor Bären hatte. Wenn ich nun solch einem Angst Machenden Tier begegnen und versuchen würde, stehen zu bleiben, könnte ich wahrscheinlich nur noch in Panik geraten und die Flucht ergreifen. Vergrößere ich jedoch den Abstand, so kann ich mir diesen Bären erst einmal anschauen, ich kann sehen, was mich so in Panik versetzt. An der Weite des Abstands kann ich außerdem erkennen, wie groß meine Angst ist, ich kann sie sozusagen wie mit einem Metermaß erfassen. In der Visualisierungsarbeit geht es darum, zu sehen, was Angst macht. Daher ist die Abstandstechnik besonders wichtig, beispielsweise wenn Gewalterfahrungen in Zusammenhang mit der Erkrankung stehen. Eine andere Sicherungsmaßnahme ist, etwas Bedrohliches in der Vorstellung mit einem Bilderrahmen zu umgeben und es dadurch zu einem unbeweglichen Bild, wie zu einem Foto erstarren zu lassen. Und wenn die Bilder zu heftig werden, können Sie auch innerlich von fünf bis eins zählen und dann die Augen öffnen. So treten Sie umgehend aus den inneren Bildern heraus und kehren wieder ganz zurück in Ihr Alltagsbewusstsein.

Ich möchte Ihnen mit dem Erklären dieser Hilfsmittel keine unnötige Angst machen, sondern Ihnen ein Werkzeug in die Hand geben, mit dem Sie Ihre Bilderwelt selbst kontrollieren können: Sie können damit Grenzen setzen und bestimmen, was Sie wie nah und intensiv zu sehen wünschen. Diese drei Möglichkeiten, Abstand herzustellen, stehen Ihnen während jeder Visualisierung als Mittel der Selbstbestimmung zur Verfügung.

Nun sind die Reisevorbereitungen abgeschlossen, Sie sind innerlich und äußerlich auf den Besuch des Neulandes eingestellt, Sie haben ein Mittel für Ihren eigenen Schutz bereit.

Jetzt steht Ihnen noch eine Art Sicherheits-Check bevor, durch den Sie überprüfen können, ob es auch der richtige Zeitpunkt für die innere Reise ist. Wenn Sie beispielsweise zum ersten Mal in Ihrem Leben nach Indien reisen wollen, werden Sie ja dies auch nicht tun, wenn Sie gerade seelisch oder körperlich völlig erschöpft sind und keine neuen Eindrücke mehr verkraften können. Die erste Visualisierungsübung ist die Reise zu einem inneren sicheren Ort. Sie ist ein zuverlässiges Diagnosemittel, um festzustellen, ob Sie genügend innere Stabilität haben, um sich der inneren Bilderwelt auszusetzen. Sie können mit Hilfe dieser Übung selbst überprüfen, ob Sie in Ihrer Persönlichkeit zurzeit ausreichend sicher und stabil sind, um das Land zu betreten, in dem eben nicht nur Erfreuliches zu erfahren ist. Diese Stabilität ist nicht immer selbstverständlich vorhanden. Die Visualisierung »Der sichere Ort« bietet Ihnen gleichzeitig die Möglichkeit, Ihre innere Sicherheit und Stabilität selbst zu bekräftigen und auszubauen. Da die Visualisierungen eine nahe Verbindung zum eigenen Inneren herstellen, ist die persönliche Ansprache mit »du« angemessen. Entsprechend sind auch die schriftlichen Visualisierungsanleitungen gestaltet.

Die Visualisierung »Der sichere Ort«

Setze dich auf den Boden oder lege dich bequem hin, und schließe die Augen. Konzentriere dich auf dich selbst.

Nimm ein paar tiefe Atemzüge und spüre deinem Atem nach: Spüre, wie er in den Körper hineinströmt und aus dem Körper wieder herausströmt.

Lege deine Hände auf deinen Bauch, und stell dir vor, du atmest in den Bauch, bis in deine Hände.

Wenn dein Bauch und deine Hände warm sind, nimmst du die Hände wieder weg und legst sie bequem neben deinen Körper.

Fühle deine Verbindung mit dem Boden,
dein Rückgrat ist gerade,
dein Kopf wird frei und leicht.

Wenn dich noch Spannungen im Körper oder Gefühle und Gedanken ablenken, löse dich von ihnen: Beim Einatmen konzentrierst du dich auf sie, und beim Ausatmen lässt du sie los. Alle Spannungen, Gefühle und Gedanken können einfach in den Boden abfließen.

Jetzt stell dir einen Ort vor, an dem du dich wohl fühlst, lass das Bild von diesem Ort ganz deutlich vor deinem inneren Auge entstehen. Du brauchst nichts zu denken oder zu tun. Warte ab, bis das Bild entsteht und deutlich wird.
Und je deutlicher das Bild von diesem Ort wird, umso mehr bist du an diesem Ort.

Was ist das für ein Ort? Welche Umgebung siehst du?
Betrachte die Farben und die Formen der Umgebung.
Du spürst diesen Boden, vielleicht mit deinen Händen.
Fühle die Luft auf deiner Haut und in deinen Haaren.
Vielleicht kannst du die Gerüche der Luft riechen.
Sind Geräusche da?
Spüre die Atmosphäre von diesem Ort.
Hat der Ort einen Namen?

Dies ist dein Ort.
Es ist der Ort deiner inneren Sicherheit.
Ein Ort, an dem du dich wohl fühlen kannst.
Ein Ort, der dir Schutz und Geborgenheit geben kann.
Ein Ort, an dem du Energie schöpfen und dich stärken kannst.
Du kannst jederzeit zu diesem Ort hin, er ist immer da für dich. Dies ist dein Ort.

Genieße ihn eine Weile, und tue oder lasse, was du willst.
Jetzt stelle dich allmählich darauf ein,
dich von diesem Ort zu verabschieden.

Zähle jetzt ganz langsam von eins bis fünf, und mit jeder Zahl richtet sich dein Bewusstsein wieder auf den Raum, in dem du sitzt oder liegst. Bei der letzten Zahl bist du ganz wach und voll in deinem Alltagsbewusstsein.

Spüre deinen Körper wieder, balle deine Hände zu Fäusten, rekele und strecke dich.
Lass dir deine Zeit, und öffne dann die Augen.

Nehmen Sie sich nun einen Moment Zeit für die Auswertung dieser Visualisierungsübung. Malen Sie ein Bild von diesem Ort und spüren Sie beim Malen noch einmal dem Erlebten nach. Erinnern Sie sich an alle Sinneswahrnehmungen, genießen Sie auch die Gewissheit, dass es solch einen sicheren Ort in Ihrem Inneren gibt. Durch das Malen »sichern« Sie sich das Bild, verstärken Sie das Erlebte, kräftigen Ihre innere Sicherheit und Stabilität. Und wenn Sie kein Bild von solch einem Ort gefunden haben, malen Sie das auf, was Sie stattdessen gesehen haben. Oder vielleicht war auch ein bestimmtes Gefühl sehr wichtig, dann versuchen Sie es zu malen und damit festzuhalten als Information aus Ihrem Inneren. Bewerten Sie Ihre Eindrücke nicht als unsinnig oder nicht richtig, nehmen Sie sie einfach so an.

Die Bilder vom sicheren Ort sind so unterschiedlich wie die Frauen, die in die Beratung kommen: Es gibt jeden vorstellbaren Ort – am Meer, auf einer geschützten Wiese, in den Berggipfeln, in der Wohnung, im Bett, in der Hängematte. Es gibt Bilder von Orten, die real existieren und den Frauen bekannt sind, und es gibt Bilder von ganz neu kreierten Orten. Wenn Sie Lust haben, sich mit Ihrem Bild weiter auseinander zu setzen, fragen Sie sich, was Ihr Bild vom sicheren Ort über Ihre momentane Situation aussagt. Können Sie einen Bezug zu Ihrem Alltag erkennen?

Aus meiner Beratungspraxis werde ich nun berichten, welchen Stellenwert und welche Bedeutung die Bilder des sicheren Ortes innerhalb der Methode Wildwuchs haben können. Ich werde Ihnen Interpretationsmöglichkeiten von Bildern anhand der beispielhaften Erfahrungen anderer Frauen vorstellen. Dies verführt leicht dazu, die Deutungen auf die eigenen Bilder anzuwenden – nach dem Prinzip: »Aha, diese Art Bild bedeutet also das und jenes.« Ich möchte Sie jedoch genau davor warnen: Die Bilder entstehen immer in einem bestimmten Zusammenhang und finden darin ihre Bedeutung! Es ist ähnlich, als ob Sie in verschiedene Kulturen reisten: Wenn Sie beispielsweise in Ägypten sind und abends die Augen schließen, um die wichtigsten Eindrücke des Tages vor Ihrem inneren Auge vorbeiziehen zu lassen, werden Sie andere Bilder bekommen, als wenn Sie dies in der Antarktis tun. Die Bilder, von denen ich gleich erzähle, sind Bilder von erkrankten Frauen, die ausdrücklich in die Beratung gekommen sind, um sich ihrer Krankheit zuzuwenden und um Selbsthilfeschritte für sich zu finden. Das bedeutet, dass diese Frauen mit dem ersten Schritt, den sie in meine Praxis tun, sich in ihre Krankheitsthematik »hineinstellen«. Meine Praxis, die Räume, ich selbst und die Methode Wildwuchs sind sozusagen die spezielle »Kultur«, in die Frauen mit einer bestimmten Zielsetzung hineintreten. Dieser komplexe Rahmen, das ganze Setting stellt den Bedeutungshintergrund für die jeweiligen inneren Bilder her. Nur in der Beratungspraxis und innerhalb der Kommunikation zwischen mir und der Frau sind die folgenden Bilder interpretiert worden und haben so eine bestimmte Bedeutung gewonnen. Sie müssen Ihre eigenen Bilder also selbst deuten, Sie können keine der beispielhaften Bildinterpretationen auf Ihre eigene Bilderwelt übertragen. Sie können meine Erfahrungsberichte aber als Ideen und Anregungen nutzen, die Sie in der Arbeit mit Ihren eigenen Bildern unterstützen.

Ich habe bereits erwähnt, dass im Beratungsverlauf der Methode Wildwuchs die Visualisierung des sicheren Ortes für die Diagnose der psychischen Stabilität dient. Darüber hinaus kann diese Übung auch die Selbstsicherheit der Frau stärken. Das Bild vom inneren »sicheren Ort« ist der sichtbare Hinweis dafür, dass die Grundlage für weitere innere Reisen gegeben ist. Das Bild zeigt in der Regel – und meine Erfahrungen mit über tausend Frauen belegen dies – eine ausreichende Bodenständigkeit der Frau. Dies ist eine gute Voraussetzung, um in die schillernde Welt der Bilder hineinzugehen und anschließend auch wieder herauszufinden und zum Alltagsbewusstsein zurückzukehren. Das Bild vom sicheren Ort zeigt, dass eine Weiterarbeit mit Visualisierungen überhaupt möglich ist. Stellt sich bei einer Frau kein Bild vom sicheren Ort ein, so bedeutet dies eine Grenze, an der sie angelangt ist. Eine Möglichkeit der Weiterarbeit ist dann, sich diese Grenze gemeinsam genauer anzuschauen. Indem man die Grenze akzeptiert und sich mit ihr auseinander setzt, kann man häufig der Erkrankung beziehungsweise den notwendigen Selbsthilfeschritten näher kommen. Solche Grenzerfahrungen wie das Nichterscheinen von Bildern geben Aufschluss über die nächsten notwendigen Selbstheilungsschritte.

Anhand von drei Beispielen möchte ich diesen Sachverhalt verdeutlichen: In der Visualisierung entstand bei einer Frau, die wegen einer Zyste am Eierstock zur Beratung gekommen war, kein Bild von einem sicheren Ort. Ich machte ihr den Vorschlag, stattdessen ein Bild zu genau dieser Situation entstehen zu lassen – nämlich dass kein Bild vom sicheren Ort zu sehen war. Daraufhin entwickelte sich in ihrer Vorstellung ein Bild von einer Eisenmauer. Sie sah sich selbst vor der Eisenmauer, die eine Naht hatte. Die Frau konnte aber an dieser Eisenwand lediglich mit ihrer Wahrnehmung hinauf und hinunter »wandern«, aber nicht in die Wand hinein. In ganz dichtem Kontakt mit dieser Eisenwand konnte sie spüren, wie viel Energie nötig war, um diese Eisenwand aufrechtzuerhalten. Es gab dort keine Energie für einen sicheren Ort, sondern diese Wand war eigentlich der sichere Ort. Im auswertenden Nachgespräch zu dieser Übung wurde der Frau deutlich, dass diese Eisenwand als ein Resultat aus früheren sexuellen Gewalterfahrungen erwachsen war und eine wichtige Schutzfunktion darstellte.

Eine andere Frau sah statt eines Bildes vom sicheren Ort viele bunte Kreise und Lichter, die auf sie zukamen. Alle visuellen Eindrücke waren sehr bunt und flirrend. Auf meine Aufforderung hin berührte die Frau diese bunten Kreise mit ihren Händen, und im selben Moment verwandelte sich das Bunte in eine riesige schwarze Wolke. Die Frau erarbeitete dann für sich die Erkenntnis, dass diese Wolke ihre übermächtige Angst

74

vor der Erkrankung symbolisierte. Für eine weitere Auseinandersetzung mit dieser Angst mithilfe von Visualisierungen gab es keine ausreichende Basis, nicht genügend inneren »Boden«. Der nächste Schritt dieser Frau war, sich als Konsequenz aus dieser Erfahrung für eine psychotherapeutische Behandlung anzumelden.

Ähnlich war das Ergebnis der Visualisierung mit einer jungen Frau, die wegen andauernder Verspannungen im ganzen Körper und vielfältiger Ängste in die Selbstheilungsberatung kam. Sie konnte statt eines sicheren Ortes nur Schwärze wahrnehmen, und als ich sie anleitete, diese Schwärze einmal nach dem sicheren Ort zu befragen, antwortete die Schwärze: »Das ist die falsche Frage, hier gibt es keinen sicheren Ort.« Es stellte sich heraus, dass sich diese junge Frau seit dem Kleinkind-Alter mit den verschiedensten Ängsten herumquälte, sodass sie beispielsweise ihr Zimmer regelmäßig auf Monster hin absuchte. Einen wirklich sicheren Ort gab es für sie nicht in ihrem Alltagsleben. Das Bild der jungen Frau bedeutete ebenfalls das Ende der Beratung bei mir und den Beginn einer Therapie.

In meiner Beratungspraxis kommt es auch öfters vor, dass Frauen zwar das Bild von einem sicheren Ort finden, dieser Ort dann aber nur teilweise sicher ist: eine Frau hatte zum Beispiel das Bild von einer wunderschönen Landschaft gefunden, und plötzlich brach ein Teil weg, die Hälfte des Bildes sauste wie ein Fahrstuhl in die Tiefe. Mit dieser Frau konzentrierte sich die anschließende Arbeit auf die Stabilisierung des sicheren Ortes.

Eine andere Frau hatte das Bild von einer beschützenden Waldlichtung gefunden, auf der ihr eigenes Haus stand; plötzlich kam eine andere Person in dieses Bild, ungebeten, erschreckend, sodass die Sicherheit des Ortes zerstört war.

Solche Brüchigkeiten in den Bildern vom sicheren Ort begegnen mir oft in der Arbeit mit Frauen, die massive Grenzübergriffe in Körper und Seele erleben mussten, Gewalt in den verschiedensten Ausformungen. Diese Bilder berichten dann von der erschütterten Selbstsicherheit, von der Zerstörung grundlegenden Selbstvertrauens, vom Verlust innerer Geborgenheit. Allerdings ist es die Realität, dass wir Menschen einerseits Selbstsicherheit in uns verspüren und andererseits gleichzeitig Ängste und Verunsicherungen mit uns tragen, unabhängig von den Repressalien unserer Kindheit oder auch unserer aktuellen Lebenssituation. Diese Gleichzeitigkeit zeigte sehr anschaulich das visualisierte Bild von einer älteren Frau. Diese Frau hatte den Zweiten Weltkrieg in ihrer Kindheit erlebt, wuchs in gewalttätigen Familienverhältnissen auf, war viele Male operiert worden und war zu der Zeit unglücklich in ihrer Partnerschaft – eine Frau mit vielen Erfahrungen, die sie in ihrem Leben herausgefordert hatten. Diese Frau fand einen inneren sicheren Ort in der Baumhöhle einer Eiche, einer alten Eiche mit dickem Stamm, riesigem Blätterdach – *das* Symbol für Sicherheit. Die Frau fühlte sich geborgen in diesem Unterschlupf, und plötzlich entstand eine Bewegung, und es bildete sich eine Art brauner Sporn am Rand der Baumhöhle, der immer bedrohlicher wurde. Die Frau saß also in der stabilen, Sicherheit vermittelnden Baumhöhle der Eiche, und gleichzeitig wuchs da der Furcht erregende braune Sporn. Dieses Bild vom sicheren Ort blieb unverändert – war es nun ein Bild der inneren Sicherheit oder nicht, reichte es aus für weitere Visualisierungsarbeit? Dieses Bild zeigte eine Lebensweisheit, dass nämlich im Leben ein »sicherer Ort« auch gleichzeitig Unsicheres enthält: In der Realität sind immer beide Qualitäten da! Damals ermöglichte die Visualisierungsarbeit dieser Frau, sich mit ihren dunklen und auch mit ihren kraftvollen Seiten auseinander zu setzen.

Das Bild vom »sicheren Ort« ist also als eine Art Fokus zu verstehen und ermöglicht einen konzentrierten Blick für die Suche nach der Qualität »Selbstsicherheit«. Wenn wir diese Qualitäten in uns wahrnehmen können, stärken wir sie: Die Erfahrung zeigt, dass das, was wir sehen und wahrnehmen können, sich durch unsere Aufmerksamkeit entwickelt, zu einer inneren Wahrheit und damit für uns Wirklichkeit wird.

Was aber ist, wenn Sie als Leserin nun kein Bild von einem sicheren Ort gefunden haben? Ich empfehle Ihnen dann, erst einmal an dieser Stelle innezuhalten und mit einer vertrauten Person über Ihre innere Befindlichkeit zu sprechen. Fragen Sie sich: Sagt das fehlende oder »unsichere« Bild etwas über Teile meines Lebens aus? Was sieht eine Vertrauensperson in Ihrem Leben? Danach könnten Sie auch das Entstehen eines Bildes eine Zeit lang trainieren und diesen Entwicklungsprozess beobachten.

Die Visualisierung »Körpererkundung«

Als Nächstes möchte ich Ihnen die Visualisierung »Körpererkundung« vorstellen. Sie erscheint sehr einfach, fast schon simpel, und doch bedurfte es einer Entwicklungszeit von etwa sieben Jahren, um solch eine innere Reise auszuarbeiten. Sie führt in das unbekannte Körperinnere und dazu noch in »schwierige« Zonen – erkrankte Körperorgane und -bereiche. In ihrer heutigen Form funktioniert diese Visualisierung für die meisten Frauen sehr effektiv. Die Reise ins Körperinnere geschieht in einem Entspannungszustand und bietet die Möglichkeit, körperliche Gegebenheiten in ihren verschiedenen Dimensionen wahrzunehmen, nämlich die körperliche, psychisch-seelische und spirituelle Dimension eines als »krank« bezeichneten Körpergeschehens.

Der erste Teil der Körperreise führt zu dem erkrankten Organ oder erkrankten Körperbereich, zu dem Ort der Beschwerde, und macht diesen problematischen Teil mit allen Sinnen wahrnehmbar. Daran anschließend wird der Bereich der weiblichen Organe erkundet, ausgehend von dem Wissen, dass die eigene Einstellung zum Frausein sich wesentlich in der Sicht körperlicher Weiblichkeit ausdrückt und einen zu beachtenden Fakt im Krankheitsgeschehen darstellt. Der letzte Teil der Visualisierung führt zu einem weiteren wichtigen Ort im Körper, der bedeutsam ist für die Erkrankung oder Beschwerde. Hier wird nach der Komplexität eines Krankheitsgeschehen, gefragt und erforscht, welche Organe oder Körperbereiche mit den Krankheitssymptomen in Verbindung stehen und die gesamten Vorgänge im Körper mit beeinflussen. Die Erkrankung oder Beschwerde wird als Ausdruck des ganzen Körpergeschehens im wahrsten Sinne des Wortes »betrachtet«. In vielen Experimenten, Einzelberatungen und Gruppenarbeiten hat sich das Know-how entwickelt, wie solch eine Visualisierung zur Körpererkundung angeleitet werden kann, sodass sie der interessierten Frau eine Eigendiagnose ihrer körperlichen Zustände vor Augen führt. Als Resultat der vielen kleinen Entwicklungsschritte, in denen diese Visualisierungsübung gewachsen ist, erscheint heute die entwickelte Methodik als »ganz einfach« und wie selbstverständlich funktionierend.

Aber erforschen Sie es selbst: Nehmen Sie sich Zeit für die Reise, schaffen Sie sich einen gemütlichen, ungestörten Raum und nehmen Sie eine bequeme Körperhaltung ein, im Sitzen oder Liegen. Dabei geht es nicht darum, möglichst »tolle« Bilder zu sehen oder möglichst bunte innere Kinofilme zu produzieren, sondern darum, den Körper von innen her zu betrachten und kennen zu lernen. Sie können darauf vertrauen, dass der Körper von Ihrer Bereitschaft weiß, ihm zuhören zu wollen. Ihr Körper wird Ihnen in Bildern verschlüsselte Informationen schicken.

Zur Vorbereitung der Visualisierungen gehört eine äußere und eine innere Einstimmung. Die inneren Bilder, die Sie entstehen lassen, für die Sie sich öffnen, sind eine feine Wahrnehmungsarbeit, die einen speziellen Erfahrungsraum benötigt ohne Hektik und Alltagsstress. Für die äußere Vorbereitung ist es wichtig, sich einen ruhigen, ungestörten Raum zu schaffen: gemütlich, warm, ohne Klingel- und Telefongeräusche. Die innere Vorbereitung schafft eine Zeit der Besinnung: eine kurze Meditation, Stillsein für eine Zeit, den Körper im Spiegel betrachten etc. sind gute Möglichkeiten der Einstimmung. Überprüfen Sie auch, ob der Tag und der Zeitpunkt überhaupt für eine Visualisierungsarbeit geeignet sind. Überlegen Sie vor der Visualisierung, ob Sie während der Reise eine vertraute Person in Ihrer Nähe haben möchten, oder ob eine Partnerin oder ein Partner für ein Nachgespräch wichtig ist. Gerade bei schwierigen Problemen und Fragen sind eine Aussprache und liebevoller Kontakt notwendig und hilfreich.

Lesen Sie nun die Anweisungen für die innere Reise zur Körpererkundung:

Lege dich oder setze dich bequem hin, schließe die Augen und konzentriere dich auf dich selbst.

Dehne die Beine einmal lang, indem du die Fersen ein Stück vom Körper wegschiebst; lass die Spannung wieder los.
Lege die Arme neben den Körper und schiebe die Fingerspitzen auf der Unterlage in Richtung Füße: So dehnst

du die Arme und Schultern einmal, dann lass wieder locker.
Strecke deinen Nacken, indem du den Hinterkopf auf der
Unterlage nach oben schiebst, sodass sich das Kinn leicht
zur Brust neigt; halte die Anspannung einen Moment und
entspanne wieder.
Nimm ein paar tiefe Atemzüge und spüre deinem Atem
nach.

Jetzt lass deinen Atem in deine Füße strömen, schicke deine
warme Atemenergie bis in deine Füße.
Diese Energie fließt in jede Zehe,
über die Fußsohlen,
bis in die Fersen und Knöchel.
Die Energie verströmt sich in deinen Füßen.

Alle Spannungen in den Füßen, die sich lösen können,
fließen einfach in den Boden ab.
Vielleicht können deine Füße wärmer werden und sich etwas mehr entspannen.

Lass jetzt die Atemenergie in deine Waden und Knie strö-
men,
die Energie verströmt sich ganz in deinen Waden und
Knien.
Die Muskeln und Sehnen können sich lockern.
Deine Waden und Knie werden vielleicht warm und schwer.

Die Atemenergie verströmt sich nun in deinen oberen Beinen und in deinen Hüften.
Du kannst deine Beine und Füße von Wärme durchflutet
spüren.

Ganz weich und warm strömt nun die Atemenergie in dein Becken, in deinen Schoß.
Zart und sanft streicht die Energie durch die großen und kleinen Lippen, durch deine Klitoris, deine Vagina.
Sie verströmt sich in deiner Gebärmutter,
in den Eileitern und Eierstöcken.
Vielleicht kannst du deine weiblichen Organe warm und weich in dir spüren.
Die Atemenergie breitet sich in deinem ganzen Becken aus, bis in den Po.
Alle Spannungen fließen einfach in den Boden ab.
Spüre dein Becken und den Po warm und entspannt.

Jetzt strömt die Atemenergie deine Wirbelsäule entlang; Wirbel für Wirbel.
Dein Rückgrat wird locker und konzentriert,
deine Nerven können sich beruhigen,
alle Spannungen fließen einfach in den Boden ab.
Und weiter verströmt sich die Energie
– in deinen ganzen Rücken.
Die Rückenmuskeln können sich entspannen,
dein ganzer Rücken wird locker und warm.

Die Atemenergie durchströmt jetzt deinen Bauch und deinen Brustkorb;
sie fließt durch alle inneren Organe im Bauchraum, durchströmt die Lungen.
Dein Bauch wird warm und weich,
dein Brustkorb kann weit und frei werden.
Alle Spannungen fließen oder tropfen einfach in den Boden ab.

Die Energie strömt nun in deine Brüste, in die rechte und in die linke Brust. Weich und zart fließt die Energie in deine Brüste.

Nun breitet sich die Atemenergie in deinen Schultern aus,
in die Schulterblätter und Schultergelenke,
in die Arme, über die Ellenbogen, Handgelenke,
bis in die Hände und Finger.
Alle Spannungen fließen durch die Fingerspitzen in den Boden ab. Schultern, Arme und Hände werden warm und schwer, es gibt nichts zu tun!

Die Energie fließt jetzt in deinen Nacken, durchströmt deinen ganzen Hals.
Die Nackenmuskeln können sich entspannen, sie werden locker.
Die Atemenergie strömt weiter, sanft in den Kopf.
Sie streicht über die Kopfhaut, durch die Ohren, durch dein Gesicht,
die Stirn wird glatt, die Augen ruhig und locker,
Nase und Wangen werden warm und weich,
der Mund und das Kinn, der ganze Kiefer, werden locker und entspannt.

Zähle jetzt innerlich ganz langsam von fünf bis eins, und mit jeder Zahl können noch Spannungen oder ablenkende Gefühle oder Gedanken in den Boden abfließen.

Dein Körper wird dabei ein bisschen schwer, so als würde er noch ein Stückchen tiefer in die Unterlage sinken.
Dein Bewusstsein stellt sich auf die Ebene ein, auf der du gleich gut Bilder sehen kannst.

Alle Geräusche von außen ziehen einfach durch dich hindurch und entschwinden.

Fünf, vier … eins.

Jetzt lass vor deinem inneren Auge wieder das Bild von deinem sicheren Ort erscheinen; warte ab, bis das Bild deutlich wird.
Warte ab, hab Geduld, und je deutlicher das Bild wird, desto mehr bist du an diesem Ort;
an dem Ort, an dem du dich wohl fühlen kannst, der dir Schutz und Geborgenheit gibt, an dem du Kraft und Energie schöpfen kannst.

Nimm diesen Ort wieder mit all deinen Sinnen wahr:
Du kannst die Umgebung sehen, riechen, hören, mit deinen Händen erspüren, die Atmosphäre fühlen.
Genieße diesen Ort eine Weile.
Jetzt stell dir vor, du siehst dich selbst als Person vor dir stehen.
Du siehst dich selbst als Person vor dir stehen, und du betrachtest deine Kleidung, deine Haare, dein Gesicht.
Du siehst dich als die Frau, die du bist.

Nun bemerkst du, wie diese Person allmählich kleiner wird, sie beginnt vor deinen Augen zusammenzuschrumpfen:
Sie wird immer kleiner und kleiner.
Und je mehr diese Person zusammenschrumpft, umso mehr wirst du zu dieser Person:
Du wechselst deine Position, du schlüpfst mit deiner Aufmerksamkeit wie heraus aus dem großen Körper und schlüpfst hinein in den Körper, der immer kleiner wird.

So wirst du kleiner und kleiner.

Du wirst zu einem winzig kleinen Wesen.

Du stehst jetzt als winziges Wesen vor deinem großen Körper,

du kannst auf diesem Körper herumlaufen oder herumklettern.

Du läufst auf dem Körper herum und entscheidest dich jetzt, ob du in den Körper hineingehen willst

oder den Körper von außen erkunden möchtest.

Wenn du den Körper von innen her erkunden willst, gehe nun zu einer Körperöffnung hin.

Du gehst zu dieser Körperöffnung hin, schaust sie dir genau an. Ganz vorsichtig und sanft gehst du nun in den Körper hinein. Betrachte dabei die Umgebung, du kannst alle Einzelheiten genau erkennen.

Spüre den sicheren Boden unter deinen Füßen und gehe Schritt für Schritt in den Körper hinein.

Du gehst jetzt den Weg zum Ort deiner Erkrankung, deiner Beschwerde oder deines Problems, du weißt, wo dieser Ort ist. Gehe zu dem kranken Körperbereich oder -organ, zu dem Ort der Beschwerde.

Wenn du an diesem Ort angelangt bist, schaust du dich um. Du siehst dir das Gewebe an, die Formen und die Farben; mit deinen Händen kannst du das Gewebe erspüren, wenn du magst:

die Weichheit/Festigkeit,

die Feuchtigkeit/Trockenheit,

die Wärme, Bewegung.

Merke alles, was du mit deinen Händen erspürst.
Vielleicht riechst du die Gerüche von diesem Ort.
Kannst du Geräusche hören?
Weißt du, was diesem Ort fehlt, was dieser Ort braucht?
Merke alles, was du wahrnehmen kannst.

Jetzt stelle dich allmählich darauf ein, dich von diesem Ort
zu verabschieden. Vielleicht möchtest du noch etwas tun
oder lassen?
Verabschiede dich und wende dich ab.

Mach dich jetzt auf den Weg in deinen Schoß, in den Raum
deiner weiblichen Organe.
Merke den Weg, den du gehst, beachte die Umgebung, und
solltest du dich schon in deinem Schoß befinden, schau dich
weiter um in diesem Raum.
Wenn du im Schoß angelangt bist, kannst du wieder umher-
gehen und dir alles anschauen.
Betrachte die Formen und die Farben der Umgebung;
mit deinen Händen kannst du das Gewebe erspüren:
die Weichheit/Festigkeit,
die Feuchtigkeit/Trockenheit,
die Wärme, Bewegung.
Du kannst die Gerüche riechen und die Geräusche hören.
Welche Atmosphäre ist an diesem Ort, und wie fühlst du
dich darin?

Mache dich nun allmählich bereit, dich auch von diesem
Ort zu verabschieden.
Du verabschiedest dich und wendest dich ab.

Jetzt gehst du noch zu einem weiteren Ort in deinem Körper – es ist ein Ort deiner Kraft, eine Kraftquelle vielleicht. Du brauchst nichts zu denken oder zu tun: Dieser wichtige Ort zieht dich an, und du brauchst nur diese Anziehungskraft zu spüren.

Folge dieser Anziehungskraft und finde den Weg zu dem Ort deiner Kraft, zu einer Kraftquelle im Körper.

Merke die Umgebung, durch die du gehst…

Wenn du an diesem Ort angelangt bist, schaust du dich um. Du erspürst diesen Ort mit all deinen Sinnen und lässt ihn auf dich wirken für eine Weile. Nimm diesen Ort mit all deinen Sinnen wahr.

Wenn du es wünschst, kann nun deine Kraft an diesem Ort eine Gestalt annehmen und sichtbar für dich werden.

Wenn du es wirklich wünschst, nimmt die Kraft eine Gestalt an.

Es ist so, wie wenn sich Energie verdichtet.

Du brauchst nichts zu tun.

Wenn du es wünschst, wird die Gestalt deiner Kraft vor deinen Augen entstehen, vielleicht als Person, als Tier oder Gegenstand.

Wenn du magst, nimm Kontakt zu dieser Gestalt auf.

Du kannst dieser Gestalt deine wichtige Frage stellen.

Und sie antwortet dir vielleicht.

Finde deine wichtige Frage, und höre die Antwort.

Stelle die Frage und merke dir die Antwort.

Jetzt mache dich allmählich für die Rückkehr bereit.

Verabschiede dich von der Gestalt und von dem Körperbereich.

Wende dich ab, und finde den Weg aus dem Körper heraus. Du begibst dich zu einer Körperöffnung hin, aus der du wieder aus dem Körperinneren herauskommen kannst an deinen sicheren Ort.

Du trittst aus der Körperöffnung heraus und gelangst an deinen sicheren Ort.

Jetzt merkst du, wie du wieder zu wachsen beginnst.

Du wirst größer und größer, und während du größer wirst, verschmilzt du allmählich mit dem großen Körper, und du wirst wieder eins und ganz.

Erhole dich nun noch eine Weile an deinem sicheren Ort; schöpfe neue Energie und Kraft.

Nun stelle dich darauf ein, dich auch von diesem Ort zu verabschieden.

Zähle jetzt innerlich ganz langsam von eins bis zehn, und mit jeder Zahl kommst du mehr und mehr aus deinen inneren Bildern heraus.

Dein Bewusstsein richtet sich allmählich wieder auf den Raum, in dem du jetzt sitzt oder liegst.

Und bei der letzten Zahl zehn bist du wach und ganz in deinem Alltagsbewusstsein.

Spüre deinen Körper wieder, balle deine Hände zu Fäusten, rekele und strecke dich.

Lass dir deine Zeit, und öffne dann die Augen.

Und bevor Sie jetzt weiterlesen, nehmen Sie sich Zeit und Muße, das Bild aus Ihrer Reise aufzumalen, das Ihnen im Moment als Wichtigstes in Erinnerung ist. Nehmen Sie sich auch Zeit, aufzuschreiben, was Sie bei Ihrer Körpererkundung wahrnehmen konnten:

Die Bilder sind ein Geschenk Ihres Körperlebens!

Die Bausteine der Visualisierung »Körpererkundung«

Ich werde Ihnen nun die Bestandteile der Visualisierung »Körpererkundung« einzeln erläutern, so als würde ich Ihnen die einzelnen Webstränge eines Teppichstückes genau zeigen. Ich werde Ihren Blick auf die Details lenken, und in die einzelnen Stränge fädele ich die Erlebnisse und Geschichten von anderen Frauen ein. Wenn Sie gleichzeitig in Ihrer Vorstellung Ihre eigenen Bilder vor dieses entstehende Teppichstück halten, können Sie sie vor diesem Hintergrund deutlich erkennen. Der Abstand zu Ihren inneren Bildern und die Anregungen durch Beispiele des Erlebens von anderen Frauen inspirieren Sie vielleicht bei der Auswertung und Verarbeitung Ihrer eigenen Bilderwelt.

Wer dieses Buch auch aus professionellem Interesse liest, kann den folgenden Erläuterungen der Visualisierungselemente Anregungen speziell für die Begleitungsarbeit mit Frauen entnehmen.

Ganz am Anfang der Körperreise werden Sie aufgefordert, eine angemessene Körperhaltung für die nachfolgende Visualisierungsarbeit einzunehmen: »Lege oder setze dich bequem hin, schließe die Augen und konzentriere dich auf dich selbst.« Die Wahl der Körperhaltung treffen die Frauen zum einen entsprechend ihren bisherigen Gewohnheiten und Vorlieben bei Meditation, Besinnung, Gebet etc. Zum anderen können Sie mit der Wahl Ihrer Körperhaltung bestimmen, wie nahe Sie Ihrem Alltagsbewusstsein bleiben wollen, wie weit Sie die Kontrolle über Ihre unbewussten Impulse aufgeben möchten. Wenn Sie sich zum Beispiel an einem Tag unsicher fühlen, behalten Sie im Sitzen in der Regel eher die Kontrolle über Ihre Bilder und Empfindungen. Das ist nicht etwa »schlechter« als die Wahrnehmung im Liegen, denn es geht in der Visualisierungs- und Selbstheilungsarbeit immer um das Angemessene: Das, was Ihnen gut tut, was Ihnen ein sicheres Gefühl vermittelt, worauf Sie vertrauen können, ist jeweils die richtige Ausgangsbasis für die Wahrnehmung von Körper und Krankheit. Denken Sie daran, wie Sie sonst am besten eine Reise antreten: Möglichst gut ausgeruht, mit einem guten Grundgefühl, vielleicht aufgeregt oder auch ein bisschen ängstlich, ausgerichtet und konzentriert auf das, was vor Ihnen liegt. Wählen Sie die Körperhaltung, die Sie selbst im Moment für geeignet halten. Es ist Ihre Kompetenz, die passende Wahl zu treffen.

Dehne die Beine einmal lang, indem du die Fersen ein Stück vom Körper wegschiebst; ... Lege die Arme neben den Körper und schiebe die Fingerspitzen auf der Unterlage in Richtung Füße..., nimm ein paar tiefe Atemzüge und spüre deinem Atem nach. Jetzt lass deinen Atem in deine Füße strömen... Fersen... Knöchel ... Waden und Knie ... obere Beine und Hüften ... Becken, Schoß ... große und kleine Lippen... Klitoris... Vagina... deine Gebärmutter... Eileiter... Eierstöcke ... Po ... Wirbelsäule ... Rücken ... Bauch... Brustkorb... Brüste... Schultern... Arme... Hände... Finger... Nacken... Hals... Kopf... Gesicht... Alle Spannun-

gen, die sich lösen können, fließen oder tropfen einfach in
den Boden.

Begonnen wird die Körperreise mit dem Dehnen der Beine,
Arme, des Kopfes; dabei ändert sich die Atmung sofort, sie
wird tiefer, und das ist ein guter Einstieg in die *Entspannungsphase.* In dieser Entspannung geschieht die Vorbereitung der
inneren Wahrnehmung, das Loslassen von vorherrschender
Anspannung und von Gedankenkreisen. In der Entspannungsphase kann sich eine Offenheit für die innere Stimme
entwickeln, die Aufmerksamkeit konzentriert und richtet sich
auf das eigene Innere. Es gibt verschiedene Entspannungs-
techniken, zum Beispiel die progressive Entspannung nach
Jacobsen, die geeignet zur Einleitung der Körperreise sind.
Nachgewiesenermaßen hat das Entspannen physiologische
Veränderungen zur Folge; die Auswirkungen auf den Muskel-
tonus, den Atemrhythmus und die Pulsfrequenz sind gemessen und nachgewiesen worden. In den verschiedenen Kulturen und ebenso in verschiedenen Traditionen von Trance-,
Visualisierungs- oder auch schamanischer Arbeit gibt es unterschiedliche Mittel und Techniken, Entspannungszustände
zu erreichen; das sind beispielsweise Meditation, Yoga, Trom-
meln, Musik und Gesänge. In der Methode Wildwuchs arbei-
te ich mit der Körperentspannung durch den Atem, da durch
dieses Entspannungsverfahren gleichzeitig auch die Wahrnehmung des Körpers trainiert wird. Außerdem kann bei dieser
Technik das erkrankte Körperorgan oder der entsprechende
Körperbereich bereits besonders angesprochen und die innere
Aufmerksamkeit dorthin gerichtet werden. Wenn also eine
Frau mit bestimmten Beschwerden kommt, nehmen wir an
Magenbeschwerden, ist es sinnvoll, bei der Körperentspan-
nung dieses Organ direkt anzusprechen. Ebenso wichtig ist

die Beachtung der weiblichen Organe. Ich verwende in der Anleitung die medizinisch üblichen Begriffe, wie zum Beispiel Klitoris. Das Benutzen dieser sachlich-neutralen Worte erscheint mir dem respektvollen Abstand und der Fremdheit gegenüber der zu beratenden Frau angemessen.

Falls Sie als Leserin die Entspannung selbst nachvollzogen haben, bedenken Sie einmal, wie Sie Ihren Körper während der Entspannung empfunden haben. Welche Teile des Körpers, welche Organe konnten Sie deutlich, welche wenig oder gar nicht spüren? Gab es besonders verspannte oder lockere, entspannte Bereiche? Und wie haben Sie Ihre weiblichen Organe wahrgenommen?

> Dein Körper wird noch ein bisschen schwerer, so als würde er noch ein Stückchen tiefer in die Unterlage sinken …
> Zähle jetzt innerlich ganz langsam von fünf bis eins, und mit jeder Zahl stellt sich dein Bewusstsein auf die Ebene ein, auf der du gleich gut Bilder sehen kannst …

Diese *Vertiefungsphase* unterstützt und fördert nochmals den Entspannungszustand und leitet die innere Wahrnehmung ein. Auch für diese Phase gibt es verschiedene weitere Möglichkeiten, die Vertiefung herzustellen. Rosemary Rodewald gibt beispielsweise als Vorstellung einen Fahrstuhl vor, in dem die Frau sich dann die Zahlen der heruntergleitenden Stockwerke vorstellt. Eine andere Visualisierungsvorgabe, die ich für innere Reisen zu einer bestimmten Thematik benutze, ist, auf einer Treppe Stufe für Stufe hinunterzugehen, die Füße auf den Stufen zu sehen. Oder die Frau kann sich hinuntersinken lassen, wobei der Körper immer tiefer in den Boden sinkt. Allerdings ist dies zuletzt genannte Bild eine schon sehr herausfordernde Vorstellung, die mit der Qualität der Hingabe, des »Sich-fallen-Lassens«, »Sich-Auslieferns« zu tun hat. Die Vertiefungstechniken sollten der Thematik der Visualisierung sowie dem Kontext der Gesamtarbeit entsprechen und angepasst sein.

Grundsätzlich gilt: Die Visualisierung hat immer ein bestimmtes Thema: Es gibt einen Sinn und eine bestimmte Zielsetzung, denen die Reise folgt, und dementsprechend sind auch die Entspannung, die Vertiefungen und Symbole auszuwählen.

Die Entspannungs- und Vertiefungsphase zu Beginn der Körpererkundung ist wie ein Signal an den Körper, dass Sie bereit sind, ihm zuzuhören, dass Ihre Aufmerksamkeit und vielleicht auch Hingabe vorhanden sind.

Jetzt lass das Bild von deinem sicheren Ort wieder vor deinem inneren Auge erscheinen; warte ab, bis das Bild deutlich wird... Nimm diesen Ort wieder mit all deinen Sinnen wahr: Du kannst die Umgebung sehen, riechen, hören, mit deinen Händen erspüren, die Atmosphäre fühlen. Genieße diesen Ort.

In der Körpererkundung wird zunächst wieder der sichere Ort als Ausgangsbasis aktiviert und bestärkt. An dieser Stelle möchte ich Sie aber noch auf einen weiteren Aspekt, auf eine weitere Funktion dieses ersten Bildes verweisen, nämlich die Anregung der Visualisierungsfähigkeit. Die Fähigkeit, sich Bilder vorzustellen, wird durch die Aufforderung intensiviert, alle Sinne zu aktivieren: Die Visualisierungsfähigkeit wird durch das Ansprechen aller Sinne angeregt und trainiert.

Viele Frauen äußern in dem Vorgespräch zu der Beratungsarbeit die Sorge, dass sie sich nicht genügend entspannen und keine Bilder sehen könnten, diese Erfahrung hätten sie schon in früheren Seminaren gemacht. Ich kann den Frauen dann versichern, dass sie höchstwahrscheinlich doch Bilder sehen werden, da die spezielle Kombination aus Entspannung, Vertiefung und Visualisierungstraining die Fähigkeit zur Bilderwahrnehmung herauszubilden hilft und steigert. Erinnern Sie sich an die Erkenntnis aus dem Bio-Feedback-Verfahren, dass allein durch die innere Vorstellung die entsprechende Muskulatur aktiviert wird? Die gleiche Wirkung haben die Visualisierungsanweisungen, ein Bild mit allen Sinnen zu erfassen. Haben Sie diese Wirkung auch in Ihrer Bilderwahrnehmung bemerken können?

Achten Sie auch darauf, mit welchen Sinnen Sie den sicheren Ort hauptsächlich wahrnehmen konnten und wie intensiv diese Sinneswahrnehmungen waren. Diese erste Erfahrung bildet die Grundlage für einen Vergleich mit späteren Wahrnehmungsqualitäten, die dann im Körperinnern und in verschiedenen Körperbereichen stattfinden. Manche Frauen nehmen beispielsweise den Ort mit ihrer ganzen Sinnesfülle wahr, umso auffälliger ist dann die reduzierte sinnliche Wahrnehmung an spezifischen krankheitsrelevanten Körperorganen; doch davon später mehr.

> Jetzt stell dir vor, du siehst dich selbst als Person vor dir stehen … betrachtest deine Kleidung, deine Haare, dein Gesicht, du siehst dich als die Frau, die du bist.

Diese Visualisierungsanleitung ruft ein Bild von der eigenen Selbstwahrnehmung hervor, ein *inneres Selbstbild*. Für viele Frauen ist es das erste Mal, dass sie sich vor Augen führen, wie sie sich selbst als Frau sehen. Frauen sind gewohnt, Ihr Frausein eher durch Fremdwahrnehmung definieren zu lassen, zum Beispiel durch Modetrends, durch gesellschaftliche Meinungen über Frauen und wie sie sein sollten, durch die Beschwerden und Wünsche ihrer Liebsten… In der Visualisierung erleben dann viele Frauen das innere Selbstbild als erstaunlich bis überraschend: Wie kraftvoll und weich die Ausstrahlung dieser Frau ist, wie schön, witzig, lebendig, lustvoll, elegant! Oder diese Person trägt überraschenderweise weiblich-erotische Kleidung, wagt es, sich so zu zeigen.

Aber auch »negative« Bilder zeigen sich, sie sprechen beispielsweise von der eigenen Konturlosigkeit oder von Zurückhaltung und innerer Erstarrung. Darüber hinaus enthält dieses Selbstbild oft auch einen Hinweis über krankheitsrelevante Aspekte. Zum Beispiel kam eine Frau mit starken Menstruationsbeschwerden in meine Beratung, um für sich Selbsthilfemöglichkeiten zu erarbeiten. Diese Frau sah sich in dem Selbstbild mit einer karierten Bluse bekleidet, die sie zur Zeit ihrer Pubertät oft getragen hatte. Wie sich während der Beratung herausstellte, gab es einen inneren Zusammenhang zwischen ihren Schmerzen und den Erlebnissen aus ihrer Mädchenzeit. Oft erscheinen in dem Bild auch Personen aus der Vergangenheit, die für die Krankheitsprozesse eine wichtige Rolle spielen. Solche Zusammenhänge können meist nicht direkt aus dem Selbstbild heraus erkannt werden, sondern erschließen sich im Verlauf der Beratung. Nach und nach werden immer mehr die Krankheit mit bewirkende Aspekte entdeckt und können wie ein Puzzle zusammengesetzt werden.

Eine gute Möglichkeit der Auswertung kann für Sie das Malen dieses inneren Bildes sein. Hierbei geschieht ein anderer Prozess von Auseinandersetzungen mit dem Selbstbild. Indem Sie das innere Bild nach außen bringen, eröffnet sich eine andere Sichtweise und ermöglicht Entdeckungen. Sie gewinnen dadurch etwas Abstand, und durch Distanz wird manche Information des Bildes deutlicher wahrnehmbar. Das Malen ist vergleichbar mit dem Fotografieren während einer Reise: Sie dokumentieren Ihre Erlebnisse, und wenn Sie später die entwickelten Fotos betrachten, ist dies ein Blick aus der Distanz. Und aus dieser Perspektive können Sie das Gesehene vielleicht noch einmal neu entdecken. Im kreativen Malprozess können Sie darüber hinaus die Wahrnehmung Ihrer inneren Bilder noch einmal nachvollziehen und durchleben.

Nun bemerkst du, wie diese Person allmählich kleiner wird, sie beginnt vor deinen Augen zusammenzuschrumpfen: Sie wird immer kleiner und kleiner. Und je mehr diese Person zusammenschrumpft, umso mehr wirst du zu dieser Person... wechselst deine Position... schlüpfst hinein in den Körper, der immer kleiner wird... Du stehst jetzt als winziges Wesen vor deinem großen Körper, du kannst auf diesem Körper herumlaufen oder herumklettern... entscheidest dich jetzt, ob du in den Körper hineingehen willst, oder den Körper von außen erkunden möchtest.

Diese Phase der Visualisierung zur Körpererkundung dient der *Förderung von Eigenaktivität und Selbstbestimmung.* Diese Anleitung fordert die Frau heraus, ihren Entschluss, sich mit Körper und Krankheit auseinander zu setzen, zu bestärken. Können Sie sich vorstellen, oder haben Sie es während Ihrer eigenen Körperreise gespürt, wie viel Angst und Zaudern entsteht, wenn Sie sich vornehmen, die »dunklen« Orte in Ihrem Körper zu erkunden? Deshalb gibt es innerhalb der Visualisierung diese Phase, in der Sie das innere »Ja« kräftigen können. Durch solche Anleitungen wie »die Position wechseln«, »ein Hindernis überwinden«, »einen Eingang finden« wird die Eigenaktivität und damit die Bereitschaft gefördert, sich auf die inneren Bilder einzulassen. Danach ist erneut eine Wahl, eine Entscheidungsmöglichkeit, vorgegeben, um sich dem Körper in einer angemessenen Weise zu nähern: Die Frau trifft jeweils die Entscheidung, was in dem Moment für sie angemessen ist, nämlich ob sie in den Körper hineingehen oder ihn von außen erkunden möchte. Diese Entscheidungsmöglichkeit würdigt zweierlei: zum einen die Tatsache, dass die Überschreitung ihrer körperlichen Grenzen im Leben von vielen Frauen traumatisch erduldet werden musste. Die Visualisierungsanleitung fördert die Bewusstheit und Freiwilligkeit der Grenzüberschreitung. Zum Zweiten habe ich während meiner langjährigen Beratungsarbeit erleben müssen, wie groß das Ausmaß der Ablehnung des eigenen Körpers sein kann.

Frauen müssen also die Wahl haben, ob sie überhaupt ihren Körper besuchen möchten. Manche Frauen empfinden ihren eigenen Körper in der Visualisierung einfach als zu abstoßend, bedrohlich oder gar eklig, und dies kann eine wichtige Information für die betreffende Frau sein. Mit solchen Empfindungen aber dann auch noch das Innere des Körpers zu erkunden, ist oft nicht möglich.

Worte haben große Macht, und die erkrankte Frau begibt sich während der Zeit der Visualisierung »in die Hände« der Beraterin. In dem durch die Entspannung vertieften Bewusstseinszustand liefert sich die Frau ein Stück weit an die Begleitterin aus, oder anders gesehen: Sie vertraut sich ihr an. Und genau in dieser Situation der Hingabe kann die Frau dann erleben, dass sie gleichzeitig eine Wahlmöglichkeit hat und ihr weiteres Vorgehen bei der Körperreise mit bestimmt. Mit solchen Entscheidungsmöglichkeiten tritt die Frau aus dem Bann der gesprochenen Worte heraus und gestaltet ihre Körpererkundungsreise selbst. Für manche Frauen ist allein das Erleben dieser Wahlmöglichkeit in einer »Auslieferungssituation«

eine heilsame Erfahrung. Wenn die Frau wählt, innerhalb beschließt »ich will«, erhöht das erfahrungsgemäß die Qualität der Wahrnehmung und fördert den Glauben, dass die eigenen Bilder wahr sind.

Wenn sich eine Frau entscheidet, beginnt nun der Abschnitt der Reise, der in das Körperinnere führt. Die Aufmerksamkeit wird auf eine Körperöffnung gerichtet. Viele Frauen bestaunen nun zum ersten Mal von nahem ihre Körperöffnungen mit interessierter oder auch wertschätzender Aufmerksamkeit. Diese Art Neugierde und Respekt dem eigenen Körper gegenüber ist für viele eine neue Erfahrung. Körperöffnungen, die vielleicht mit heimlicher Abwehr oder sogar Ekelgefühlen belegt sind, können von den Frauen neu entdeckt werden. Haben Sie bei dem Eintritt in Ihren Körper auch erlebt, wie Sie als winziges Persönchen beispielsweise ehrfürchtig vor Ihrer Vagina gestanden haben und die Klitoris so nah wie nie betrachten konnten, sie zart berührten, sie riechen konnten und sie als schön und beeindruckend empfanden? Wundervolle Wahrnehmungen passieren, die ein ganz neues Empfinden für den Körper erzeugen können. In den inneren Bildern können die Tabus fallen, kann der Ekel verschwinden und wieder ein Gefühl dafür entstehen, was für ein Wunderwerk doch unser weiblicher Körper ist. Die Schönheit zeigt sich auch in den intimsten Organen und Körperbereichen, und wie natürlich »schön« weibliche Körperlichkeit ist, wird sinnlich erfahrbar. Selbst wenn Frauen ihre Körperöffnungen mit großer Zurückhaltung und Skepsis erkunden, erzeugt schon allein die vorsichtige Beschäftigung, dieses sinnliche Wahrnehmen, ein Interesse am eigenen Körper, das ungewöhnlich ist und über den normalen Umgang mit dem eigenen Körper hinausführt. Das gewohnte Körpererleben wird durch die Visualisierung enorm erweitert. Auch wenn eine Frau sich dafür entscheidet, nicht in den Körper hineinzugehen, also den Körper »nur« von außen zu erkunden, kommt sie mit dem Gefühl der Nähe zum eigenen Körper in Kontakt. Es ist eine wunderbare Vorstellung, auf der weichen Haut die Rippenbögen herunterzurutschen, sich in den Bauchnabel zu kuscheln, zart auf den Brüsten herumzuhüpfen, einmal einen Blick in alle Körperöffnungen hinein zu wagen. Solche Wahrnehmungen sind ein zärtlich-sinnliches Körpererleben, konkret-fassbare Selbstliebe, eine heilsame Begegnung mit dem Körper.

Ganz vorsichtig und sanft gehst du nun in den Körper hinein; betrachte dabei die Umgebung, du kannst alle Einzelheiten genau erkennen… gehe Schritt für Schritt in den Körper hinein… zu dem kranken Körperbereich oder Organ, zu dem Ort der Beschwerde… zu dem Ort im Körper, den du als krank bezeichnest. Wenn du an diesem Ort angelangt bist, schaust du dich um… betrachte die Farben und die Formen… mit deinen Händen kannst du das Gewebe erspüren… Gerüche… Geräusche. Weißt du, was diesem Ort fehlt, was dieser Ort braucht?

Als Erstes führt die Körpererkundung also zu dem problematischen Ort im Körper, zu dem *Ort der Beschwerde*. Diese Hinwendung erzeugt wiederum Neugier, Staunen und den Respekt vor den inneren Welten des Körpers. Schon die Vorstellung des Sich-hinein-Begebens in das Körperinnere ist ein Signal, den eigenen Körper auf eine neue Art und Weise kennen lernen zu wollen. Sie bemerken wahrscheinlich, dass die Visualisierungsarbeit ein neues Verhältnis zum Körper eröffnet, und wenn Sie die Körpererkundungsreise schon praktisch erprobt haben, konnten Sie diesen Wandel vielleicht im Verhältnis zu Ihrem eigenen Körper spüren.

Ist der Ort der Beschwerde dann in der Visualisierung erreicht, kann die Frau in der Regel diesen Körperbereich auch tatsächlich mit all ihren Sinnen innerlich erkunden und sich so ein eigenes inneres Bild von der Erkrankung machen.

Ich möchte Ihnen im Folgenden davon berichten, wie Frauen in der Selbstheilungsberatung ihre eigenen Körperbeschwerden mit Hilfe innerer Bilder wahrnehmen. Die Präzision und Vielfältigkeit der Wahrnehmungsmöglichkeiten von inneren Körperwelten wird in den individuellen Erlebnissen von Frauen deutlich. Ich schildere Ihnen sozusagen Reiseberichte von anderen Menschen in Körperlandschaften, die der Ihren sehr ähnlich sind. Sie können miterleben, welche Begegnungen andere Frauen mit ihren Körperbeschwerden hatten und wie verschieden die Ergebnisse der Körpererkundungsreise aussehen. Ich werde Sie dazu wieder in das Körperinnere führen und Sie durch die Augen anderer Frauen in diese innere Welt blicken lassen.

Stellen Sie sich jetzt bitte vor, Sie betreten den Körper durch Ihren Mund. Sie stehen auf der Zunge, betrachten die einzelnen weißen Zähne, wie sie riesig über Ihnen hängen. Vielleicht berühren Sie auch ganz vorsichtig die Wände der Mundhöhle. Sie sehen den Rachen, den Schlund, der in die Tiefe führt, und lassen sich dann herunterrutschen, ein Stückchen tiefer... Sie kommen in den Hals. Vielleicht halten Sie jetzt einmal inne, schließen die Augen und lassen ein Bild von Ihrem Hals vor Ihrem inneren Auge entstehen... Lassen Sie sich nun berichten, was andere Frauen in ihrem Körperinneren in diesem Bereich sehen können.

Zum Beispiel erzählt eine Frau von den inneren Bildern ihrer Schilddrüse:

»Ich komme in den Hals, und dort ist ein enges, bedrückendes Gefühl. Ich sehe die Schilddrüse – ein großes Gebilde, glibberig, rot; das Struma ist eine glibberige Masse, die ich kaum anfassen mag ... Was dem Ort fehlt, ist Wärme, ein warmer Hals, und Liebe.«

Eine Frau, die an Basedow erkrankt ist, erzählt: »Im Bereich meiner Schilddrüse taucht plötzlich eine Mauer auf, eine Form, die stoppt ... Hinter der Mauer schwappt ein Gebilde hervor, das wie ein Hefeteig hervorquillt, ganz riesig von rechts; links ist ein schwarzes Loch; ... der Hefeteig wird immer riesiger.«

Eine andere Frau mit einer Unterfunktion der Schilddrüse und diagnostiziertem Verdacht auf eine Autoimmunerkrankung (deren Folge die Zerstörung von Schilddrüsengewebe sein kann) sieht nur eine Hälfte der Schilddrüse: schwarz, verkümmert und vertrocknet, ähnlich wie Vulkangestein; drumherum ein dunkler Raum. Dieser Ort braucht »Luft«, lautet die Information.

Soweit die beispielhaften Berichte über Wahrnehmungen im oberen Körperbereich. Stellen Sie sich nun darauf ein, weiter in den Körper hinunterzureisen mit ihrer Aufmerksamkeit ... weiter bis zur Lunge, und hören Sie wieder die Berichte von anderen Frauen. Eine Frau mit einer seltenen chronischen Erkrankung (Alpha-l-Antitrypsin-Mangel) berichtet, dass sie ihre Lunge zunächst im oberen Teil aus geschmeidigen Bläschen bestehend gesehen hat, dicht an dicht. Je weiter sie mit ihrer Aufmerksamkeit in den unteren Teil der Lunge gelangte, umso mehr wurde die Lunge einem Eispalast ähnlich: kantig, hart, starr, gräulich, leblos. Sie mochte dieses Gewebe zuerst nicht berühren, als sie dies dann doch tat, fühlte sich das Gewebe eiskalt und unangenehm an. Dem Ort fehlt »Elastizität«, war die Information. Beim Abschied konnte sie mit ihren Händen liebevoll über die Narben in der Lunge streicheln, die durch eine frühere Operation entstanden waren.

Andere Frauen sehen ihre Organe eher in symbolischen Bildern, wie zum Beispiel eine Frau, die über die Wahrnehmung ihrer Lunge erzählt:

> Ich gehe durch das linke Ohr und durch den Hals zur Lunge. Was sehe ich, wie fühlt sich das an? Ich sehe ein schwarzes Geflecht und Geäder, wie vertrocknete Adern eines riesigen Blattes, vertrocknet, schwarz, verkohlt. Am unteren linken Lungenende ist ein schwarzer Käfig mit einem schwarzen kleinen Vogel. Er piepst und flattert ganz erbärmlich und aufgeregt in dem kleinen Käfig. Er hat Angst. Es riecht brenzlig, Brandgeruch. Er schreit und schreit und flattert und flattert. Es ist ganz schrecklich. Ich will weg, drehe mich um, halte die Ohren zu … überlege, ob ich aus der Reise aussteige.

Ich möchte Sie noch weiter mitnehmen, um Sie durch die Geschichten von anderen Frauen durch die Körperlandschaften reisen zu lassen. Unsere nächste Station wird die Brust sein. Eine Frau, in deren Brust sich immer wieder eine Zyste bildete, erzählte, dass ihre Brust schmerzte, als sie sich in ihrer Vorstellung in die Brust hineinbewegte. Das »Kranke« war dann eine wabbelige Masse, die dunkelrot auf den Rippen lag. Die Frau selbst befand sich auf der anderen Seite der Rippen: »Die Rippen sind ganz zu, die Masse hat alles zugesetzt. Diese Masse erscheint mir übermächtig groß, unerreichbar, und sie lacht mich aus.« Als die Frau die Masse berührte, fühlte sie sie als ekelig-weich, auch ein dumpfes Geräusch war hörbar. Die Frau fühlte sich klein, machtlos und resigniert gegenüber dem Kranken; sie fühlte sich ängstlich, aber die Rippen schützen. Es fehlt »Licht« an diesem Ort.

Und nun stellen Sie sich vor, wir reisen in den Landschaftsbereich der Verdauung, in den Bereich von Leber, Galle und Bauchspeicheldrüse. Eine Frau mit der Erkrankung Hepatitis C erzählt von ihrer Leber:

> Ich habe sie gesehen, meine Leber, rot-braun, beeindruckend groß. Umspannt ist sie mit einem Gewebenetz. Innen ist sie weich und außen ganz hart, weißlich, mit harten Sehnen; ein säuerlicher Geruch breitet sich aus. Ich ekele mich vor dem Geruch, er riecht nach Vergärung. Ich bin traurig, ich finde es hier beängstigend. Meine Angst ist, dass es gar nicht mehr weich werden kann, und ich befürchte, dass ohne Netz alles auseinander fließt… An diesem Ort fehlt Zuneigung, Liebe und Süßes. Der Abschied von diesem Ort fällt mir schwer, da ist so viel Bedürftigkeit!

Eine andere Frau mit chronischen Magenbeschwerden gelangt, als sie zum Ort der Beschwerde will, an ihrer Leber vorbei zur Gallenblase. Die Leber ist groß, glänzt feucht, und dann wird ein dunkles, kleines Gebilde sichtbar – die Gallenblase. Die Frau begibt sich kraft ihrer Vorstellung in sie hinein: »Ich stoße überall an«. Sie steht in einer Flüssigkeit, die stinkt. Die Enge und der Gestank waren für sie schlimm. Gleichzeitig war diese enge Hülle aber auch wie ein schützender Plastikanzug, dieses Gefühl war dann angenehm. Was der Ort braucht? »Der Geruch müsste weg sein!«

Und weiter geht die Körpererkundung, zur Bauchspeicheldrüse:

> Im Zwerchfell entsteht ein Loch, und ich kann die Bauchspeicheldrüse vor mir sehen. Sie ist braun, gewölbt, wie mit Augen: Die hat auf mich gewartet! Die Bauchspeicheldrüse

ist wütend, wenn ich mich ohnmächtig fühle. ›Du sollst dich wehren, merken, wo Ohnmacht ist‹, wies sie mich zurecht. Die Ohnmacht war ein wichtiges Thema für das Körperorgan, die Bauchspeicheldrüse wird ständig mit meiner Ohnmacht konfrontiert und braucht meine Unterstützung.

Ein anderes Körpererlebnis:
Ort der Beschwerde: Bauchspeicheldrüse.

Ein nicht zu definierendes Etwas. Die Farbe Violett taucht auf. Ich fasse das Organ an. Es schnauft und stöhnt und seufzt. Es hat eine dicke, lederige Haut wie ein Rüsselschwein oder Nashorn. Dicke Haut. Plötzlich sieht es mich mit einem Auge an. Das ist so groß wie eine riesige Suppenschüssel. Es rollt das Auge von rechts nach links. Als wollte es mir etwas sagen. Unruhig, aber nicht nervös. Ich stelle die Frage, was es braucht. Es kann mir keine Antwort geben. Ich streichele es, aber das war es wohl auch nicht… Plötzlich weiß ich, dass ich der Bauchspeicheldrüse einen Strauß Eisenhut oder Rittersporn schenken will. Ich lege es ihr hin. Das Organ freut sich. Ich sehe es dem Auge an.

Lassen Sie uns kurz noch das Erlebnis von einer Frau betrachten, die sich immer wieder von Blaseninfektionen und -empfindlichkeiten geplagt fühlte. Diese Frau fand den Eingang durch ihre Vagina, konnte den Weg sehr klar wahrnehmen. Sie kam dann zu ihrer Blase und konnte diese nur unklar erkennen, denn die Blase war wenig konturiert, grau. Im Inneren des grauen Gebildes entdeckte sie bei näherem Hinschauen Gefäße, die die gesamte Blase durchzogen. Mit Hilfe ihrer Vorstellung versetzte sich die Frau dann in das Innere der Blase: »Dort ist alles belebt, glutrot, anders als das graue

Äußere.« Die Frau konnte die Harnröhre als Ausgang erkennen, sie hörte es plätschern. Der Schließmuskel der Blase in Form einer Rosette hatte viel zu viel Spannung. Was fehlt diesem Ort? Loslassen, Aufgeben von Kontrolle – also Vertrauen.

Zuletzt führt die Körpererkundungsreise noch in den Bereich der weiblichen Organe, zu Erkrankungen im Beckenbereich. Eine Frau mit der Diagnose eines gutartigen Tumors im Unterbauch erzählte:

>»Ich soll den Körper durch eine Körperöffnung betreten, sehe auch gleich meine Vagina vor mir und gehe durch diesen dunklen Gang hinein bis zum Ort der Krankheit. Links vor mir, etwa auf Eierstockhöhe, sehe ich eine rote, stark durchblutete, feste Fleischmasse, quadratisch und riesig, die ich von da an ›den Klumpen‹ nenne. Er ist zu meinem Grausen mit grauen bzw. gräulich-blauen Fäden von links nach rechts umwickelt und zwar so, dass immer wieder die rohe Fleischmasse herausschaut. Er riecht nach Verwesung und gibt ein quatschendes Geräusch von sich, als ob er voller Wasser wäre. Was fehlt, was täte ich, wenn ich etwas verändern könnte?… Ich weiß nur, dass er von diesen Einschnürungen befreit werden müsste, aber nicht, wie das geschehen könnte…«

Eine andere Frau berichtete:

>»Ich stehe vor der Gebärmutter im Bauchraum. Ich sehe sie wie ein glänzendes Ding, rund wie ein Heißluftballon. Die Wand ist ganz glatt und kühl und fest. Sie ist geriffelt, und sie leuchtet gelb-orange. Das sieht sehr schön aus. Der Ballon hat Einbuchtungen, ganz regelmäßig, wie ein richtiger

Heißluftballon oder eine Muschel... Oben auf den Rundungen sind wie Tropfen aussehende Verzierungen, überall, ganz regelmäßig. Die Tropfen sind ganz klein und fest mit dem Ballon verwoben. Die Tropfen sind wohl die Myome... Wie die Tropfen in einer Tropfsteinhöhle. Ich höre auch ein tropfendes Geräusch. Es fehlt Wärme. Es sieht schön aus, ist aber kühl, glatt. Ich fasse mit der Hand an einen Tropfen. Die Rundung des Tropfens passt genau in meine Handhöhle. Ein schönes Gefühl. Das Gebilde ist ganz fest. Ich bin überrascht von seiner Schönheit. Ich hatte befürchtet, ich sehe am kranken Ort etwas Rotes, Dickes oder Schwarzes, Hässliches.«

An dieser Stelle möchte ich mit Ihnen den ersten Halt auf unserer gemeinsamen Reise einlegen, denn aus der Erkundung des erkrankten Körperorgans oder -bereichs lassen sich bereits wichtige Hinweise für den Selbstheilungsprozess und somit für die spätere Festlegung von Selbstheilungsschritten ableiten. Alle Visualisierungen, alle Beratungsschritte nach der Methode Wildwuchs sind ja ausgerichtet auf die Suche nach solchen Selbsthilfeschritten, die die Frau eigenständig und aktiv tun kann. Mit dieser Zielsetzung und Fragestellung werden die inneren Bilder gedeutet und ausgewertet. Gefragt sind Selbstheilungsschritte, die später Bestandteil des Gesundheitstrainingsprogramms sein können. Wir sind also jetzt auf unserer Reise an einem Punkt angelangt, an dem Sie das neue Land betreten haben mit Ihrer Vorstellung, und nun müssen Sie verstehen lernen, was die Eindrücke aus diesem Land aussagen. Sie benötigen sozusagen Unterricht in der Kultur und Sprache dieses Landes. Zunächst sollten Sie die Sprache verstehen lernen – die inneren Bilder sind die Ausdrucksmöglichkeit, also die Sprache der Körperkultur. Erinnern wir uns an das Bild der Körperlandschaft: Die inneren Bilder sind eine Möglichkeit, wie diese Gartenlandschaft mit Ihnen kommunizieren kann. In einem weiter gehenden Schritt können Sie ihrerseits auch durch innere Bilder mit der Gartenlandschaft »sprechen«, also kommunizieren. Diese Tatsache ist besonders wichtig für die (spätere) Erarbeitung von gesundheitsförderlichen Elementen durch heilsame Visualisierungen. Unsere inneren Bilder sind eine Darstellungsform dessen, was wir an innerem Wissen über uns, unseren Körper und auch die Welt um uns herum haben. Unser Wissen bedient sich innerer Bilder, »spricht« auf diese Weise zu uns, gibt uns Information und Antworten. Körper und Seele erzählen mit Hilfe von inneren Bildern. Ähnlich wie Träume uns das vom Alltagsbewusstsein »Ungewusste« vor Augen führen, so sind die inneren Bilder eine eigene Ausdrucksform, eine spezielle Welt von Ausdrucksmöglichkeiten, deren Vielfalt und Differenziertheit wir wieder erlernen müssen wie eine neue Sprache. In der Bilderwelt gibt es auch eigene Gesetzmäßigkeiten, Regeln, nach denen die Bildersprache funktioniert. Wir können nicht von unserem gewohnten Wissen ausgehen, wie Bilder normalerweise eine Botschaft in unser Alltagsbewusstsein transportieren. Wenn ich ein Foto von einer Wüstenlandschaft sehe, weiß ich etwas über die Realität dieser Landschaft, da gibt es zum Beispiel Hitze, Dürre etc. Im Gegensatz dazu benutzt das innere Wissen verschiedenartige Qualitäten von inneren Bildern als differenzierte Ausdrucksmittel. Solche Qualitäten sind die Deutlichkeit oder Unklarheit von Bildern oder auch die Art und Weise, wie sie entstehen. Ebenso sind der Abstand zu den inneren Bildern in der Visualisierung oder auch die Qualität der sinnlichen Wahrnehmungen Informations- und Kommunikationsmöglichkeiten. Die unendlich vielen Variations- und Differenzierungsmöglichkeiten der Bilderqualitäten sind das Instrumentarium, die Sprache, mit der das innere Wissen unserem Bewusstsein wichtige Informationen vermitteln kann.

Aus dem bisher beschriebenen Abschnitt der Körperreise, dem Besuch des »Ortes der Beschwerde«, können wir zwei wichtige Informationen erhalten, die für die Entwicklung von Selbsthilfeschritten relevant sind. Zum einen geben die Qualitäten der inneren Bilder vom Ort der Beschwerde oder Erkrankung Aufschluss über krankheitsrelevante Themen. Zum Zweiten wird an dieser Wegstation der Selbstheilungsarbeit erstmalig nach der Eigenverantwortung, nach einer Antwort auf die Anliegen und Bedürfnisse des erkrankten Ortes gefragt: »Weißt du, was diesem Ort fehlt, was dieser Ort braucht?«, so heißt es in der Visualisierungsanleitung. Hier wird die Frage nach einer Beantwortung der Körperzustände direkt und konkret gestellt und in diesem Sinne nach Verantwortung verlangt. Wie reagiert die Frau auf das, was der Körper für den Beschwerdebereich benötigt, und was bietet sie dem Körper an?

Beschäftigen wir uns nun zunächst mit den Qualitäten der Bilder und damit, welche Hinweise sie für die Selbstheilungsarbeit geben können. Die Beispiele aus meiner Beratungspraxis, von denen ich bisher berichtet habe, sind besonders deutlich. Vielleicht sind die Bilder von Ihrer eigenen Körperreise, wenn Sie sie mit den klaren, konkreten und plastisch beschreibbaren Bildern der anderen Frauen vergleichen, so ganz anders. Vielleicht waren Ihre Bilder eher flüchtig, undeutlich oder unerklärlich. Die hier geschilderten Bilderlebnisse sind nur eine »Sorte«, eine Qualität von inneren Bildern, ausgewählt, um Ihnen ein erstes Kennenlernen der körperorientierten Visualisierung zu ermöglichen. In der alltäglichen Beratungspraxis sind die inneren Bilder jedoch in ihren Wahrnehmungsqualitäten viel differenzierter. Sie erscheinen undeutlich, bruchstückhaft, wechselnd, farblos usw., und gerade durch ihre Vielfältigkeit werden detaillierte Aussagen zu krankheits- und heilungsrelevanten Aspekten angezeigt. Ich möchte Ihren Blick für einige typische Qualitäten von inneren Bildern schärfen, die vielleicht für die Interpretation Ihrer eigenen Bilder anregend sein können. Dazu eine Anmerkung vorweg: Die Aussagen über die verschiedenen Qualitäten der Bilder sind niemals als Bewertungen zu verstehen. Das bedeutet, dass vielfältige, plastische und bunte Bilder nicht »gut« sind und andere, zum Beispiel undeutliche Bilder, im Gegensatz dazu »schlechter«. Eine absolut wichtige Erkenntnis aus jahrelangen Erfahrungen mit körperorientierten Visualisierungen lautet: Innere Bilder sind Informationen! Körper und Seele »schicken« solche Bilder und erzählen uns mittels dieses Mediums von sich. Also ist selbst ein fehlendes Bild nicht etwa ein Missgeschick oder ein Versagen, sondern eine wichtige Information für den Selbstheilungsprozess.

Die Qualitäten der Bilder, beispielsweise ihre Deutlichkeit oder der Abstand zum Bild oder auch die Art und Weise, wie Bilder sich im Entstehungsprozess entwickeln, sind Indikatoren für Wirkungselemente im Krankheitsprozess. Als Wirkungselemente bezeichne ich den Krankheits- und Heilungsprozess mit gestaltende Elemente, wie die Umgangsweise mit der Erkrankung, Lebensthemen und damit einhergehende grundlegende Lebenseinstellungen, Verhaltensmuster im Alltag etc. Diese Wirkungselemente sind nun auch gleichzeitig die Bereiche, auf die wir selbst in heilsamer Weise einwirken können. Die verschiedenen Qualitäten der inneren Bilder verweisen auf solche den Krankheitsprozess mit gestaltende Einflüsse. Ich möchte Ihnen diese Zusammenhänge an einigen Beispielen verdeutlichen.

Beginnen wir mit dem oben geschilderten Fall, wenn gar

kein Bild von dem erkrankten Ort entsteht oder wenn eine Frau an einer zentralen Stelle der Körpererkundungsreise einschläft. Welche Bedeutung kann dieser Visualisierungserfahrung beigemessen werden? In der Beratungspraxis hat sich im Laufe der Jahre eine Grundregel herauskristallisiert: Nicht-Sehen bedeutet immer eine absolute Grenze, einen Stopp in der Arbeit. Denn es gibt stets einen guten Grund – auch wenn dieser dem Verstand nicht logisch erscheint –, dass der Körper einen Schutz vor weiteren Einblicken herstellt, und es tut gut, sich dieser Grenze bewusst werden zu können.

Manchmal gibt es aber auch genau die umgekehrte Erfahrung: Frauen schlafen nur zeitweise während einer Visualisierung und werden dann an einer ganz bestimmten Stelle wach. Es scheint dann so, als ob alle unnötigen Informationen beiseite gelassen werden sollen, um die gesamte Aufmerksamkeit auf ein einziges Bild oder auf einen bestimmten Ort im Körper zu lenken, so als wollten Körper und Seele sich ganz auf das Wichtigste konzentrieren.

Vertrauen Sie also darauf, dass Sie die inneren Bilder so sehen, wie sie wichtig für Sie sind. Wenn Sie keine Bilder sehen, könnten Sie darüber nachdenken, ob jetzt wirklich der richtige Zeitpunkt für eine Visualisierungsarbeit ist oder ob Sie vielleicht eine Begleitung benötigen oder auch professionelle Beratung. Vielleicht sehen Sie nur wenige Bilder, und die sind genau ausreichend für die Anregung Ihrer Selbstheilungskräfte. In der Regel offenbaren die inneren Bilder die Informationen über die Körperbeschwerde in dem Maße und auf eine Art und Weise, wie es für Sie verkraftbar und weiterführend ist.

Wenden wir uns nun einer wichtigen Bilderqualität zu, die krankheitsrelevante Wirkungselemente erhellen kann; dies ist die *Deutlichkeit* der einzelnen inneren Bilder. Dabei ist es nicht nur wichtig, ob und wie – im üblichen Sinne – deutlich die Bilder gesehen werden konnten, sondern es ist auch bedeutsam, wie vollständig die Wahrnehmung war, also ob ein Bild mit allen Sinnen wahrgenommen wurde. Es ist schon sehr interessant und lohnt eine Interpretation, ob jemand tatsächlich klare oder eher verschwommene innere Bilder gesehen hat. Und vor allem ist interessant, welche Körperbereiche sehr klar wahrgenommen werden konnten und welche Orte sich nur undeutlich gezeigt haben. Meiner Erfahrung nach weist die undeutliche Wahrnehmung oftmals auf eine Angst hin, etwa sich einen erkrankten Körperbereich anzuschauen. Eine Frau mit einer Schilddrüsenerkrankung konnte beispielsweise den gesunden Schilddrüsenlappen klar und deutlich sehen. Der Bereich des anderen Schilddrüsenlappens dagegen, in dem ein autonomes Adenom diagnostiziert worden war, erschien ihr insgesamt als diffuses Dunkel. Die Frau war durchaus gewillt, sich ihrer Erkrankung zuzuwenden, aber die Undeutlichkeit der Bilder verwies auf eine Thematik, die vor der näheren Organerkundung lag, nämlich die Angst vor der Krankheit. Das Verschwommene kann in solchen Fällen mitunter ein bisschen mit den Händen berührt werden und wird eher »atmosphärisch« wahrgenommen. In einem anderen Beispiel wies die reduzierte Wahrnehmung des Krankheitsortes auf ein Thema hin, das mit dem Körperbereich in Verbindung stand. Wieder war es eine Schilddrüsenerkrankung; die Frau konnte ihr Herz in der Visualisierung zwar sehr detailliert sehen, berührte es aber nicht. Obwohl sie die Muskelarbeit des Herzens sah, konnte sie keine Geräusche hören. Es war in dem Bereich des Herzens im wahrsten Sinne »totenstill«, was sie an ein für sie dramatisches Lebensgefühl und -thema erinnerte.

Eine andere Frau, die in meine Beratung kam, hatte während der ganzen Visualisierung zur Körpererkundung überhaupt keine konkreten Bilder, stattdessen nahm sie bestimmte Schwingungen sowie weiße, gelbe und rote Punkte im Körperinneren wahr, sonst nichts. Vertrauensvoll blieb sie aber während der Visualierung dabei, dies alles »unzensiert« wahrzunehmen und die Bilder auf sich wirken zu lassen. Das Auswertungsgespräch im Anschluss an die innere Reise brachte zunächst keine weitere Klärung für eine mögliche Bedeutung dieser Art des Bildersehens. Im weiteren Verlauf der Beratungsarbeit entschlüsselte sich dann Folgendes: Die Frau litt unter einer chronischen, hornhautähnlichen Verdickung der Haut am ganzen Körper. Die Qualität des inneren »Nicht-Sehens« kannte die Frau aus ihrer Kinderzeit. Sie erinnerte sich, wie sie sich oft als Mädchen versteckt hatte, um nicht gesehen zu werden, da sie damals ständig sexueller Gewalt ausgesetzt war. Das Nicht-gesehen-Werden entsprach dem inneren Nicht-Sehen und war eine Möglichkeit, dem Merken, dem bewussten Erleben der regelmäßigen sexuellen Gewalt in der Kinderzeit zu entkommen. Der Schutzmechanismus des Nicht-Sehens wurde als inneres Bild zur wichtigen Information bezüglich der Erkrankung. Die Haut selbst war als verdickte Schutzhaut das Mahnmal für die Verletzungen aus der Kindheit. Als weiterführenden Selbstheilungsschritt suchte sich die Frau dann eine ihr entsprechende Therapiemöglichkeit.

Ich möchte Ihnen noch von einer weiteren Qualität der inneren Bilder berichten, und zwar von dem *Abstand* im Visualisierungserleben. Ich frage in jedem Nachgespräch, wie nah oder fern die Frau bestimmten Bildern und damit den entsprechenden Körperstellen war. Ob sie beispielsweise sich selbst als Person wie im Film zugesehen hat oder ob sie dem Körpergewebe so nah war, dass sie das erkrankte Organ mit ihren Händen berühren konnte. Die Nähe und Berührbarkeit in den inneren Bildern zeigen das Verhältnis der Frau zu ihren Körperregionen und zu den erkrankten Körperstellen. Ein Beispiel dafür ist eine Frau, die mit einem gutartigen Knoten in der Brust zu einer Seminarreihe kam. Sie suchte »Nähe und Kontakt« zu diesem Knoten und wollte »sich seiner annehmen«, so ihr formuliertes Ziel. In den inneren Bildern zeigte sich dann allerdings, dass sie diesen Knoten nicht berühren mochte, ihn »widerlich« fand. Statt der beabsichtigten liebevollen Hinwendung konnten ihre Wut und die innere Ablehnung der Erkrankung deutlich werden. Auch diese Feststellung ist ein wichtiger Anhaltspunkt bei der Bestimmung weiterführender Selbstheilungsschritte.

Solche Zusammenhänge ergeben sich natürlich nicht sofort, und als Begleiterin kann ich die Aussagen der Bilder nur so weit verstehen, wie die betreffende Frau sich öffnet und bereit ist für die Information ihres eigenen inneren Körperwissens, kann ich als Begleiterin »nachverstehen«. Zudem sind die inneren Bilder so vielschichtig und so reich an Bedeutung, dass sich immer wieder neue Aspekte und ein neuer Sinn entdecken lassen. Ein Beispiel dafür ist meine allererste persönliche Visualisierungserfahrung: Sie führte an den Ort meiner Erkrankung, in meinem Bauch. Die Bilder, die ich dort fand, haben mich noch einige Jahre lang begleitet: Immer wieder entdeckte ich erstaunt neue Schichten und Aspekte dieser Bilder, beispielsweise in Träumen oder auch in Therapiesitzungen. Noch Jahre später wurde mir bewusst, dass diese oder jene Information bereits in diesen ersten Bildern enthalten gewesen war!

Ich möchte Ihnen jetzt noch mithilfe eines Beispiels verdeutlichen, wie weitgehend die inneren Bilder unser Verhalten und unsere Lebenseinstellung widerspiegeln beziehungsweise bewusst und »anfassbar« machen. Eine Frau mit einem gutartigen Tumor im Bauch hat sich selbst in der Visualisierung als Persönchen – also wie in einem Film – über das Körpergebilde hinweghuschen sehen. Während der anschließenden Visualisierungsarbeit zeigte sich dann, dass in dem Tumor ein tiefer Schmerz und Trauer aufgehoben war. Dieser Schmerz stand in Verbindung mit der Trennung aus einer Liebesbeziehung, die schon acht Jahre zurücklag. Die Frau war über diesen Schmerz »hinweggehuscht«, was sich in den Bildern durch den Abstand zeigte und durch die flüchtige und hastige Fortbewegungsart, mit der sie sich über das Gebilde bewegte. In ihrem Alltag, in ihren Kontakten zu anderen Menschen, führte diese Frau ein ähnliches Leben, als bekannte Forscherin mit vielen Vortragsreisen huschte sie im ganzen Land umher. Sie lebte diese Qualität also auch in ihren Kontakten; dazu gehörte auch die Unmöglichkeit von Nähe, Intimität und Intensität – um das Freiwerden der Trauer zu umgehen. Bemerkenswert war noch, dass diese Frau sich daran erinnerte, zu dem Zeitpunkt der Trennung ihre spirituelle Begleiterin – eine Art Zauberin – verloren zu haben. Sie hatte in der Visualisierung die ehemalige Zauberin in verwandelter Form wieder gesehen: als tütelige englische Lady, die ihren Fahrschein nicht mehr finden konnte.

Dieses Beispiel verdeutlicht sehr anschaulich, wie eine Erkrankung sich mit ihren Auswirkungen auf der körperlichen, psychischen und spirituellen Ebene in den inneren Bildern zeigen kann.

Und zum Abschluss noch ein schönes Beispiel für die Deutung von inneren Bildern, die eine Frau (mit Endometriose) für sich entdeckte. Sie beschreibt ihre Visualisierung zur Körpererkundung:

Nach einer langen Entspannungsphase machst du dich auf den Weg an den Ort deiner Krankheit. Du reist durch deinen Körper ... und gelangst an den Ort deiner Beschwerde. Ich sah meinen Eierstock als ein rotes pulsierendes Herz, das voller Leben war – und eine Eisenplatte, die auf dieses Herz montiert war. Sie hemmte es und verhinderte die Ausbreitung der Energie. Diese rote, glühende Lebensenergie war regelrecht gepanzert, gestoppt und mit Macht bezwungen. Ich ließ mich auch auf andere Sinneseindrücke ein. Geräusche, die von diesem Herz kamen, ein Hämmern und Schlagen. Gerüche – metallisch und nach frischem Blut. Ich konnte dieses Bild sehr gut auf meine Lebensempfindung übertragen: voller Energie, glühend und neugierig einerseits und auf der anderen Seite kämpfend, von einem Panzer umgeben, der mich stoppte und mich ohnmächtig machte. Macht und Ohnmacht waren Themen in meinem Leben, sie kehrten mit den inneren Bildern in konzentrierter Form zurück. Meine Lebensenergie war gehemmt, gepanzert und gefangen. Über die inneren Bilder bekam ich Zugang zu dieser Blockade – aber auch zu meiner Kraft.

Wir hatten unsere gemeinsame Reise in die Körperlandschaft unterbrochen, um uns der Auswertung und Bedeutung der inneren Bilder zuzuwenden. Sie haben einiges über die Sprache innerer Bilder erfahren und können sich nun selbst weiter darin üben, Ihr Verständnis für Ihre eigene innere Weisheit zu vertiefen. Zum Beispiel können Sie Ihre inneren Bilder malen und damit nach außen bringen und auch während des Malprozesses auf Ihre Eingebung achten, dann das Bild betrachten, es auf sich wirken lassen. Eine andere, sehr aufschlussreiche Methode ist, das im Körperinneren Wahrgenommene mit geschlossenen Augen in Ton zu formen und schon beim Schaffensprozess aufmerksam zu sein für entstehende Empfindungen und Erkenntnisse. Mit diesen und anderen kreativen Mitteln können Sie sich Zugang verschaffen zu der Bedeutung und Aussagekraft Ihrer inneren Bilder.

Kommen wir nun zu dem zweiten Bereich wichtiger Informationen, die an dieser Stelle der Körpererkundungsreise eine Bestimmung von Selbstheilungsschritten ermöglichen: Es sind die Informationen, die Sie erhalten haben als Antwort auf die Frage: Was fehlt diesem Ort, was braucht er? Hier geht es um das, was Körper und Seele für ihr Wohlsein benötigen. Welche Antworten haben Sie bekommen? Erinnern Sie sich: Die Frauen, von deren Körperreisen ich Ihnen berichtet habe, erhielten Antworten vom »Ort der Beschwerde« wie »Wärme und Liebe für den Hals«, »Luft für die Schilddrüse«, »Elastizität für die Lunge«, »Licht für die Brust«, »Sich-Wehren für die Bauchspeicheldrüse«, »Vertrauen zu schenken für die Blase« usw. Eigenverantwortung bedeutet an diesem Punkt, dem Körper Antwort zu geben auf diese geäußerten Bedürfnisse. Und das ist »ein einfach Ding, was schwer zu machen ist«. Dabei kann die Beantwortung der Körpergelüste durchaus mithilfe einfacher Handlungen geschehen, indem sich die Frau beispielsweise den Hals regelmäßig mit einem schönen Tuch wärmt oder täglich eine Übung für die Beatmung der Schilddrüse macht oder den Brustkorb durch eine spezielle Körperhaltung öffnet oder einmal täglich bewusst Vertrauen verschenkt. Das Schwere an diesen einfachen Übungen ist, dass diese über den gewohnten Umgang mit dem Körper sowie über die gewohnten Verhaltensweisen hinausgehen. Allein dem Körper täglich und regelmäßig liebevolle Aufmerksamkeit zu schenken, ist für viele Frauen ein wirklich

115

neuer Schritt, gemessen an der bisherigen Nichtbeachtung. Neue Verhaltensweisen auszuprobieren – sich beispielsweise zu wehren –, führt in neue Erlebnisbereiche, und das kommt einer Mutprobe gleich.

Ich schlage Ihnen vor, dass Sie die Bedürfnisse Ihres Körpers mit einem Brief beantworten: eine ehrliche Antwort auf die Information, die Sie an dem Beschwerdeort bekommen haben. Antworten Sie Ihrem Körper wie einer Freundin, die eine Bitte an Sie formuliert hat, und erfüllen Sie dann eventuell gegebene Versprechungen. Seien Sie dabei bitte ehrlich, und erlauben Sie sich gegebenenfalls zu antworten, dass Sie keine Lust haben, einer Bitte nachzukommen. Solch ein Brief ist praktizierte Eigen-Ver-Antwortung!

Die nächste Station der Körperreise ist der Schoß, der Raum der weiblichen Organe:

> Gehe jetzt den Weg in deinen Schoß, in den Raum deiner weiblichen Organe. Merke den Weg, den du gehst, beachte die Umgebung. Wenn du im Schoß angelangt bist, kannst du umhergehen und dir alles anschauen: Formen … Farben … mit deinen Händen kannst du das Gewebe erspüren … Weichheit … Du kannst die Gerüche riechen und die Geräusche hören. Welche Atmosphäre ist an diesem Ort, und wie fühlst du dich darin?

In diesem Teil der Körperreise erlebt die Frau ihre innere Weiblichkeit. Der weibliche Schoß ist ein Ort von zentraler Bedeutung, für Frauen und ihre Körperlichkeit. Das Verhältnis, das eine Frau zu ihren weiblichen Organen hat, ist eine Aussage über ihr Frausein. In der Beratungspraxis zeugen die Einstellungen der Frauen zu ihren weiblichen Organen oft von einer chronischen Tabuisierung und Selbstentwertung weiblicher Potenz. Das Wunder der inneren Weiblichkeit, die Wandlungskraft im Zyklus von Eisprung und Menstruation, die Schöpfungskraft körperlicher Prozesse – all dies ist vielen Frauen überwiegend egal bis lästig. Am meisten wird die weibliche Schöpfungskraft im Zusammenhang mit Schwangerschaft und Geburt beachtet und bewundert. Es ist eine traurige Tatsache, dass viele Frauen kein positives Verhältnis zu ihrer Körperlichkeit haben. Insbesondere das Leben mit den weiblichen Organen ist für Frauen leider meist keine tiefe, energiespendende Erfahrung.

Was haben Sie wahrgenommen in Ihrem Schoß, an dem »Ort der weiblichen Organe«? Vielleicht ist es Ihnen ja wie den vielen anderen Frauen ergangen, die ihre innere Weiblichkeit eben nicht positiv für sich erleben können. Hierfür gibt es viele Beispiele: Eine Frau gelangt in ihren Schoß und kommt in einer großen runden Grotte an, in der überall etwas »herumhängt an Gewebe«. Die Atmosphäre war feuchtwarm, eklig, und die Frau fühlte sich in diesem Raum total eingeschlossen, so als gäbe es keinen Ausgang – erdrückend!

Eine andere Frau sieht diesen Ort als uralte Höhle, in der es nach Mist riecht: »Da war niemand mehr, jahrelang! Ein in sich abgeschlossenes System, fest und mit Spinnweben verhangen. Viel Trauer ist in diesem Raum spürbar.«

Eine Frau ging auf die Körperreise kurz nach ihrer Operation wegen eines Myoms: »Der Schoß war dunkel, eine unangenehm fremde Atmosphäre, kühl, nass, klamm. Die operierte Stelle brannte vor Schmerz. Es waren Trauer und Schmerz im Schoß.«

Eine andere Frau stand auf ihrer Gebärmutter und sah eine Zerstörung wie auf einem Kriegsschauplatz. Die Oberfläche der Gebärmutter wirkte wie eine abgebrannte Landschaft, es stank, die Farbe von Feuer war rot in der Luft. Die Eierstöcke schwebten wie weiße Knospen frei im Raum, wie »verwelkt: kein Leben mehr drin«.

Wieder eine andere Frau nimmt ihre weiblichen Organe lediglich als künstliches »Modell« wahr: Statisch-unbeweglich sieht sie die einzelnen Organe, kühl, ohne Gespür, Abstand zu den Organen, keine Gefühle, Neutralität, mit einem Ansatz von Traurigkeit: »Der größte Abstand ist, mittendrin und gleichzeitig weit weg zu sein.«

Ich möchte die Zusammenstellung dieses negativen Erlebens mit den Worten einer Frau abschließen, die ihren Besuch im Raum der weiblichen Organe so zusammenfasste: »Es war wie eine eigene Welt, in der ich nichts verloren hatte… Das hatte nichts mit mir zu tun, da hab ich mich am unwohlsten gefühlt.«

In der Beratungspraxis gibt es aber auch das andere Erleben weiblicher Körperlichkeit, von dem wiederum viele Frauen nach dem Besuch in ihrem Schoß berichten. Aus der Fülle dieser persönlichen Schilderungen ist die folgende Geschichte entstanden, die zeigt, wie Frauen das Wunderbare ihrer inneren Weiblichkeit erleben können:

Zu Besuch im Schoß

Zart-rosa entfalten sich zur rechten und linken Seite Hautwände, ein Gang eröffnet sich mit dem Gehen, Schritt für Schritt. Empfindsame Wände sind es, mit Falten und Fältchen, mit Rillen und Rinnen; ein Rosarot, in dem kleine Äderchen dunkel durchscheinen. Weichheit. Der Boden ist elastisch, und in gedämpftem Licht schimmert dann und wann seidig-glänzend die feuchte, fast durchsichtige Schutzhaut des

Ganges auf. Warm ist es im Gang, es riecht nach Körper. Die zarten Wände möchten nur vorsichtig und sanft berührt werden, sie erschrecken vor jedem Zuviel an Kontakt.

Sie ist Gast in diesem Innenleben und bestaunt ihre innere Schönheit, ihre sinnliche Körperlichkeit. Bei jedem Schritt spürt sie den muskulösen und gleichzeitig weichen Gang unter ihren Füßen. Staunend, immer wieder staunend. In einiger Entfernung sieht sie den Gebärmuttermund vor sich. Kugelig und glänzend, wie eine Bergkuppe mit seidiger Beschichtung, taucht er vor ihr auf, als der Gang sich weitet. Der Muskel scheint fest und konzentriert, ein kleiner Schlitz gibt Zugang in das Innere der Gebärmutter. Neugierde und Ehrfurcht und Unternehmungslust durchströmen sie gleichzeitig; sie wartet einen Moment, genießt die Kraft und die Konzentration, die dieser Durchgang verströmt, und sie wird hineingesogen, weiter, tiefer in die Innenwelten.

Den Durchgang empfindet sie als angenehm weich, empfindsam und auch als fest. Viel, viel Raum tut sich vor ihr auf. Sie steht im Inneren einer Höhle, ein dunkelrotes Gewölbe spannt sich wie ein großes Kuppelzelt über ihr auf. Gedämpftes Licht. Auch hier ist der Boden fest, ein bisschen straffer noch als in dem Gang, durch den sie gekommen ist. Die roten Höhlenwände berührt sie sanft mit ihren Händen, spürt die Kraft der Wände, spürt die Wärme der Wände: Muskulöskräftig bereiten sie einen geschützten Raum, der auch noch mit samtiger, feuchter Haut ausgekleidet ist.

Der Raum lädt ein zur Ruhe, zum Schlaf, zum Sich-fallen-Lassen, zum Anvertrauen, Aufgehobensein. Sie lässt sich an den Wänden entlang zu Boden gleiten, liegt dann eingebettet in völligem Wohlgefühl. Die samtig-feuchte Schutzhaut der Wände beginnt sie zu umhüllen, einzuhüllen – eine sinnliche Berührung. Sie liegt da und lauscht in das Innere der Wände.

Sie spürt ein leises Pulsieren, wie Ausläufer von einem stärkeren Klang an anderer Stelle des Körpers. Leben, pulsieren, fließen. Sie liegt wie in einer Schale, betrachtet den großen Raum über sich: Er sieht aus wie ein Himmelszelt, an das rote und lila Häutchen angeheftet sind; kleine Ausbuchtungen stülpen sich aus den Wänden und lassen an einigen Stellen die Höhlenwände wie mit sanften Hügeln erscheinen, mit manch geheimnisvollem, verborgenem Winkel. Die Atmosphäre in dem Raum wirkt entspannend, ein Gefühl der Andacht – wie in einer Kirche – beginnt sich auszubreiten, aber hier geht die Erhabenheit einher mit Wärme und Geborgenheit und Sinnlichkeit. Tiefe Dankbarkeit breitet sich in ihr aus für diesen Ort, Hingabe und Ruhe.

Plötzlich tropft es! Obwohl sie nicht geschlafen hat, ist es wie ein Erwachen, als es plötzlich zu tropfen beginnt. Die Haut scheint sich zu verwandeln, beginnt anzuschwellen, verdickt sich und verändert ihre Konsistenz in lockeres Gewebe, so als würde sie sich ganz langsam und doch ständig aufschäumen. Sie springt abrupt auf, schüttelt das dämmerige Gefühl ab und macht sich auf den Weg weiter in die Höhle hinein. Die ganze Höhle scheint in Aktion, in den Höhlenwänden ist Bewegung entstanden, Rhythmus, kaum merkliche Vibrationen. Die allgegenwärtige Bewegung macht sie leicht schwankend, sie hüpft und springt durch die hügeligen Erhebungen, rutscht ab und hüpft weiter. Rechts, etwas oberhalb von ihr, entdeckt sie eine etwas dunklere Stelle in der Höhlenwand, ein nächster Durchgang, wie es scheint. Sie zieht sich das Stückchen Wand hinauf und krabbelt in die kleine Öffnung hinein. Ein neuer Gang tut sich vor ihr auf, etwas heller, rosa-gelblich liegt ein Eileiter vor ihr. Der Gang ist rund und eng, besteht aus einer dünnwandigen Umhüllung, die silbrig-gelb durchscheinend weiter in das Innere führt. Sie beginnt durch den Gang zu kriechen, so niedrig ist er, und in ihrem Kontakt mit den Wänden spürt sie, dass diese sehnig-fest sind. Die leichte Befeuchtung der Umhüllung erleichtert ihr das Hindurchgleiten. Und dann weitet sich der Gang wie das erweiterte Ende einer Trompete, und ja, jetzt kann sie einen Eierstock sehen: zunächst noch aus einiger Entfernung unklar, weich-flauschig wie aus Watte. Beim Näherkommen sieht sie die Form des Eierstocks ähnlich einer Eiform oder einer geschlossenen Orchidee. Und als sie dicht davor steht und den Eierstock berührt, sieht er aus wie eine große Weintraube, hellgelblich glänzend. Eine Masse aus weißen Eiern kann sie durch die zarte Umhüllung hindurch erkennen; sie streichelt von außen diese knubbeligen Gebilde, und dabei entsteht ein zärtliches Gefühl in ihr. Sie hört leises Gluckern im Inneren des Eierstocks. Sie spürt geräusch- und bewegungslose Vibrationen; sie spürt die hier innewohnende Quellkraft des Lebens. Sie schließt die Augen und genießt diese Offenbarung.

Nun zieht etwas an ihr, nichts Greifbares, aber ein deutlicher Sog. Sie weiß, es ist Zeit zur Umkehr, Zeit, sich zu verabschieden. Sie küsst den Eierstock, gibt noch einmal Wärme und Liebe mit ihren Händen und wendet sich dann ab, lässt sich dann den leicht nach unten verlaufenden Gang hinunterrutschen und landet mit einem Schwung wieder in der Höhle. Dort wird sie sanft aufgefangen in einer tropischen, feucht-warmen Atmosphäre. Die Schutzhaut hat sich vermehrt, sie hängt ein Stückchen tiefer von der Decke herab, von einzelnen Adern durchzogen. Plötzlich strömt Blut an ihr vorbei Richtung Ausgang, ein roter, warmer Strom. Bedenkenlos wirft sie sich in diesen Fluss hinein und wird durch den Gebärmuttermund nach außen geschwemmt, zurück in eine andere Welt.

Haben Sie Ähnliches entdeckt bei Ihrem Besuch im Schoß, gibt es Parallelen zu den Bildern und Eindrücken der anderen Frauen? Vielleicht besinnen Sie sich noch einen Moment auf Ihre eigenen Erlebnisse und Erkenntnisse. Nehmen sich Zeit, Ihre inneren Bilder aus dem Schoß auszuwerten … Und wenden sich dann mit Ihrer Aufmerksamkeit ab von diesem Ort.

Die Visualisierung Körpererkundung führt nun noch zu einem weiteren, einem dritten Ort innerhalb der inneren Körperlandschaft. Diese nächste Phase der Körperreise ist wie eine »Fahrt ins Blaue« gestaltet, ein Abenteuer zu einem noch unbekannten Ort. Sie sollen einen Ort der Kraft im Körper finden, eine Kraftquelle, und Sie wissen nicht, wo dieses Ziel liegt. Und: Sie müssen diesen Ort nicht suchen, sondern dieser Ort findet Sie!

Jetzt gehst du zu einem weiteren Ort in deinem Körper, zu einem Ort deiner Kraft, einer Kraftquelle vielleicht. Du brauchst nichts zu denken oder zu tun, dieser wichtige Ort zieht dich an … und du brauchst nur diese Anziehungskraft zu spüren. Folge dieser Anziehungskraft und finde den Weg zu dem Ort deiner Kraft, zu deiner Kraftquelle im Körper … Du erspürst diesen Ort mit all deinen Sinnen und lässt ihn auf dich wirken … Wenn du es wünschst, kann deine Kraft an diesem Ort eine Gestalt annehmen und sichtbar für dich werden … vielleicht als Person, als Tier oder Gegenstand … Du kannst dieser Gestalt eine wichtige Frage stellen. Stelle die Frage und merke dir die Antwort.

Solch einen Kraftort in sich selbst zu wissen, ist ein Geschenk, das Ihnen für den heilsamen Prozess in Ihrem Alltag zur Verfügung steht. Sie können diese kraftvolle Energie in alle Körperbereiche lenken, Sie können sich durch das Symbol der Kraft an sie erinnern lassen; diese innerliche Kraftquelle steht Ihnen immer, zu jeder Zeit, zur Verfügung.

Nach diesen Erlebnissen neigt sich die Reise nun ihrem Ende zu. Es ist wichtig, sich gut zu verabschieden aus der Welt der inneren Bilder und wieder ganz in das Alltagsbewusstsein zurückzukehren mit allen Sinnen. Grenzen setzen durch eine klare Verabschiedung aus dem Reich der inneren Bilder ist der Sinn der *Rückführung* aus der Visualierung:

> Jetzt mach dich allmählich für die Rückkehr bereit … finde den Weg aus dem Körper heraus. Du … gelangst an deinen sicheren Ort … wirst größer … verschmilzt mit dem großen Körper … Zähle jetzt innerlich ganz langsam von eins bis zehn, und mit jeder Zahl kommst du mehr und mehr aus deinen inneren Bildern heraus … Spüre deinen Körper wieder … Lass dir deine Zeit, und öffne dann die Augen.

Diese ausführliche und sorgfältige Rückkehr ist elementar wichtig, denn erfahrungsgemäß würden sich viele Frauen gerne länger in der Welt der inneren Bilder aufhalten. Die gefundene Gestalt der Kraft ist meist sehr faszinierend, der sichere Ort lädt zum Verweilen ein. Eine gute und ausführliche Anleitung zur Verabschiedung von den inneren Bildern und die Orientierung auf das Alltagsbewusstsein, auf den Körper, ist unabdingbar, damit die Frau nicht den inneren Bildern »hängen bleibt«.

Es gibt noch eine weitere wichtige Variante zu diesem dritten Ort, die ich im Verlauf der Beratungsarbeit anwende. Ich lasse eine erkrankte Frau in der Körpererkundungsreise meist statt des »Ortes der Kraft« einen weiteren Ort finden, der für die Erkrankung oder die Beschwerde wichtig ist. »Und dieser Ort zieht dich an« – mit dieser Vorgabe kann die Frau die Zu-sammenhänge zwischen verschiedenen Körperbereichen und -themen tiefergehend erforschen. In dem Bild der Körper-landschaft bedeutet dies, dass mit dem dritten Ort weitere Verbindungen innerhalb der Gesamtlandschaft entdeckt wer-den. Plötzlich gehören verschiedene Körperorte zusammen, sind in ihrem Zusammenspiel maßgeblich für den Krankheits-prozess. Verschiedene Symptome des Körpers stehen in einem neuen, bisher unbekannten Zusammenspiel, denn Krankheit ist immer ein Ausdruck des gesamten Körperlebens!

In dieser Variante bietet die Visualisierungsanleitung die Mög-lichkeit, ein Symbol für die Gestalt der Erkrankung zu finden. Diese symbolische Krankheitsgestalt (»als Person, als Tier, Gegenstand oder Gewächs«) ist die Verkörperung der abge-spaltenen Erfahrungen und besitzt meist eine große Intensität, die oftmals sogar eine spürbare Wandlung in der Atmosphäre bewirkt: eine Gestalt, die fasziniert, begehrens- und/oder has-senswert für die Frau ist und einen Einblick in die ungeheure körperliche Kreativität gibt. Es sind Gnome, Elfen, Spinnen, grüne Ungeheuer, Tiere, Vulkane, Flüsse, Meere, Raben, Mönche, Väter, Omas… die als Symbole für Energien dienen, die nicht gel(i)ebt werden dürfen.

Hier endet der erste Abschnitt unserer gemeinsamen Reise in das Innere der Körperlandschaft. Sie haben nun eigene Erfah-rungen mit der Visualisierungsarbeit gemacht. Überdenken Sie noch einmal: Wie war die Deutlichkeit der Bilder, was konnten Sie mit welchen Sinnen wahrnehmen? Wie war der Abstand zu den Bildern; haben Sie sich wie in einem Film ge-sehen, haben Sie die innere Welt mit Ihren Händen fühlen können? Wie war Ihre Art der Fortbewegung durch die Kör-perlandschaft, wie Ihr Kontakt zum Körperinneren?

Schreiben Sie Ihre Eindrücke auf, malen Sie dazu, und sprechen Sie über Ihre Erlebnisse mit vertrauten Menschen, die offen für solch eine Art von Selbsterfahrung sind.

In der Visualisierung Körpererfahrung haben Sie sich einen ersten Überblick verschafft über die problematischen Zustände, über die Kraftorte, vielleicht auch schon über die Zusammenhänge und die Verbundenheit innerhalb der Körperlandschaft. Damit ist der Rahmen geschaffen für jede weitere Bilderarbeit und Zwiesprache mit dem Körper. Durch die Visualisierung Körpererkundung haben wir sozusagen eine Rundreise durch das gesamte neu zu entdeckende Land erlebt und wichtige krankheits- oder beschwerderelevante Verhältnisse aufgespürt. Aber diese innere Reise eignet sich nicht nur für den Krankheitsfall oder zur Untersuchung von alltäglichen körperlichen Beschwerden wie Verspannungen, Pickel, Schnupfen, kalte Füße. Auch unser Gefühlsleben – zum Beispiel Sorgen und Ängste oder auch Arbeitshemmungen – hat Auswirkungen im Körper, selbst wenn diese nicht sofort als »negative« Körpersignale spürbar werden. Auch bei Prüfungsängsten, bei wichtigen beruflichen Entscheidungen oder bei akuten Partnerschaftskonflikten ist es sehr ergiebig, im Körperwissen nach Hinweisen und Antworten zu suchen.

Aber die Visualisierung Körpererkundung ist noch mehr als die Wahrnehmung von inneren Bildern: Sie beinhaltet eine direkte heilsame Qualität, die Kontaktaufnahme und die innere Berührung mit dem Körper. Vielleicht haben Sie es auch schon gespürt, dass Sie auf dieser Reise Ihren eigenen Körper wie eine Freundin besuchen und auf neue Art wahrnehmen. Und der Körper reagiert darauf: Frauen spüren ein leichtes Ziehen in der Gebärmutter, während sie sich »im Schoß aufhalten«; oder der Körper schmerzt plötzlich leicht am Ellenbogen, wenn es darum geht, »einen weiteren wichtigen Ort im Körper« zu finden, oder die Füße kribbeln als »Ort der Kraft«. Auch auf diese Weise erhalten die Frauen direkte Körperbotschaften. Die innere Berührung wirkt heilsam, wie auch Berührungen im zwischenmenschlichen Kontakt. Wenn Sie sich während der Visualisierung vorstellen, Ihr Körperinneres mit Ihren Händen zu berühren, so ist das tatsächlich eine Berührung, auf die der Körper oft mit eindeutigen Signalen wie Ziehen, Kribbeln, Pochen etc. antwortet.

Dazu möchte ich Ihnen abschließend noch von einer sehr schönen Erfahrung aus meiner Beratungspraxis berichten: Fast alle Frauen, deren Gebärmutter entfernt wurde, nehmen in ihrem Schoß ganz deutlich wahr, dass die Energie der Gebärmutter dort noch vorhanden ist – als energetisches Bild mit den verschiedensten, sinnlich zu erspürenden Farben, Bewegungen, und Atmosphären! Das empfinden die Frauen als wundervolles Erlebnis.

4

Eigenverantwortlichkeit im Körpergeschehen aufspüren – Die Analytische Visualisierung

Im Anschluss an die innere Reise »Körpererkundung« bietet die Methode Wildwuchs mit einer anderen Visualisierungstechnik weitere Möglichkeiten für den Kontakt zum Körper an: Im Mittelpunkt der Analytischen Visualisierung stehen die komplexen Zusammenhänge zwischen Körper und Psyche. Diese Visualisierungsübung entstand im Zusammenhang mit der Frage, wie wir denn mit unserem Bewusstsein begreifen können, was der Körper in seiner Sprache ausdrückt. Die inneren Bilder haben wir ja schon als Kommunikationsebene zwischen Kopf und Körper kennen gelernt, aber wie können wir die Körpersprache in ihrer Bedeutung entschlüsseln und so begreifbar machen? Was haben denn die Körperbilder mit unserem Alltag zu tun, mit unseren Verhaltensweisen, mit den Lebensumständen, die wir zu regeln haben? Normalerweise bleibt unserem Bewusstsein verschlossen, was der Körper – oftmals plötzlich – an Symptomen herausbildet; es bleibt im wahrsten Sinne des Wortes »unbegreiflich«. In der Analytischen Visualisierung ist es möglich, sich direkt und bewusst mit dem Körper zu unterhalten, beispielsweise über ursächliche Krankheitsthemen, veränderungswürdige Verhaltensmuster und Lebenseinstellungen, über unterdrückte Gefühle und körperliche Bedürfnisse. Es können Informationen gewonnen werden, die völlig neu sind und die nicht durch Denken erschlossen werden können.

Bildlich gesprochen geht es um das Verhältnis zwischen Zuständen in der Gartenlandschaft und dem alltäglichen Wirken der Hüterin der Landschaft. Die Analytische Visualisierung wurde dazu entwickelt, wie in einem Vergrößerungsglas die sonst für unseren Verstand unsichtbaren Fäden zwischen Körper und Psyche in Erscheinung treten zu lassen. Und dies sind faszinierende Einblicke. Die Hüterin der Körperlandschaft kann durch die wie ein Vergrößerungsglas wirkende Analytische Visualisierung ihre Eigenverantwortlichkeit deutlicher erkennen und begreifen. Dieses Begreifen wiederum ist die Grundlage für verändertes Handeln und setzt damit wichtige Impulse zur Aktivierung von Selbstheilungskraft. Die Hüterin lernt sozusagen neue Nährstoffe kennen, um neue Entfaltungs- und Wachstumsmöglichkeiten in der Landschaftssituation initiieren zu können. In der Körpererkundungsreise gab es nur an wenigen Stellen die Frage nach dem, was die Frau »machen« kann; die Analytische Visualisierung geht einen Schritt weiter: Hier wird die Grundlage erarbeitet für das »Machbare«, für heilungsförderliche Handlungen. Dazu gehören dann auch innere Bilder, die die körperliche Selbstheilungskraft direkt fördern. Die während der Analytischen Visualisierung gefundenen heilsamen inneren Bilder kann sich eine erkrankte Frau dann regelmäßig und täglich vor Augen führen. Die Technik für diese Visualisierung entstammt verschiedenen Quellen (u. a. Silva-Mind-Control, Psychodrama, die Simonton-Methode), denen ich im Laufe meines eigenen Heilungsprozesses begegnet bin.

Ich werde Ihnen jetzt diese Analytische Visualisierung vorstellen, aber leider können Sie diese Visualisierungstechnik im

Gegensatz zu der Körpererkundungsreise nicht selbstständig durchführen, denn sie funktioniert nur im Kontakt mit einer Begleitung. Warum das so ist? Im Verlauf eines Selbstheilungsprozesses gibt es viele Schritte, die eine erkrankte Person allein tun kann, und es gibt Erfahrungen in der Selbstheilungsarbeit, für die eine Begleitung notwendig ist – eine Person, die den Kontakt zu Körper und Krankheit unterstützt und bestärkt. Selbstheilungsarbeit bedeutet also nicht, alles alleine zu machen, sondern es geht um das Finden wirksamer Selbsthilfemöglichkeiten zur Förderung des Heilungsprozesses. Während der Arbeit tauchen wie »Gespenster« oft Phänomene auf, die es nötig machen, dass uns eine andere Person begleitend und beratend zur Seite steht. Wir brauchen dann Unterstützung, um diesen Ungeheuern ins Auge zu schauen. Ich kann die therapeutischen Aspekte der Beratung im Rahmen dieses Buches nicht detailliert aufzeigen, möchte aber auf diese Phänomene hinweisen: Angst, Verwirrung, Traurigkeit, Wut, Widerstand.

Die *Angst* tritt meist zuerst auf; wenn sich die Frauen ihrer Erkrankung nähern und Kontakt aufnehmen, kommen sie in Berührung mit ihrer Angst oder mit den Ängsten. Es gibt verschiedene Quellen für solche Ängste, die mit der Erkrankung verbunden sind. Einmal sind es Ängste, die in Zusammenhang mit Traumata stehen: zum Beispiel sexuelle Gewalterfahrungen; Versuche, ein Familientabu – z. B. Sucht – aufrechtzuerhalten oder Stress zu ertragen, um an Altem festhalten zu können oder mit Kriegserinnerungen leben zu können. Angst ist das »Transportmittel«, um schlimmes, unerträgliches Erleben in den Bereich des Unbewussten zu befördern, von dem Alltagsbewusstsein abzuspalten. Solche traumatischen Erlebnisse werden dann im Körperwissen aufbewahrt. Nähert sich die Frau dem Beschwerdeort, so wird auch die Angst wieder aktiviert. Einst war die Abspaltung lebenswichtig gewesen, um mit dem Verletzenden, Quälenden, Erniedrigenden weiterleben zu können, und entsprechend angstbesetzt ist die Integrationsarbeit mit diesen dunklen Erfahrungen. Es war auch zu gefährlich, die lebendigen Freiheitsbestrebungen, die Stärke und Potenz, die wilden Gefühle und ungezähmten Gelüste des Körpers – kurz: alles, was an kreativem Potenzial in einem Mädchen und einer Frau steckt – auszuleben. Daher wird das Wiedererwachen dieses Potenzials meist als bedrohlich erlebt.

Eine andere Art von Angst ist die Angst vor der Krankheit: die Angst, das »Kranke« wirklich anzuschauen, als wahr anzuerkennen, sich der Realität einer Erkrankung zu stellen. Es macht Angst zu wissen, dass eventuell einschneidende Behandlungen wie Operationen notwendig sein können, dass eine akute Krankheit kein Ende finden, chronisch werden könnte, dass der Tod die Folge sein könnte.

Nicht ausgedrückt und gelebt, führen diese Ängste ein vom Bewusstsein abgespaltenes Schattendasein und können in psychischen und physischen Spannungen und Blockaden resultieren. Eigenverantwortlichkeit bedeutet an diesem Punkt, die Ängste wahrzunehmen und ihnen einen Platz im Gefühlsleben zu geben, sodass sie existieren dürfen. Dann wird die Lebensenergie freigesetzt, die bislang für die Unterdrückung der Ängste und schlimmen Erinnerungen benötigt wurde und dadurch gebunden war.

Weitere Phänomene sind *Traurigkeit* und *Wut*, also Emotionen, die den meisten Menschen erst einmal unangenehm sind. Beide sind Gefühle der Trauer. Da in den Körperbeschwerden oftmals alte, nichtgelebte Trauer steckt, werden die Frauen bei der Annäherung an die Erkrankung mit diesen unangenehmen, häufig auch als bedrohlich empfundenen Gefühlen konfrontiert. »Unangenehm« ist es, durch die Traurigkeit und/oder Wut an den Schmerz erinnert zu werden, der unter diesen Empfindungen verborgen liegt. »Bedrohlich« ist es, wenn alte Verbote oder frühere Überlebensstrategien davor warnen oder gar untersagen, wütend oder traurig zu sein.

Eine andere Form von Trauer ist die Trauer darüber, dass diese Erkrankung überhaupt existiert, dass der Körper nicht mehr »richtig« funktioniert und stattdessen Schmerz und die gesamte Krankheitssituation produziert hat. Dann gibt es Wut über die Ohnmacht, Wut auf den Schmerz, Wut auf den Körper. Wut ist für Frauen meist tabuisiert, ein »heißes« Gefühl, ein Ausdruck von Kraft und Macht – und diesem Gefühl nahe zu kommen, es kennen zu lernen und auszuleben, erfordert Mut.

Das Phänomen der *Verwirrung* tritt auf, wenn an alten Lebenseinstellungen und Verhaltensgewohnheiten gerüttelt wird, wenn ein Aufweichungsprozess beginnt und die alten Muster »ins Rutschen« kommen. Verwirrung zu empfinden bedeutet immer einen Kontrollverlust. Die gewohnten, eingespielten Sicht- und Verhaltensweisen halten das Leben nicht mehr in vertrauter Weise zusammen. Solche Umbruchsphasen, in der Altes nicht mehr Bestand hat und trägt, das Neue aber noch nicht richtig sichtbar und greifbar ist, sind für Menschen in unserer europäischen Kultur schwer aus- und durchzuhalten.

Als normal-menschliche Reaktion auf das Durchleben von Angst, Wut, Traurigkeit und Verwirrung folgt meist die Entwicklung von *Widerstand*. Nichtmerken, Ignorieren, Sich-Distanzieren, Abbrechen usw. sind Versuche, mit den Phänomenen fertig zu werden. Aber die Selbstheilungsarbeit ist ja gerade das Anschauen und Merken, das Hinterfragen und das Lösen aus Umklammerungen, von Gewohnheitsmustern, die

Körper und Seele belasten: Es geht um das Freilegen von Entwicklungsbestrebungen und Wachstumsgelüsten; und deshalb brauchen Sie auch Begleitung während Ihres Selbstheilungsprozesses. Selbstheilung bedeutet Kontakt – Kontakt zu Körper und Krankheit, zu den ungelebten und ungeliebten Gefühlen, Persönlichkeitsanteilen und Verhaltensweisen. Wenn Sie allein arbeiten, werden sicher Ihre bewährten Strategien zum Einsatz gelangen, die dafür sorgen, dass Sie sich den unangenehmen und bedrohlichen Phänomenen entziehen, den Kontakt und die Auseinandersetzung damit vermeiden. Eine begleitende Person stabilisiert Sie in der Körpererkundung und leitet den Dialog mit dem Körper in der Analytischen Visualisierung. Die Begleiterin kann bis an die im Prozess entstehenden Widerstände, bis an die Grenze gehen und dann einen Millimeter darüber hinaus, um die dahinter verborgenen Kräfte aufzuspüren.

Ein Beispiel: Eine Frau, in deren Becken ein gutartiger Tumor diagnostiziert worden war, schildert ihre Erlebnisse in der Analytischen Visualisierung:

»Nach einer kurzen Entspannung des Körpers soll ich mich wieder auf den Weg zum Ort der Krankheit machen. Ich sehe erst nur Nebel, als ich die Hände ausstrecke und taste, wird es besser, aber ich scheine in einem endlosen Gang zu laufen, spüre Panik. Schließlich aber kommen Stufen in Sicht und dann eine weiße Blase – der Eierstock. Im Eierstock sind auf Regalen gelbe Ballen gelagert, Gänge führen rundherum, es gibt eine weiße Hintertür mit einem Sichtfenster darin. Als ich aus dieser Tür trete, komme ich in einen Gang, dessen Wände mit Blasen bedeckt sind, die mit einer Flüssigkeit gefüllt zu sein scheinen. Der Gang ist dunkelblau, und mir wird beim Durchschreiten und Befühlen übel, ich ekle mich. Dann komme ich in eine Art Höhle, in der der Klumpen liegt. Der Klumpen scheint mir riesig zu sein, sehr wütend und feindselig, ich erwarte geradezu, dass er gleich anfangen wird, mich anzubrüllen und zu beschimpfen. Ich habe große Angst, will eigentlich gleich wieder wegrennen. Nach dem Vorschlag meiner Beraterin stelle ich mir einen vergrößerten Abstand zu dem Klumpen vor. Ich klettere eine Steigeisenleiter an der Wand empor, um oberhalb dieses wütenden Klumpens zu sein. Die Beraterin leitet mich an, dem Körpergebilde meine Stimme zu leihen. Sie fragt es, ob es stimmt, dass das Gebilde traurig und verwundet sei. Es bestätigt dies, sagt aber, es wisse nicht, warum dies so sei. Es sei sehr wütend darüber, dass es gefesselt sei schon seit langer Zeit. Auf die Frage, warum es immer größer und größer werde, kommt die Antwort: Weil sich die Schnüre immer fester herumwickeln, drücke es dagegen, werde innen hohl. Gleichzeitig, so gibt es zu, seien die Schnüre vielleicht auch ein Schutz. Frage: Was braucht es zu seiner Heilung? Dass die Schnüre abgewickelt werden und dass es dann kleiner werden und heilen könne, das heißt eine mehr rosa Farbe annehmen kann. Auf die Frage, wie das geschehen kann, kommt keine Antwort. Diese Visualisierung schließt ab mit dem Weg zurück durch die Gänge, aus dem Körper heraus. ...Ich soll noch einmal den Weg vor mir sehen und schauen, ob man eine Heilung sehen kann bzw. wie ich danach aussehe: Der Klumpen sieht nach der Heilung in meiner Vorstellung kleiner aus, die Schnüre sind abgewickelt, die Farbe wird rosa. Wie sehe ich selbst danach aus: befreit, optimistischer, lebenslustiger, spontaner, handlungsfreudiger.«

Selbstheilungsbegleitung mithilfe der
Analytischen Visualisierung

Ich möchte Ihnen nun die Analytische Visualisierung als weiterführende Wegstation in der Methode Wildwuchs vorstellen. Diese Visualisierung hat mehrere Funktionen im Selbstheilungsprozess: Sie dient dem Kontakt und der Informationssammlung zum Körpergeschehen der Erkrankung; sie leitet einen Dialog mit dem Körper an, in dem nach Antworten für die körperlichen Bedürfnisse und Wünsche gefragt wird; sie regt die Entstehung von heilungsförderlichen Bildern an.

Da Sie ja diesen Schritt nicht allein praktizieren können, werde ich zur Veranschaulichung das Bild der Körper-Gartenlandschaft heranziehen, um das Vorgehen und die Qualität dieser Visualisierungsarbeit nachvollziehbar zu machen. Erinnern Sie sich an die Beschreibung des Körpers als Gartenlandschaft und an die Hüterin der Landschaft? Stellen Sie sich nun vor – und vielleicht schließen Sie tatsächlich gleich einmal die Augen –, wie Sie als diese Hüterin vor der Gartenlandschaft stehen und an die Aufgabe denken, die nun vor Ihnen liegt: Sie haben vor einiger Zeit einen Rundgang durch den Garten gemacht, sich einige Bereiche genauer angeschaut, vielleicht auch schon einige Ideen bekommen, was einem Teil der Landschaft als Nahrung fehlt oder gut tun könnte. Heute geht es um einen ganz besonderen Kontakt mit der Landschaft, nämlich um eine genauere Untersuchung, welche Triebkräfte die Aufrechterhaltung der Erkrankung mit bewirken und welche Einflussmöglichkeiten Sie als Hüterin haben, neue Ausgewogenheit in die Landschaft einzubringen. Der Kontakt mit der Landschaft wird eine besondere Art von Dialog sein, und dafür müssen Sie sich auf eine Stelle der Landschaft konzentrieren; Sie werden einen oder zwei Orte finden, die heute geeignet sind für solch einen Dialog. In der Fokussierung der Konzentration Ihrer Wahrnehmung auf einen beschränkten Bereich liegt die Chance, mehr und tieferen Einblick in das Landschaftsgeschehen zu erlangen, so als würden Sie mit einem Vergrößerungsglas eine Stelle intensiv erkunden.

Bevor nun eine Frau ihren Landschaftsgarten betritt, leite ich eine Entspannungsübung an, die sie für die Wahrnehmung von inneren Bildern sensibilisiert und die innere Stabilität der ganzen Person bekräftigt. Dann betrachtet die Frau zunächst einmal ihre gesamte Körperlandschaft von außen. Manche Frauen merken an dieser Stelle, dass sie überhaupt nicht bereit sind, in diese Landschaft hineinzugehen, obwohl sie dies geplant hatten. Ein Widerstand an dieser Stelle kann die Schutzfunktion haben, zu diesem Zeitpunkt nicht weiter in das Körperleben hineinzugehen, sondern die Grenze weiter zu respektieren. Der Widerstand kann aber auch die Ablehnung des eigenen Körpers deutlich machen, und das kann der erste Hinweis darauf sein, was der Körper als Ganzes von der Frau braucht: Achtung, Wertschätzung, Liebe. Die Frauen, die gerne oder zumindest problemlos in ihre Gartenlandschaft hineingehen möchten, fordere ich auf, mit ihren Fingerspitzen und durch ihre Hände zu spüren, ob die Körperlandschaft denn solch einen Eintritt zulassen kann und damit einverstanden ist. Manchmal ist es so, dass der Körper Widerstand signalisiert, und in der Visualisierungstechnik besteht dann die Möglichkeit, den Körper innerlich zu fragen, welche Bedingungen er für ein Einverständnis braucht. Vielleicht ist es jetzt schwierig für Sie nachzuvollziehen, wie Sie denn mit einem Garten oder einem Körper »reden« können. In Methoden wie der Gestalttherapie oder im Psychodrama hat sich eine Technik bewährt, einem Gegenüber die eigene Stimme zu »leihen«, sodass Sie selbst die Antworten formulieren. In der Visualisierung haben Sie dann einen Zugang zu Informationen, den Sie nicht durch Ihr Denken erreichen können. Sie »wissen« in der Visualisierung plötzlich etwas aus tiefer liegenden Schichten des Körperwissens und können dies auch ausdrücken. Die Frauen erzählen meist nach dieser Visualisierungsarbeit, dass sie schon »irgendwie geahnt« hätten, welche Lebensproblematik oder -thematik mit der Erkrankung zusammenhängen könnte. Die wichtigen Informationen sind also bereits als inneres Wissen vorhanden, die Visualisierung ist das Medium, dieses Wissen dem Bewusstsein verfügbar zu machen.

Wenn nun eine Frau ihre (Garten-)Grenze überschreitet, lässt sie sich anziehen von einem Ort in der Körperlandschaft. Sie vertraut auf ihr inneres Gespür, auf ihre Intuition, um den Ort zu finden, der in der jeweiligen Situation Auskunft über das Krankheitsgeschehen geben kann und Hinweise bereithält für notwendige Selbsthilfe. Dieser Ort ist dann oft gar nicht der Ort der Beschwerde oder des Symptoms, sondern ein anderer Ort im Körper. Manchmal ist es vielleicht noch zu bedrohlich, direkt an den Ort des Symptoms zu gehen, manchmal ist ein anderer Körperbereich der »eigentliche« Ort, der die Herausbildung einer Körperbeschwerde mit bewirkt, und der Körper weiß ja von der inneren Logik von Krankheitsverläufen. So »erzählen« viele Schilddrüsen bei Überfunktion, dass sie nicht die zentrale Stelle des Krankheitsgeschehens seien, sondern das sei das Herz! Das Herz fühlt sich (besonders in Umbruchsituationen) konfrontiert mit alten Kindheitsschrecken und -ängsten, und die Schilddrüse übernimmt die »Überlebenssicherung« durch eine erhöhte Aktivität: Sie arbeitet wie in Alarmbereitschaft, um die Existenz zu sichern.

Und manchmal ist es so, dass ein anderer als der erkrankte Körperbereich die Quelle der Kraft für einen Heilungsprozess ist, die zunächst einmal aktiviert werden soll und kann.

In der Einzelberatung unterstütze ich dieses Vertrauen der Frauen in ihre eigene Wahrnehmung, in ihre Intuition, durch die Visualisierungstechnik, das heißt durch die Art und Weise, wie die Visualisierung das Auffinden des »richtigen« Ortes in der Körperlandschaft anleitet. Wenn die Frau dann den in diesem Sinne passenden Ort gefunden hat, erfolgt die weitere Annäherung auf ihre individuelle Eigenart. Wie in dem Landschaftsbild beschrieben, geht die Hüterin auf den Landschaftsbereich zu, den sie mithilfe ihrer Intuition als wichtig geortet hat. Sie spürt bei dieser Annäherung ständig mit all ihren Sinnen, wie nahe sie diesem Bereich überhaupt kommen darf und kann: Ganz sensibel erspürt sie den Vorgang der Kontaktaufnahme mit ihren Händen, mit allen »Antennen« ihrer Körpersinne. Ich habe eingangs schon von einem Beispiel erzählt, wo das Körpergebilde der Frau solche Angst macht, dass sie einen großen Abstand hält und »den Klumpen« aus großer Entfernung befragt. Manche Frauen, die beispielsweise ihre Endometriose fokussieren wollen, können nur von ihrem Schlüsselbein aus einen Blick nach unten in den Schoß tun und von da aus die weiblichen Organe befragen. Und damit sind wir schon bei dem nächsten Arbeitsschritt in der Visualisierung angelangt: Die *erste Stufe* der Kontaktaufnahme zu Körper und Krankheit ist es, dass die Frau sich den wichtigen Ort erst einmal anschaut. Die *zweite Stufe* im Kontakt ist dann der direkte Dialog mit dem Organ. Manchmal »schweigt« der befragte Körperbereich zunächst beharrlich, versteckt sich oder will nicht antworten. Wenn dieser Bereich sich dann doch für ein Gespräch öffnet, kommt meist die tiefe Resignation des Körpers zu Tage, in der Vergangenheit nicht angehört und oftmals sogar bedroht worden zu sein, wenn er sich »beschwert« hatte. Aber meistens »erzählt« das Körperinnere gerne und bereitwillig von seinen Befindlichkeiten und Prozessen: Zum Beispiel berichten die Verwachsungen im Körper, dass sie den Eierstock durch Hautneubildung schützen müssen; viele Gebärmütter beschweren sich, dass sie zu wenig Aufmerksamkeit und Beachtung von ihren Besitzerinnen erhalten; Zysten erinnern die Frauen oft an die eigenen Schutzbedürfnisse, und ein Herz »schimpft« über die Vernachlässigung seiner Liebes- und Kontaktbedürfnisse.

Ein Beispiel dafür ist die Visualisierungsarbeit einer Frau, die etwa zehn Jahre zuvor an Krebs erkrankt war und eine Brust verloren hatte. Sie kam in die Beratung, weil in der verbliebenen Brust ein Knoten ertastet worden war, ihre Frauenärztin aus Zeitgründen aber noch keine Sonographie durchgeführt hatte. Zum Zeitpunkt der Beratung war also unklar, welche Art von Gebilde sich in der Brust entwickelt hatte.

In der Visualisierung nähert sich die Frau mit ihrer Vorstellung nun dem Körper, der Brust, dann dem Inneren der Brust: Langsam und vorsichtig bewegt sie sich auf den Knoten zu. Sie spürt, wie der Widerstand stärker wird und sich mit dem Näherkommen eine Art dickes, undurchsichtiges Energieband um den Knoten herum aufbaut. Sie kann nur ein Stückchen näher herantreten, die Energiewand umschließt den Knoten mit einem undurchdringlichen Kreis. Aber sie kann den Knoten sehen – ein milchig-weißliches, hüllenartiges Gebilde –, und sie kann in ihn hineinschauen: Ein Embryo liegt darin, ein Embryo, zartrosa, mit Reißzähnen wie bei einem Vampir! Der Embryo schläft – noch. Es ist still, keine Bewegung im Raum, keine Geräusche. Die Frau ist ratlos, weiß nicht weiter. Doch während sie nun länger und genauer hinsieht, entdeckt sie ein schlauchähnliches Gebilde, wie eine Nabelschnur, die von dem Knoten zum Herz hinführt. Sie folgt mit ihrer Aufmerksamkeit diesem Schlauch – ja, er ist wie eine dünne, durchsichtige Nabelschnur, die bis zum Herz geht und mit dem Herz verbunden ist. Sie betrachtet das Herz: Es ist »voll da«, rot-strahlend und präsent pumpt es kräftig, laut hörbar in einer Atmosphäre voll Aktivität und Kraft. Sie fragt das Herz, ob sie mit ihm sprechen kann und ob das Herz mit ihr sprechen mag. Das Herz antwortet mit Ja und erzählt dann auf ihre Nachfrage, dass es selbst an der Existenz des Knotens mitwirkt. Es trägt dazu bei, dass das Gebilde genährt wird. Wut beginnt in ihr aufzusteigen: »Wieso tust du das, wieso jagst du mir solche Todesangst ein, Angst vor einer neuen Krebserkrankung?« »Du hast schon so viele Hinweise bekommen«, antwortet das Herz, »so oft hast du schon daran gedacht, dich um deine Herzensangelegenheiten zu kümmern. Du lebst meine Bedürfnisse nach einem lustvollen Leben, einem Leben in Liebe nicht! Das Gebilde in deiner Brust in eine Warnung, ein Hinweis, an dem du nicht vorbeikommst.« Sie weiß, dass ihr Leben mit Arbeit gefüllt ist und mit Enttäuschung aus vergangenen Liebesbeziehungen, Trauer, Trotz und Abwehr gegen Liebe und Intimität; ein Überleben, das durch die Arbeit belebt ist. Die Frau ist total wütend auf ihr Herz, will seine Beschwerde nicht akzeptieren, sie ist empört über den Druck und die Angst, die das Gebilde in der Brust in ihr hervorruft. Sie fragt das Herz zähneknirschend: »Kannst du beeinflussen, dass der Knoten sich zurückbildet?« »Ja«, antwortet das Herz. »Zeige es mir«, fordert sie misstrauisch. Sie kann zusehen, wie das Herz das Gebilde mit dem Embryo darin in sich hineinzieht, es in sich aufnimmt. In dem Herz angelangt, verwandelt sich der Vampir-Embryo in ein freundliches, zufriedenes Baby. Sie staunt, ist aber immer noch zornig über die Angst und den Druck, dem sie sich ausgesetzt fühlt: »Ich bin wütend.« Sie und ihr Herz stehen sich gegenüber in einer Konfrontation. »Was muss ich tun?«, fragt sie voll Zorn. Das Herz zählt ihr als Antwort seine Bedürfnisse auf: erstens Dinge tun, die sie/das Herz erfreuen und amüsieren, zweitens lieben, drittens sich bewegen. Immer noch voll Widerstand, verspricht sie, diese für sie wie harte Bedingungen wirkenden Bedürfnisse des Herzens wenigstens zu bedenken. Wütend verabschiedet sie sich von dem Herz und geht.

Die weitere gynäkologische Untersuchung der Brust ergab, dass sich eine mit Flüssigkeit gefüllte Zyste gebildet hatte. Die Frau änderte ihr Leben, indem sie sich neue Lebensbereiche eröffnete, wie ihr das Herz »befohlen« hatte. Das Tanzen wurde ihre neue Leidenschaft, in ihrem Arbeitsbereich gab sie Kunst und Kreativität Raum, und sie begann sich ausführlich um ihre »Liebesangelegenheiten« zu kümmern.

In der nächsten, der *dritten Stufe* des Kontakts »gehen« die Frauen noch näher an und in die Körpergebilde und -bereiche, berühren sie in ihrer Vorstellung mit ihren Händen – stets vorsichtig, auf Grenzen achtend. Frauen berichten manchmal völlig neutral und sachlich von den schlimmen Bildern, die sie in ihrem Körperinneren wahrnehmen. Der Abstand zu diesen Bildern – eingehalten vielleicht aus Schutzbedürfnissen oder Angst – erzeugt gefühlsmäßige Neutralität. Beispielsweise hatte eine dreißigjährige Frau seit ihrer Pubertät akneähnliche Pickel am Kinn. In der Analytischen Visualisierung schlüpfte sie durch die Haut, die am Kinn symbolisch Bergkristalle zum Schutz aufgebaut hatte. Dahinter sah die Frau eine Folterkammer; sie konnte von weitem betrachten, was dort passierte, sie brauchte sich dem Grauen nicht gefühlsmäßig zu nähern. Dieses Bild war als Information auch völlig ausreichend, denn dadurch fühlte sich die Frau in ihrer Vermutung bestätigt, in der Kindheit sexueller Gewalt ausgesetzt gewesen zu sein, und begab sich in Therapie.

Wenn die Frauen sich in den inneren Bildern den problematischen Körperlandschaftsstellen nähern, werden vielfältige Gefühle spürbar: Isolation, Trauer, Distanziertheit, Aggression, Todesangst, Unsicherheiten, Enge, Bedrohung, Auflösung, Hoffnungslosigkeit, Resignation usw. Je näher die Frau einem Beschwerdedruck oder -organ kommt, umso deutlicher wahrnehmbar werden auch die Gefühle, die in diesen Bereich eingebunden sind, wie »eingewoben«. Diese Gefühle werden durch Nähe, in diesem Kontakt erweckt. Wenn sie die bildhaften Körperrealitäten berührt, macht die Frau durch diese Berührung sich selbst berührbar. Indem sie sich den kranken, abgelehnten, ekligen, bedrohlichen Teilen in ihrem Körperinneren zuwendet, öffnet sie sich ihnen gegenüber, lässt einen Kontakt zu.

Ein weiteres Beispiel möchte ich Ihnen dazu berichten: Eine Frau mit diagnostizierten Krebszellen an einem Eierstock kam in der Analytischen Visualisierung diesem Eierstock näher. Das innere Bild des Eierstocks war das eines weiß-gelblichen, ausgebuchteten Ballens, der ein rotes Hütchen wie eine Warnleuchte trug. Diese Warnleuchte blinkte ununterbrochen. Je näher die Frau in Kontakt mit dem Eierstock trat, also sich auf ihn zubewegte, umso deutlicher entstand eine Intensität in der Atmosphäre: Einsamkeit. Der Eierstock schwebte in einem dunklen, kalten Raum, wie in einem All, und mit seinem Warnlicht signalisierte er seine Suche nach Hilfe und Kontakt. Aber da war nichts und niemand, und diese klirrend-kalte Einsamkeit erlebte nicht nur die Frau selbst, sondern dieses Gefühl war auch für mich als Begleiterin spürbar.

Die Annäherung ist also der Beginn, um das Abgespaltene, die verdrängten Erlebnisse und innerlichen Nöte wieder ins Bewusstsein kommen zu lassen. Vielleicht zunächst nur kurz, aber der neue Kontakt ist damit zu Stande gekommen, als Voraussetzung für eine später mögliche, umfassendere Annahme im Lebensalltag.

In der *vierten Kontaktstufe* kann sich eine Frau auch in Körperbereiche hineinversetzen, vergleichbar mit einer Schauspielerin, die in eine Rolle hineinschlüpft und zu einer anderen Person »wird«. So können die Frauen direkt als Körperteil die Gefühle, Nöte und Bedürfnisse des Körpers, also die Anliegen des Körperorgans oder -bereiches spüren: den Ärger des Herzens oder die ständige Anspannung und Überforderung von Schleimhäuten, oder die Trauer, die in einem Körpergebilde seit vielen Jahren aufgehoben wird. Des Weiteren können die Körperteile auch detaillierte, biologisch-korrekte Informationen über Krankheitsprozesse geben: Beispielsweise berichtete die Schilddrüse einer Frau, dass sie von etwas angegriffen werde, das mit dem Blut komme, konnte aber nicht begreiflich benennen, was es war. Interessant ist dieses Bild angesichts der Erkenntnis medizinischer Forschungen, dass es sich bei Schilddrüsenüberfunktion auch um eine Autoimmunerkrankung handeln kann, das bedeutet, dass Antikörper gegen körpereigenes Gewebe gebildet werden und dieses dann »angreifen«.

Die Körperorgane können sogar bei bevorstehenden Operationen zu ihrer Meinung befragt werden. Dies mag Ihnen vielleicht unvorstellbar, ja verrückt erscheinen, und doch ist es nur in unserer heutigen Kultur ungewohnt, dass die einzelnen Körperorgane von ihrem Innenleben erzählen und Hinweise für gesundheitsförderliche Schritte vermitteln können.

Ich denke, es ist eine alte Methode, auf diese Art und Weise das Körperinnere zu erkunden und kennen zu lernen.

Am Schluss der Analytischen Visualisierung gibt es eine Phase, in der der Körper erzählt, was die erkrankte Stelle braucht, was fehlt. Selbst nach den langjährigen Erfahrungen in der Selbstheilungsberatung erstaunt es mich immer wieder, dass die vielen verschiedenen Körperlandschaften so ähnlich lautende Grundbedürfnisse haben: Beachtung und liebevolle Zuwendung stehen dabei an erster Stelle, Wärme folgt sofort danach als wichtigstes Grundbedürfnis. Die Organe erzählen über das Lebensnotwendige, und es ist die Verantwortung der Frau, dies ernst zu nehmen: auf dieses Körperwissen zu antworten, Stellung zu beziehen, Abmachungen zu treffen, Frieden zu schließen … Hier liegen Eigenverantwortung und Heilsamkeit.

Ein Handlungsschritt kann die Visualisierung von heilsamen inneren Bildern sein. Im Bild der Körperlandschaft wäre das der Abschluss des bewussten Kontaktes zwischen der Landschaft und ihrer Hüterin. Die Frau kann eine innere Vorstellung entstehen lassen, die die harmonisierenden und heilsamen Wandlungen in dem betroffenen Bereich zeigt. Wie in einem Film kann die Hüterin beobachten, welche körperlichen Abläufe in einer heilsamen Entwicklung enthalten sind und passieren können. Diese Bilder sind dann Teil einer so genannten Heilsamen Visualisierung. Hier ein solches Beispiel von einer Frau, die im Kontakt zu ihrem Körper ein rheumatisches Gelenk genauer angeschaut und untersucht hat. Sie hat die folgenden inneren Bilder in ihrer Vorstellung selbst entwickelt, es ist ihre eigene Sichtweise eines heilsamen Prozesses in ihrem Körper, aus denen ich dann eine Visualisierungsanleitung für sie formuliert habe.

Nun kannst du wieder hineinschauen in das Körperinnere... Du siehst deine Knochen, die Umgebung deiner Knochen ... Dann stell dir vor, du tust einen Schritt und gehst in das Bild hinein ... Du richtest deine Aufmerksamkeit auf deinen Knochen; du gehst zu dem Knochen hin ... und wenn du vor dem Knochen angelangt bist, dann schaust du dir diese Stelle wieder genau an ... Du nimmst diese Stelle wieder mit all deinen Sinnen wahr: Du kannst sehen, riechen, hören, die Atmosphäre merken... mit deinen Händen fühlen, ganz sanft... Lege jetzt deine Hände an den Knochen und seine Umgebung... und dann wirst du den heilsamen Prozess beobachten können: Die Umgebung der Knochen schwillt ab, wird dünner, so als würde Luft abgelassen. ...Eine geleeartige Flüssigkeit fließt um den Knochen herum... und der Knochen wird von allen Seiten mit dieser Flüssigkeit abgepolstert. Ganz sanft und warm umströmt diese Flüssigkeit die Knochen und die Bänder ... Es ist wie eine puffernde Masse als Schutz. Und der Knochen oder die Knochen scheinen wie in dieser geleeartigen Flüssigkeit zu schwimmen... Genieße diesen Wandel. Nun verabschiede dich vorerst von dieser Stelle und komme dann mit einem tiefen Atemzug heraus aus dem Körperbild...

Nun ist es Zeit, Abschied zu nehmen von der Körperlandschaft: Die Hüterin der Landschaft verlässt diese, und zum Abschied stellt sie sich eine Vision vor, die sie in ihrem Lebensalltag heil und gesund zeigt »... und zwar in deinem Sinne heil und gesund«.

Aus den Forschungen über die Zusammenhänge zwischen Krebs und Psyche ist bekannt, wie wichtig für die Stärkung von Selbstheilungskraft die Entwicklung einer freudvollen Vi sion für die Zukunft ist. In seinem empfehlenswerten Buch »Diagnose Krebs, Krise und Wendepunkt« belegt der Psychologe Larry Leshan mit Beispielen aus seiner Praxis, dass Menschen innerlich eine Perspektive entwickeln müssen, für die es sich lohnt zu leben, innerlich Ja zum Leben zu sagen. Solche zukunftsweisenden Vorstellungen wirken kräftigend und sind Bestandteil der gesundheitsförderlichen Selbsthilfeschritte. In dem obigen Beispiel entwickelte die Frau folgendes Bild von sich: »Es ist eine Frau, die sich ganz leicht bewegt, mit weichen Konturen... durchlässigen Konturen. Sie streicht sich mit ihren Händen über den Kopf... es ist eine schützende Geste... und eine erotische... schützend und erotisch zugleich. Eine erotische Frau, die zu ihrer Erotik steht und sich damit zeigt... sexy...«

Mit der Erfindung dieser heilsamen inneren Bilder und Visionen endet die Analytische Visualisierung. Resultat dieses Kontaktes zur Körperlandschaft ist in der Regel ein erweitertes Verständnis für das Zusammenwirken von Körper und Psyche. Die Eigenverantwortlichkeit darin zu entdecken beinhaltet, im Dialog mit dem Körperinneren Hinweise und Anregungen zu bekommen, die für eine gesundheitsförderliche Alltagsgestaltung notwendig sind. Völlig neue Ideen entspringen dieser Visualisierungserfahrung, sodass die Frauen meist erstaunt realisieren, wie weise ihr Körper, wie groß und umfassend ihr eigenes inneres Wissen ist. Eigenverantwortung wird nicht als Schuldzuweisung erlebt – auch wenn sich die Organe »beschweren« –, sondern die Visualisierung macht verantwortliches Handeln attraktiv: Es ist einfach faszinierend, vom eigenen Körper mitgeteilt zu bekommen, welche Bedürfnisse er hat, was ihm fehlt und welche Zukunft er für sein Körperleben in Form von inneren Bildern kreieren kann.

Organaufstellungen

Ich möchte Ihnen abschließend noch eine weitere Möglichkeit von Selbstheilungsarbeit für die Arbeit mit Gruppen vorstellen. Diese Methodik, die ich Organaufstellung nenne, ist eine Variationsmöglichkeit der Analytischen Visualisierung. Die Vorgehensweise besteht darin, dass bei der Erkundung eines speziellen Körperbereichs oder -organs mehrere Gruppenteilnehmerinnen mit einbezogen werden, um die Dynamik und Thematik von Körperzuständen bewusst und nachvollziehbar zu machen. Bei der Organaufstellung werden bestimmte »Schlüsselbilder« aus der Körpererkundungs-Visualisierung einer betroffenen Frau mithilfe der Gruppe »aufgestellt«, sodass das Körperinnere im Außen als Skulptur nachgebildet wird. Eine an Endometriose erkrankte Frau arrangiert beispielsweise eine Skulptur, in der drei Frauen ihre Gebärmutter darstellen, zwei weitere Frauen Eileiter und Eierstock, und noch zwei andere Frauen einen Endometrioseherd mit Verwachsungen. Die Methode funktioniert ähnlich wie im Psychodrama oder auch bei Familienaufstellungen (systemische Familientherapie): Die »Organ-Frauen« werden als Stellvertreterinnen in die Dynamik des Körpergeschehens hineingestellt, können diese nachempfinden und ausdrücken. Die inneren Körperverhältnisse sind auf diese Weise im Außen sichtbar reproduziert worden, und die erkrankte Frau hat nun vielfältige Möglichkeiten, diese Körperskulptur zu erkunden: Sie kann die Organe/Frauen befragen, sie kann sich selbst für eine Weile an die Position des Endometriose-Herds stellen und die dortigen Qualitäten empfinden. Die Frau kann verschiedene Lösungswege ausprobieren, sich diese vorspielen lassen und dann Rückmeldung bekommen von den Organdarstellerinnen.

5

Der Trauer einen Platz im Leben geben – Selbstheilungsarbeit und Trauerprozesse

Den wichtigen Verbindungen zwischen Krankheit und Trauer habe ich ein eigenes Kapitel gewidmet, denn ein Selbstheilungsprozess geht stets einher mit dem Erleben von Trauer. Anders ausgedrückt: Ohne das Erleben und Durchstehen von Trauerprozessen ist keine Aktivierung von körpereigener Selbstheilungskraft möglich. Trauer, oder präziser gesagt das Trauern, ist das Erleben und der Verarbeitungsprozess von Fehlendem und Verlust. Trauer wird hier also nicht nur im üblichen Sinne als eine Reaktionsweise auf den Tod eines Menschen verstanden, vielmehr sind die alltäglichen Verluste im Leben als »kleine Tode« Anlass und Auslöser von Trauerprozessen. Das Verarbeiten von Verlusterlebnissen, das Trauern, geschieht in einem Prozess, der verschiedene unterscheidbare Phasen beinhaltet. Die Psychologin Verena Kast und andere Experten aus der Sterbe- und Trauerbegleitung haben die Emotionen und Strukturen von Trauerprozessen erforscht und die Merkmale der verschiedenen Trauerphasen beschrieben. Gefühle der Trauer sind nicht nur beschränkt auf das Erleben von Traurigkeit, sondern können sich auch in Form von Groll, Schuldgefühlen, Einsamkeit, Verzweiflung usw. ausdrücken. Die einzelnen Trauerphasen werden nicht in einer schematischen Abfolge durchlebt, sondern sie entwickeln sich zyklisch; die Phasen wechseln, können sich auch wiederholen, neu entstehen und sich dann wieder wandeln.

Verena Kast unterscheidet diese Qualitäten in ihrem Buch *Trauern* wie folgt:

- die Phase des Nicht-Wahrhaben-Wollens
- die Phase der aufbrechenden Emotionen
- die Phase des Suchens, Findens und Sich-Trennens
- die Phase des neuen Selbst- und Weltbezugs

Krankheit ist eine Dimension, in der der Körper an diesem Trauergeschehen beteiligt ist, und die körperlichen Prozesse sind in vielfältiger Weise mit Trauerprozessen verwoben. In diesem Kapitel geht es mir darum, die Verbundenheit von Trauerprozessen und dem Krankheitsgeschehen aufzuzeigen. Das bedeutet nicht, dass Trauerprozesse automatisch Erkrankungen nach sich ziehen. Die Betrachtung dieser Zusammenhänge hat sich für mich aus meiner Arbeit in der Selbstheilungsberatung entwickelt. Auch die Wegstationen der Methode Wildwuchs verlaufen ähnlich den Phasen des Trauerns:

1. Die Phase des Nicht-wahrhaben-Wollens

In der ersten Phase in einem Trauerprozess wird der Verlust, der Tod, nicht als real erlebt, sondern der Trauernde steht wie unter Schock; das Ereignis wird von dem verlassenen Menschen emotional nicht erlebt. Die Frauen, die in die Selbstheilungsberatung kommen, befinden sich bezüglich ihrer Erkrankung meist am Ende dieser ersten Phase, im Übergang zu der zweiten Phase. In der Visualisierung Körpererkundung stellen sich die Frauen der Realität ihrer Erkrankung, sie schauen sich an, was ihnen durch die Krankheit in ihrem Körper widerfahren ist. Das Nicht-wahrhaben-Wollen bestimmter Teilaspekte eines Krankheitsgeschehens kann signalisiert werden durch Einschlafen, durch undeutliche Bilder oder durch schnelle, flüchtige Fortbewegung in der Körperwahrnehmung, durch großen Abstand zu den Körperorganen usw.

2. Die Phase der aufbrechenden Emotionen

Dieser Schritt im Trauerprozess wird eingeleitet mit der Analytischen Visualisierung: Die sinnliche Wahrnehmung aller Körperzustände, der Kontakt und auch Dialog mit den Körper- und Krankheitsgebilden bewirkt die Belebung der gebundenen Erinnerungen und entsprechenden Gefühle. In dieser Visualisierung bricht das »Chaos« aus, es werden Gefühlszustände entdeckt, die die Frauen vor sich selbst und anderen versteckt hielten. Zorn, Wut, Traurigkeit, Resignation, Symbiosewünsche, Verlustängste – alle Gefühlsfacetten können im Körper durch die Annäherung an die Erkrankung mithilfe der Visualisierung aufgespürt und wieder belebt werden.

3. Die Phase des Suchens, Findens und Sich-Trennens

Diese Phase ist im Trauerprozess ein Kontakt und ein erneuter Abschied zum Verlorenen; sie findet sich in der Methode Wildwuchs in dem Bereich der »Heilsamen Visualisierung« wieder. Im Trauerprozess gehen Menschen auf die Suche nach der verlorenen Person, erinnern sich an die Gemeinsamkeiten, an die Gewohnheiten. Die Hinterbliebenen beleben in ihrer Phantasie noch einmal die Lebensqualitäten, die sie mit den Verstorbenen geteilt haben. In der Visualisierungsarbeit wird innerhalb der Analytischen Visualisierung zunächst der erkrankte und problematische Körperbereich wieder erinnert: Die Frau stellt ihn sich genau vor, sinnlich in allen Qualitäten, und lässt dann in ihrer bildlichen Vorstellung die Erkrankung gehen, verschwinden. Das ist der Prozess des »Suchens, Findens und Sich-wieder-Trennens«.

In den ersten Jahren der Selbsthilfeberatung habe ich großen Wert darauf gelegt, die Erkrankung anzunehmen, und zwar in dem Sinne, dass Frauen ihre Erkrankung zunächst einmal betrachten und nicht sofort »wegmachen«. Krankheit will niemand, Krankheit ist unangenehm und lästig bis tödlich. Diese in der Gesellschaft verbreitete Abwehrhaltung ist sicherlich verständlich, aber für eine gesundheitsförderliche Auseinandersetzung mit der Erkrankung muss der betreffenden Körpersymptomatik zunächst einmal Zeit und Raum im Leben gegeben werden. Das ist der erste, zunächst richtige Grundsatz. In späteren Jahren, und besonders durch die Fortbildung bei Jeanne Achterberg, hat sich die Ausrichtung in den heilsamen Visualisierungen dahingehend verschoben, dass das Verschwinden der als krank bezeichneten Körperzustände genauestens erarbeitet wurde: Es waren der Abschied von der Erkrankung selbst und das »Sichtrennen« von dem Körpersymptom, die in der Visualisierung nun die größere Wichtigkeit erhielten.

4. *Die Phase des neuen Selbst- und Weltbezugs*
Der neue Selbst- und Weltbezug schließt den Trauerprozess ab, wenn die Trauernden einen neuen Lebenssinn mit neuen Lebenszielen für sich entwickeln. Das, was sie im Zusammenleben mit dem Verstorbenen an Qualitäten geschätzt haben, und das, was der Verstorbene in ihnen »herausgeliebt« hat, ist nun Bestandteil des eigenen Lebens und steht in neuer Art und Weise dem eigenen Selbst zur Verfügung. Das Schaffen eines solchen neuen Selbst- und Weltbezugs beschließt auch den Selbstheilungsprozess nach der Methode Wildwuchs: Die Frauen entwickeln ein Bild von sich als »heiler und gesunder

Person« als Abschluss der Analytischen Visualisierung, und in der letzten inneren Reise, der Visualisierung zum ersten Lösungs- oder Heilungsschritt finden die Frauen neue Lebensqualitäten, die sie in ihren Lebensalltag als Selbsthilfeschritte einbringen können. (Diese letzte Visualisierung wird im nächsten Kapitel vorgestellt.)

In den verschiedenen Visualisierungstechniken der Methode Wildwuchs wird zudem immer wieder das Abschiednehmen in den Blick der Frau gerückt: Vor jedem Wechsel zu einem neuen Ort im Körper verabschiedet sich die Frau ausdrücklich von dem gegenwärtig betrachteten Körperorgan oder -bereich; oder auch zum Ende jeder inneren Reise erfolgt ein Abschied von der Welt der Bilder, bevor der Wechsel in das Alltagsbewusstsein stattfindet. So verstärkt die Visualisierung den bewussten Umgang mit Abschieden. Die Art und Weise, wie diese inneren Abschiede vollzogen werden, kann außerdem Hinweise über das eigene Verhältnis zu den Abschieden im Leben geben.

Die Zusammenhänge von Krankheit und Trauer sollen hier in ihrer Bedeutung für die Selbsthilfearbeit betrachtet werden. Für Frauen mit Frauenerkrankungen sind insbesondere die folgenden vier Aspekte beachtenswert, um gesundheitsförderliche Hinweise im Krankheitsgeschehen aufzuspüren. Diese Aspekte treten in der Beratung immer wieder auf und scheinen zentral zu sein, sodass sie hier in ihrer Relevanz für das Körperleben beachtet und untersucht werden:
– In der Krankheitssymptomatik bewahrt der Körper Erinnerungen an Verluste und an das Fehlende auf.
– Krankheit kann eine Antwort auf Verluste von Altem in Umbruchszeiten sowie in Krisensituationen sein.

– Die Erkrankung ist Auslöser für Trauerprozesse.
– Krankheit ist Ausdruck von Körpertrauer.
Wir werden diese vier Aspekte nun einzeln betrachten und dabei ihrer Bedeutung für Selbstheilungsarbeit nachgehen.

1. *In der Krankheitssymptomatik bewahrt der Körper Erinnerungen an Verluste und an das Fehlende auf.*
Frauenerkrankungen speichern in ihren Symptomen die Erinnerungen an die »Tode« im Leben, an Verletzungen und Trennungen, also an die Verluste. Im vorherigen Kapitel wurde das Beispiel von einer Frau beschrieben, die in ihrem gutartigen Tumor die Trauer über die lange Jahre zurückliegende Trennung von ihrer Lebenspartnerschaft wieder gefunden hatte. Sie konnte während und nach der Trennung den Verlust der Partnerschaft nicht verarbeiten, nicht den ganzen Trauerprozess durchlaufen, und so bewahrte ihr Körper diesen Traueranlass für sie auf. In den Einzelberatungen taucht auch häufig das Phänomen auf, dass der Körper in seinen Symptomen Erinnerungen an sexuelle Gewalterlebnisse gespeichert hat. Knoten in der Brust oder auch gutartige Gebilde im Schoß oder verschiedene Hauterkrankungen – all dies können Körpersymptome sein, die die Erinnerung an die Gewalterfahrung wie »eingehüllt« konservieren. In der Erkundung von Schilddrüsenerkrankungen erinnern die Frauen oft Erlebnisse von Gewalt aus der Kriegszeit oder auch indirekte Gewalterfahrungen wie einen Suizid in der Familie. Dann gibt es noch das Phänomen, dass Frauen in ihren körperlichen Beschwerden die Gewalterfahrungen ihrer Ahninnen wiederholen: Zum Beispiel bekommen sie im selben Alter wie ihre Mutter Magengeschwüre oder Leberbeschwerden; oder sie sehen in den inneren Bildern, dass sie das Schwarze, die Trauer ihrer Mutter aufbewahren. In einer Familienaufstellung war die Bewah-

rung dieser Tradition auch sehr anschaulich bei einer Frau zu sehen, deren Schmerzen im Schoß an die Vergewaltigung der Großmutter durch russische Besatzer erinnerten.

Es scheint so, dass der Körper schlimme Erlebnisse von Frauen gleichsam in Verwahrung nimmt und ihnen so die Möglichkeit des Weiterlebens sichert. Gleichzeitig wird vom Körper auch die damit verbundene Trauer aufbewahrt: Trauer über den Verlust von Menschen, von Vertrauen, von Lebensperspektiven und -träumen oder Trauer über den Verlust von körperlicher Unversehrtheit und Gesundheit, von Selbstachtung und Würde, von Heimatgefühl und Verbundenheit mit Menschen. Die »Erfahrungen der Hölle« sind für die Frauen vielleicht nicht zu verkraften gewesen, sodass diese Erlebnisse zunächst aus dem Bewusstsein verdrängt, abgespalten werden mussten. Aus der therapeutischen Arbeit mit traumatisierten Frauen ist inzwischen bekannt, wie bedrohlich das Wiederentdecken solcher existenziellen Erfahrungen erlebt wird. Die Erinnerung und Verarbeitung dieser dunklen Zeiten kann nur schrittweise bewusst gemacht und durchlebt werden. Krankheit kann für Frauen tatsächlich eine Möglichkeit sein, durch Abspaltung des Traumas die psychische Balance aufrechtzuerhalten und das Weiterleben zu garantieren.

2. Krankheit kann eine Antwort auf Verluste von Altem in Umbruchszeiten sowie in Krisensituationen sein.
Krisensituationen im Leben von Frauen entstehen an Entwicklungsschwellen und Bruchstellen in der Biografie. Es sind Zeiten von Umbrüchen und Veränderungen im Leben, ob sie nun als positiv, wie vielleicht eine Heirat, oder eher als negativ, wie beispielsweise ein Arbeitsplatzverlust, empfunden werden. In diesen Wandlungsphasen, wenn die alte Lebensweise unwiderruflich zu sterben beginnt und das Neue sich

noch nicht als künftiger Lebensraum verdeutlicht hat, kann der Körper mit der Ausbildung von Krankheitssymptomen antworten und richtungsweisend sein. Es sind Zeiten von »unsortierten« Lebensweisen, ein manchmal länger anhaltendes (emotionales) Chaos und ein Gemisch aus Noch-nicht-Beendetem und zaghaft aufblitzendem Neuem, Zeiten von Unsicherheit und Verunsicherung, die mit Angst einhergehen und Menschen in ihrer Wandlungskraft herausfordern. Erfahrungen aus umfangreichen psychosomatischen Forschungen belegen, dass solche Krisen körperliche Stressreaktionen zur Folge haben können.

In meiner Beratungspraxis habe ich beobachtet, dass beispielsweise das Auftreten von Endometriose in Zusammenhang mit einem krisenhaften Umbruch im Beziehungsleben steht. Diese Erkrankung macht sich meistens in einem Zeitraum von bis zu zwei Jahren nach einer Trennung aus einer Partnerschaft oder einer anderen wichtigen Beziehung schmerzhaft bemerkbar.

Eine andere Erkenntnis aus der Beratungsarbeit ist, dass Zysten oftmals in Verbindung mit einer inneren Lebenskrise stehen, die durch Abtreibungen oder auch durch Fehlgeburten hervorgerufen wird. Das Trauern über den Tod ihres Kindes, zumal wenn er durch eine Abtreibung selbst herbeigeführt wurde, ist für Frauen kaum möglich. Dies ist ein wichtiger Punkt: Bei allen bewusst getroffenen Entscheidungen gerät der Aspekt des Verlustes und damit die »Berechtigung« zu trauern oft nicht in den Blick. Eine Frau, die ihren Partner wegen einer neuen Liebe verlässt, gesteht sich schwerlich zu, dass auch sie einen Verlust erlebt, der an Anlass für Trauer ist. Eine bewusste Entscheidung für eine Abtreibung verwehrt oftmals Frauen, Verlust und Trauer realisieren zu dürfen. Es ist der Verlust eines möglichen neuen Lebewesens, einer möglichen Lebensweise als Mutter oder auch der Verlust eigener Moralvorstellungen. In unserer Kultur sind Abtreibungseingriffe so wenig akzeptiert, dass ein angemessenes Trauern meist nicht stattfindet. Im Gegenteil, Abtreibungen werden immer noch weitgehend verheimlicht, von gesellschaftlichen Gruppen bekämpft und moralisch geächtet. Ich kenne nur wenige Frauen, die sich die Freiheit genommen haben, eine Abschieds- und Gedenkfeierlichkeit für ihr abgetriebenes Kind zu zelebrieren, was bedeutet, auch diesen Tod zu achten. Ebenso bleibt der Verlust eines Kindes von Früh- und Fehlgeburten in einem gesellschaftlich unsichtbaren, nicht öffentlichen Raum. Oft heißt es: »Es war ja erst in der vierten oder fünften Woche«, und damit ist der Tod des Kindes scheinbar nicht so wesentlich. Bei Fehlgeburten in den fortgeschrittenen Schwangerschaftsmonaten ist das Nicht-wahrhaben-Wollen die normale, gesellschaftlich übliche Reaktion, so als wäre es noch gar kein »richtiges Kind« gewesen. Für die betroffenen Frauen bedeutet dies, dass der Verlust ihres Kindes und somit der Verlust einer möglichen Zukunft als Mutter, der Verlust von einer Lebensweise mit Kindern, nicht sichtbar betrauert und daher nicht ausreichend verarbeitet werden können. Der Körper reagiert auf seine Weise: Er schafft ein inneres Gleichgewicht durch die Erkrankung und bildet ein Symptom als Reaktion auf diese lebensfeindliche Umgangsweise mit Krisen.

Rückenbeschwerden sind ein weiteres typisches Frauenleiden, das oft eine körperliche Reaktion auf berufliche Unzumutbarkeiten darstellt und einen Wandel der bisherigen Selbstverständlichkeiten herausfordert. Hierzu erzählt eine Frau: »Ich war gerade 28 Jahre alt, als ich aufgrund einer Wirbelsäulenerkrankung mit Operation aus meinem Berufsleben gerissen wurde. Ich hatte als Stadtfürsorgerin im Außendienst gearbeitet, bis mein Körper streikte. Heute kann ich es so sehen: mein Körper verweigerte mir den Dienst, stellte mich kalt, zwang mich zur Ruhe.«

Myome machen sich in den Zeiten bemerkbar, in denen die Frau sich den Fragen ihres Frauseins, den Fragen nach ihrer weiblichen Kreativität und Potenz zu stellen hat. Auch wenn Myome schon Jahre zuvor diagnostiziert worden waren, bekommen sie doch in Zeiten innerer Krisen und Lebenssinnfragen neues Gewicht: »Was macht mein Frausein aus, wie beantworte ich die Kinderfrage für mein Leben? Was ist denn meine weibliche Kreativität, was meine Weiblichkeit, wenn ich keine Kinder gebäre? Was bin ich dann als Frau, wozu sind dann meine weiblichen Organe gut? Wie und was kann ich denn dann ›fortpflanzen‹?« Dies sind die Fragen, die den Abschied von alten Vorstellungen vom Frausein und Muttersein in sich bergen und damit auch den Abschied von den gewohnten Lebensweisen.

Frauen, deren Schilddrüse plötzlich Beschwerden zeigt, befinden sich oft in Umbruchzeiten, in denen alte, existenzielle Ängste innerlich aktiviert werden. Von außen gesehen, handelt es sich bei diesen Veränderungen nicht unbedingt um gravierende oder dramatische. Es sind mehr die innerlichen Ausrichtungen auf eine neue Lebensperspektive, die leisen, stillen, tiefen Verschiebungen; innerlich herrscht dann die Angst vor Kontrollverlust über die körperliche und geistige Unversehrtheit. Dabei werden häufig Erinnerungen an traumatische Situationen angerührt, die Todesängste auslösen und die Schilddrüse in ihrer Funktion der Existenzsicherung aktivieren. Das kann beispielsweise der Fall sein, wenn es darum geht, sich als Frau an einem neuen Arbeitsplatz im männlich dominierten Umfeld auch mit Gefühlen zu zeigen, oder als Frau in der Öffentlichkeit mit voller Kompetenz aufzutreten entgegen der

Familientradition, »klein und bescheiden« zu leben; oder zur eigenen Bi-Sexualität zu stehen, mit der Angst, den Ehemann zu verlieren.

3. Die Erkrankung ist Auslöser für Trauerprozesse.
Krank zu werden, besonders bei Erkrankungen mit massiven körperlichen und therapeutischen Konsequenzen, bedeutet schon für sich einen Trauerfall im Leben von Menschen, nämlich den Verlust von gewohnter Gesundheit und Vitalität, eventuell von Autonomie, Lebensplänen etc. Verschiedene Aspekte von Krankheit können Auslöser für Trauerprozesse sein: Zum einen ist es für Menschen in der Regel schon schwierig auszuhalten, dass der Körper nicht mehr gesund ist, nicht wie gewohnt funktioniert. »Ich bin richtig wütend auf meinen Körper, dass er mir solche Schwierigkeiten bereitet«, formulierte es eine Frau im Vorgespräch. Für Frauen, die meist grundlegend ein problematisches Verhältnis zu ihrem Körper haben, bedeutet das Nicht-Funktionieren des Körpers oftmals eine Kränkung ihres Selbstwertes, ein Myom oder Zyklusstörungen zum Beispiel bestätigen die »Anfälligkeit von Dem-da-Unten« und lassen die Tabuisierung der weiblichen Körperlichkeit stärker und unangenehm spürbar werden. Hat der Körper größere Funktionsstörungen, und ist vielleicht die Erfüllung des Kinderwunsches verhindert, wird damit zugleich ein wichtiger Wert des Frauseins in Frage gestellt und eine ganze Lebensperspektive bedroht.

Der Verlust von weiblichen Organen wird ähnlich erlebt, nämlich als Einbuße von Selbstwert und Selbstbewusstsein. Offensichtlich und bekannt ist dies bei dem Verlust von sichtbarer Weiblichkeit, bei einer Brustamputation. Weniger sichtbar und doch tief greifend kann die Auswirkung bei dem Verlust von weiblichen Organen im Schoß sein: Der Verlust der

Gebärmutter stellt das gesamte Frausein in Frage, angefangen von dem Aspekt der Mutterschaft bis hin zu den sexuellen Empfindungsmöglichkeiten. Der Verlust der Eierstöcke ruft nicht nur das Gespenst einer lebenslangen Abhängigkeit von künstlichen Hormonen hervor, sondern berührt auch die Frage nach weiblicher Identität.

Ich selbst wurde mir wenige Jahre nach meiner Operation dieser Identitätsunsicherheit bewusst, als ich in einem Frauenseminar mit einem Mann konfrontiert wurde, der sich kurz zuvor zu einer Frau hatte umoperieren lassen. Mir ging der Gedanke durch den Kopf, »dass ja dieser Mann lebenslang Hormone nehmen müsse, um eine Frau zu sein, so wie ich eigentlich laut medizinischer Diagnose lebenslang Hormone nehmen müsste«. Dieser »Mann« hatte keine Menstruation, und als er ein Gedicht vorlas, in der er/sie seine/ihre Sehnsucht danach beschrieb, stürzte ich in Tränen aufgelöst aus den Raum: Ich hatte ja auch keine Menstruation, seitdem ich die Hormone abgesetzt hatte, und wurde durch dieses Erlebnis an den Verlust von diesem Teil meines Körpererlebens erinnert. Was war ich denn, eine Frau ... wie ein umoperierter Mann? Das waren schmerzliche Fragen.

Ein anderer traumatischer Aspekt von Krankheit ist für viele Frauen das Erlebnis einer Operation. Der Eingriff in den Körper ist sicher für alle Menschen eine angstbesetzte und schmerzhafte Erfahrung; eine Operation bedeutet immer den endgültigen Verlust von körperlicher Unversehrtheit. Für Frauen, z. B. mit sexuellen Gewalterfahrungen, kann eine Operation, auch wenn sie ihr Einverständnis gegeben haben, auf der emotionalen Ebene als eine Wiederholung von Ohnmachts- und Übergrifferlebnissen empfunden werden.

Krankheit als Störung, als Nicht-Funktionieren des Körpers konfrontiert uns immer mit dem Verlust von Kontrolle in unserem Leben. Wir mögen es als Menschen selten, wenn wir unser Leben nicht mehr »in der Hand« haben, wenn wir nicht bestimmen können, was und wie uns etwas passiert. Krankheit erinnert an die Endlichkeit von Gesundheit, von gewohntem Alltag, von selbstverständlichem Aussehen, von Bewegungsfähigkeit. Letztlich lässt Krankheit uns an unsere Sterblichkeit denken und fragt nach unserem Glauben, nach unserem Vertrauen-Können in die Lebensprozesse.

4. Krankheit ist Ausdruck von Körpertrauer.
Als letzten Aspekt will ich über einen Zusammenhang von Krankheit und Trauer schreiben, der mir sehr am Herzen liegt und noch wenig bekannt ist; es ist eine Art von Trauer, die ich erst im Laufe der langjährigen Beratungsarbeit entdeckt habe. Es ist die Trauer des Körpers, die Trauer der Organe und Körperbereiche, die ihr Verlassen-Sein von der »Besitzerin« des Körpers betrauern. Der Körper trauert über den Verlust der Präsenz gegenüber der eigenen Körperlichkeit von Seiten der Frau. Ich nenne diesen Zustand *Körperverlassenheit*: Körperverlassenheit beinhaltet die Verachtung für den Körper, Hass auf den Körper, die Nichtbeachtung, fehlende Aufmerksamkeit und Vernachlässigung.

Dies ist ein Phänomen, das sich in der Beratungspraxis bei sehr vielen Frauen zeigt. Vielleicht sind Frauen als gesellschaftliche Gruppe nicht wirklich anwesend in ihrem Körper, nicht zu Hause darin, »bewohnen« ihn nicht mit ihrer Aufmerksamkeit und ihrem Bewusstsein oder nur teilweise. Die Körperorgane trauern auf ihre Art über dieses Verlassensein, ein von der »Besitzerin« verlassenes Sein: Die Schilddrüse schimpft, dass sie völlig überbeansprucht wird durch die ständige Überforderung durch ihre Besitzerin, das Herz fühlt sich nicht gesehen, missachtet, kalt. Die Brüste leben in dem Gefühl, nicht dazuzugehören, abgeschottet zu sein vom übrigen Körperleben. Fast alle Gebärmütter beschweren sich über die Nichtbeachtung, in der sie leben müssen. Die Lust der weiblichen Organe, ihr Spaß an Erotik und Ekstase, darf sich nicht ausdrücken, nicht lebendig werden. Die Füße schimpfen über ihre Vernachlässigung. Die Organe sagen, dass sie sich isoliert fühlen, nicht mit den anderen Organen oder dem gesamten Körper in einem Energiefluss sein können, nicht verbunden mit ihm sind. Die Organe sind traurig, wütend, hüllen sich in Schweigen, sind wie erstarrt, kalt, vertrocknet – und wünschen sich Licht, Nähe, Berührung, Wärme, freie Beweglichkeit und Aufmerksamkeit, vor allem Aufmerksamkeit!

Ich denke, das Phänomen der Körperverlassenheit ist Teil unserer Kultur, und besonders für Frauen ist diese Heimatlosigkeit im Körper Resultat und Bestandteil einer die weibliche Potenz reduzierenden gesellschaftlichen Ideologie. Durch meine Arbeit als soziotherapeutische Beraterin habe ich gelernt, mich als eine Art »Rechtsanwältin« für Körper und Krankheit zu engagieren. Aus dieser Perspektive habe ich die Betrachtung »Die Körperverlassenheit – ein Anlass zu kollektiver Trauer« geschrieben, die Sie am Ende dieses Buches (S. 244) finden. Es ist ein Ausflug in die Geschichte und gleichzeitig eine Streitschrift für die Achtung der weiblichen Körperlichkeit.

Selbstheilungsarbeit bedeutet eine Aktivierung von Trauer: Es ist ein Sich-hinein-Begeben in Trauerprozesse und auch ein freiwilliges Initiieren von Verlust und Tod alter Lebensweisen. Zunächst einmal werden durch eine Selbstheilungsberatung alte, nicht zu Ende geführte Trauerprozesse wieder belebt. Das geschieht durch die Kontaktaufnahme zu der im Körper aufbewahrten Trauer, so wie die Methode Wildwuchs es in ihren Visualisierungen anleitet. Die Analytische Visualisierung zum Beispiel intensiviert den Kontakt mit den Orten der Beschwerde, mit den erkrankten Körperorganen oder -bereichen, und deshalb kommt die Frau in Berührung mit der eingeschlossenen, in ihrem Körper gespeicherten Trauer. Die Distanz zu dem erkrankten oder »unliebsamen« Organ kann in der Visualisierung verringert werden, die Frau begibt sich mit ihrer Vorstellung in den Raum der Distanz und Abtrennung hinein. Alte Gefühle – Wut, Angst, Scham, Misstrauen, Schmerz usw. – kann sie dann als Gefühle der Trauer neu spüren und durchleben. In den meisten Fällen sind es keine angenehmen Emotionen, aber dieses Gefühlsleben ist schon die Resonanz auf eine »Tuchfühlung« mit dem betroffenen Körperorgan oder -bereich. Kontaktlosigkeit und Abspaltung sind immer durch die Neutralität im Gefühlsleben erkennbar, dagegen bedeutet das Erleben von Gefühlen, seien sie nun negativ oder auch positiv, Mitgefühl. Und dieses Mitgefühl ist der Kontakt zum Körper.

Trauern, das Erleben von allen Gefühlen, die zu einer Trennung, einem Verlust und zu einem Tod gehören, ist die Kraft, die Verbindungen sichtbar werden lässt: Wenn eine Frau sich dem erkrankten Organ nähert, erzeugt das Trauern die Gewissheit der Verbundenheit. Die Gefühle zeigen die Nähe, das Mitgefühl mit dem »Abgelehnten« an –, indem sie trauert, erspürt die Frau ihre Organe und Körperbereiche. Und noch mehr: In diesem Trauerprozess werden auch die Auslöser der früheren Trauer wieder erinnert. In der gefühlsmäßigen Bewegtheit taucht beispielsweise plötzlich der Schmerz über einen Selbstmord in der Familie auf, der im Bewusstsein sorgfältig zur Seite geschoben war. Oder plötzlich ist die Erinnerung an eine Gewaltsituation aus der Kinderzeit präsent, das Erleben des inneren Kindes wird lebendig. In diesem Durchleben von Trauer wird die im Bewusstsein herrschende Abspaltung von traumatischen Erlebnissen aufgehoben, und das Trauern lässt die Verbundenheit zwischen dem Erlebnis und der Gegenwart spürbar werden. Jetzt, heute, kann die alte, festgehaltene Trauer erinnert und wieder gefühlt werden, und so wird ein Weitergehen und schließlich der Abschluss von Trauerprozessen möglich. Vielleicht ist es noch ein langer Weg, um die Körperbeschwerde innerlich akzeptieren zu können, ihre Existenzberechtigung anzuerkennen und einen Umgang damit zu entwickeln. Aber der erste Schritt in der Selbstheilungsarbeit ist das Neuentdecken und das Beleben der eingefrorenen Gefühle. Der Kontakt zu Körper und Krankheit, die innere Berührung durch das Trauern sind heilsam!

Das Trauern erlöst die Gespenster alter Verluste und Tode und holt diese Erlebnisse in den Bereich des Lichts, holt das Fehlende in das eigene Leben zurück. Und in genau dem Maße wird deutlich, welche Lebenshaltungen und Lebensgewohnheiten, welche Verhaltensmuster die Frau entwickelt hat, um mit dem alten Schmerz im Alltag umgehen zu können. Es sind »geistige Schonhaltungen«, ähnlich wie ich beispielsweise einen verletzten Arm nur bis zu einem bestimmten Punkt beuge und dann nach einiger Zeit glaube, dass hier die Grenze meines körperlichen Bewegungsspielraums liegt. Wenn wir uns unseren körperlichen Beschwerden annähern, können wir solche alten Glaubensmuster entdecken. Sie bilden das Fundament für unseren gegenwärtigen Alltag und strukturieren unsere Verhaltensweisen und Alltagsgewohnheiten.

In der Beratung kristallisiere ich mit den Frauen alte Glaubensmuster heraus, die während der Visualisierungsarbeit in den Informationen des Körpers aufscheinen und so begreifbar werden. Diese Glaubensmuster sind tief gegründete Einstellungen zum Leben, die den Entscheidungen und den Verhaltensweisen in der Lebensführung zu Grunde liegen. Solche inneren Glaubenssätze sind in der Vergangenheit entstanden, aus Kindheitserfahrungen, aus Enttäuschungen, Niederlagen, Traumata, Bestrafungen, Verboten usw. Sie enthalten Lebensängste und sind der Versuch, diese Schreckenserlebnisse mit absichernden Lebenseinstellungen zu beantworten. Sie bieten Schutz vor erlebten und befürchtetem Schmerz. Einst waren diese Glaubenssätze sicherlich sinnvoll für die Anpassung an die Umwelt, manchmal sogar überlebensnotwendig, und heute versuchen wir, unser Leben mit ihrer Hilfe weiter zu kontrollieren. Wenn nun aber – um nochmals den Vergleich anzuführen – der eingeschränkt bewegte Arm spürt, dass mehr an Bewegungsspielraum möglich ist, erweisen sich die alten Grenzen als zu eng: Die alten Glaubensmuster sind als Handlungsmaximen nunmehr überholt.

Hier sind einige Beispiele für Glaubenssätze, die Frauen im Verlauf der Selbstheilungsberatung als solche erkennen konnten:

- »Wenn ich unvernünftig, lustbetont bin, kommt etwas von außen, was mich schockt und lähmt.«
- »Wenn ich meine Träume zulasse, schaffe ich meinen Alltag nicht mehr.«
- »Realität bedeutet Anstrengung, es gibt dann keine Lebensfreude.«
- »Kindsein und Erwachsensein gehen nicht zusammen.«
- »Erwachsensein ist lustlos und anstrengend.«
- »Ich kann nur gleichwertige Beziehungen haben, wenn ich auf meine Begabungen verzichte; guter Kontakt geht nur ohne das Zeigen meiner Begabung.«
- »Wenn ich mit meinen Fähigkeiten präsent bin, entsteht Abstand zu Menschen.«

- »Wenn ich zu meinen Fähigkeiten stehe, sie schütze, muss ich den Kontakt abbrechen.«
- »Ich muss total viel arbeiten, mich bemühen für ein Zuhause.«
- »Meine Bemühungen bringen nichts.«
- »Ich bin nichts wert.«
- »Weinen ist blöd und schlecht.«
- »Wut ist gefährlich.«
- »Wenn ich mich verletzlich zeige, verletzen mich andere weiter.«
- »Wenn ich mich schwach zeige, entwerten mich andere.«
- »Ich bin nicht wichtig.«
- »Wenn ich mich an die erste Stelle setze, werde ich verlassen.«
- »Ich muss perfekt sein, sonst bin ich schlecht und minderwertig und werde bestraft.«
- »Ich kann nicht allein sein.«
- »Ich muss mich für meine Gefühle schämen.«

Glaubenssätze gehören zu unserem Menschsein. Anders formuliert ist die gesamte Alltagsorganisation Ausdruck dessen, was wir glauben: über das Leben, wie wir als Menschen sind, welche Möglichkeiten und Chancen wir uns für die Zukunft vorstellen können etc. Mithilfe dieser tiefen Lebenseinstellungen bewerten wir das Leben, sie bilden die Grundlage und den Rahmen für unsere Handlungen im Alltag. In der Methode Wildwuchs kristallisieren sich solche Glaubenssätze heraus, die bei der Ausformung von krankhaften Körperprozessen eine Rolle spielen. Die Selbstheilungsarbeit bedeutet zunächst ein Hinabsteigen in das Geflecht krankheitsförderlicher Lebensmuster, ein Entdecken alten Kontrollverhaltens und energiebeschneidender Lebenseinstellungen. Mit dieser Erkenntnis ist es uns möglich zu entscheiden, welche Muster wir weiter in unserem Leben behalten möchten. In der Selbstheilungsberatung folgt dann als ein Selbstheilungsschritt das Verabschieden der alten Glaubenssätze: Entweder werfen Frauen sie weg oder vergraben sie, entfernen sie also mithilfe eines Rituals symbolisch und tatsächlich aus ihrem Leben. Die Erfahrung zeigt, dass manche Glaubenssätze verschwinden, wenn sie verabschiedet worden sind; andere hingegen tauchen bei bestimmten Herausforderungen im Alltag immer wieder auf. Besonders in verunsichernden Lebenssituationen erscheinen uns die alten Überlebensstrategien als gewohnte, sicherheitsversprechende und angstreduzierende Lebenshaltungen und Handlungsmöglichkeiten. Aber da sie nun bekannt sind, können (und müssen) diese Muster immer wieder bewusst verabschiedet werden. Erst dann kann Raum für neue Erfahrungen entstehen, und neue Lebensqualitäten können sich im Alltag entfalten. Die Verabschiedung des alten Glaubensgerüsts schafft Platz für neuartige Sichtweisen und Einstellungen zum Leben und ist Teil eines Trauerprozesses. In dem so entstehenden Freiraum ist Neues möglich.

In der Selbstheilungsarbeit untersuche ich mit den Frauen unter diesem Blickwinkel, welchen »Wert« die Erkrankung hat, ob und wie die Körperbeschwerde als »Schonhaltung« wertvolle Elemente ins Leben bringt. Die Frage ist also, welche Aspekte der Erkrankung »ungefährliche« Mittel sind, um bestimmte Lebensqualitäten in den Alltag zu bringen, die sonst nicht ohne Risiko zu erlangen wären. In meinen Gruppen sprechen wir gemeinsam über den Wert, den eine Krankheit möglicherweise mit sich bringt. Es wird beispielsweise danach gefragt, was die Frauen von ihrer Krankheit »haben«, was sie dadurch vermeiden oder neu entwickeln konnten. Meist stellt sich dann heraus, welche immensen Vorteile die Erkrankung und das Kranksein für die Frauen hat. Wüsste ich nicht, dass es sich um die Konsequenzen von Erkrankungen handelt, würden sich diese Bereicherungen des Lebens wie die Resultate eines Zaubertrankes anhören. Lesen Sie selbst – Krankheit wird erlebt als:

- Wandlungsphase
- Weg zu Nähe mit Menschen
- Ruhepause
- legitime Ausrede, wenn etwas nicht klappt
- Alternative zu Selbstmord
- Schutz vor aggressiven Angriffen
- Schutz vor Sexualität, vor Körperlichkeit
- Entwicklungsphase für innere Qualitäten
- spirituelle Weiterentwicklung
- neue Ehrlichkeit im Umgang mit den eigenen Gefühlen.

Die Frauen bekommen durch ihre Erkrankungssituation:
- Interesse am eigenen Körper
- die Erlaubnis, Schwäche und Rückzug zulassen zu dürfen
- Liebe und Aufmerksamkeit von anderen, liebevolle Fürsorge von anderen
- Zuwendung und Aufmerksamkeit für ihr eigenes Innenleben
- Muße, sich mit sich selbst zu beschäftigen
- Zeit, Antworten und Wegweiser in der eigenen Körpersprache zu finden
- größere Eigenwahrnehmung und persönliche Weiterentwicklung, Raum für Selbstreflexion und Neuentdeckung
- Öffnung für Wandel und Wachstum
- Fähigkeit, Grenzen setzen zu können

– neue Kontakte und Informationen aus dem Heilwesen
– Anstöße für eine neue Berufstätigkeit.

Eigenverantwortung bedeutet dann, diese Vorteile und Verhaftungen in den Krankheitszuständen wahrzunehmen – und dies als menschlich für sich anzunehmen.

Und diese Erkenntnis ist auch schon wieder ein Anstoß, der Trauerprozesse einleitet: Es ist für die Frauen schmerzlich, zu erkennen und zu spüren, wie eingeengt sie sich bewegt haben in ihren Lebensmöglichkeiten, wie sie sich zurückgehalten und beschränkt haben durch das Gerüst ihrer Glaubenssätze – auch wenn dies früher einmal »vernünftig« und lebensnotwendig war. So viele Lebensqualitäten und Lebendigkeit, Sinnlichkeit, Freude, Sexualität, Nähe, Kommunikation usw. durften und konnten oft lange Jahre nicht sein! Es entsteht das Trauern über die versäumten Lebensmöglichkeiten. Selbstheilungsarbeit setzt also auch die Trauer frei über die »normale« Unterdrückung der lebendigen Triebe und Gelüste des Körpers sowie über die ungelebten Möglichkeiten als Resultat der gewohnten, »sicheren« Lebensweise.

Selbstheilungsarbeit ist also die Berührung und Belebung alter Trauer, ein Prozess der freiwilligen und bewussten Verabschiedung von Altem: Es ist der Abschied von einer gewohnten Lebensweise mit vertrauten Glaubenssätzen und Lebensmustern, die zur Illusion geworden sind; es ist auch ein Abschied von der alten Trauer, dem Festhalten an der Vergangenheit; es ist ein Abschied von den »Krankheitsvorteilen« und der Abschied von der Erkrankung selbst, von der Lebensart des Krankseins; es ist ein Abschied von unfruchtbaren Lebensidealen. Wie schon im ersten Kapitel beschrieben, beginnen Selbstheilungsprozesse mit der Frage nach Leben und Tod:

»Was soll in meinem Leben weiter Bestand haben, was soll sterben, wovon also wende ich mich ab auf meinem Lebensweg?« Die Antworten auf solche Fragen ziehen gewollte Verluste nach sich, und dies ist ein Auslöser von Trauer. Wenn eine Frau auf die Botschaft ihres Körpers hören möchte, nimmt sie das Risiko auf sich, etwas in ihrem Leben ändern zu müssen, ändern zu wollen. Und das ist das, was uns Menschen größten Mut abverlangt: Die Bereitschaft zu Veränderung bedeutet letztlich das Opfern eines Teils unserer vertrauten Identität. Die transformatorische Kraft des Trauerns ist, selbst eine andere zu werden als die, die ich schon so lange kenne. Frauen, die in die Selbstheilungsberatung kommen, wissen in ihrem Inneren, dass sie durch diese Arbeit das Risiko einer Lebensveränderung eingehen, und das erfordert immer das Aufgeben, das Loslösen von Teilen der alten Identität. Deshalb tragen meine Vorträge den Obertitel »Mut zur Selbstheilung«. Und die Eigenverantwortung besteht darin, dieses Risiko einzugehen.

Damit sind wir an dem zentralen Punkt der Selbstheilungsarbeit angelangt, nämlich bei der Frage, wofür denn das Anschauen der Krankheitszustände gut ist: Warum soll ich mich mit den alten Ereignissen und Traumata beschäftigen und die alten, eingefrorenen Gefühle wieder lebendig machen? Weshalb ist es wichtig, einen Trauerprozess zu beenden und Frieden zu schließen mit dem Alten, mit dem Verlust – wozu? Selbstheilungsarbeit bringt Menschen an den Punkt, an dem sie für sich selbst erkennen, dass der Umgang mit Krankheit und dem Trauern letztlich eine Frage von »Leben und Tod« ist: Sie können in dem Alten verharren, in ihren Sichtweisen, Gewohnheiten und vertrauten Handlungs- und Überlebensmustern, starr und »sicher«. Oder sie können sich dem Leben hingeben mit seinen ständigen Wechseln und Wandlungen von harmonisch erlebtem Lebensfluss zu Tod, Abschieden, Trennung bis hin zu der Entwicklung neuer Lebensphasen und -qualitäten. Das Leben zu wählen, mit dem Tod als dem Leben zugehörig, bedeutet im Krankheitsfall die Wahl, auf den Körper zu hören und seine Triebe und Wachstumsbestrebungen als vorwärts weisend und richtungsgebend im Leben zu akzeptieren. Dies ist eine Sichtweise von Krankheit, in der der Körper mithilfe seiner »Missbildungen« und Störungen signalisiert, dass ein Wachstumsprozess angestoßen wird – auch wenn wir als Menschen dies nicht wahrhaben wollen oder sogar ablehnen. In den Erkrankungen stecken Wachstumspotenziale, die wir für eine Weiterentwicklung im Leben brauchen können. Die Erscheinungsform dieser Potenziale erscheint uns meist widerwärtig, Angst machend oder überflüssig, und die inneren Bilder spiegeln uns diese »innere Meinung«: Wir sehen scheußliche Zustände im Körper, widerliche Symbole als Gestalt der Erkrankung. Bei der Freisetzung und Erlösung dieser Potenziale aber machen die Gespenster und Scheusale einen Wandlungsprozess durch und stehen uns als dienstbare Geister für neue Lebensqualitäten zur Verfügung: Die Gestalt der Erkrankung aus der Visualisierung Körpererkundung, beispielsweise einer »bissigen Bulldogge«, wandelt sich in die Kraft der Aggression und unterstützt uns bei der notwendigen Abgrenzung in Konflikten. Die »grimmig blickende glutrote Sonne« steht für eine endlose Lebenskraft; das »tobende und schreiende Männchen« erinnert an die Wut im richtigen Augenblick; der »Nebel« enthält die Intuition, das unsichtbare Wissen; die »tütelige englische Lady« erinnert in ihrer Verkleidung an die spirituelle Begleiterin. Krankheit hält – gleichsam in verwunschener Form – ein Wachstumspotenzial für uns bereit, das uns in unserem Alltagsleben als erschreckend und bedrohlich erscheint. Wie im Märchen treten

uns die eigenen Triebkräfte in verwandelten Gestalten gegenüber und fordern uns heraus zu einer wachstumsförderlichen
Konfrontation.

Selbstheilungsarbeit bedeutet immer eine Veränderung der
Lebensweise… und dazu gehört Mut!

6

Mit Selbstheilungsschritten zur Lebenslust finden

»Da, wo die Angst ist, da geht's lang«, so formulierte die Autorin Judith Jannberg in den achtziger Jahren einen wichtigen Hinweis für das Erkennen von Entwicklungsrichtungen im Leben. Und an diesen Entwicklungspunkt gelangen die Frauen auch tatsächlich in dem Prozess der Methode Wildwuchs. Sicher kennen alle Menschen solche Situationen in ihrem Leben: Es ist die Zeit, in der die Trennung vollzogen und die Verluste weitgehend durchlebt sind, die Zeit der Trauer findet allmählich ein Ende, und nun ist die Entscheidung für eine neue Gestaltung des Alltags gefordert. Oft taucht dann zunächst Angst auf, Angst vor dem Neuen, besonders wenn dieses Neue noch ganz unbekannt ist. Für erkrankte Frauen besteht die Herausforderung darin, sich von alten Lebensgrundsätzen zu verabschieden und dann mit einem inneren Ja für Neues bereit zu sein. Diese Haltung ist Voraussetzung für die nächste Station im Verlauf der Methode Wildwuchs. Diese (vorläufig) letzte Phase ist der Kunst gewidmet, Selbstheilungsschritte als Handlungsmöglichkeiten zu kreieren. Im Netz der verschiedenen Aspekte und Dimensionen einer Körperbeschwerde gilt es, die nächstliegenden Knotenpunkte zu finden und weiterführende Fäden in die Hand zu nehmen.

Gefunden werden solche Selbstheilungsschritte im Dialog mit der eigenen inneren Beraterin als Symbol für die innere Stimme. Abschluss und Resultat einer Selbstheilungsberatung nach der Methode Wildwuchs ist die Zusammenstellung eines so genannten »Selbstheilungsrezepts«, in dem die gefundenen Handlungsmöglichkeiten konkret festgehalten werden und als mehrwöchiges Gesundheitstrainingsprogramm erprobt werden können. Bestandteil dieses »Rezeptes« sind neue Möglichkeiten der Alltagserfahrung, beispielsweise in der Wertschätzung des eigenen Körpers durch Aufmerksamkeit und Pflege oder durch »Mutproben« für neues Verhalten oder durch Alltagsrituale, die die Lebensfreude bestärken usw.

Die nächste innere Reise führt also in den Dialog mit der inneren Beraterin, der inneren »Alten Weisen«. Die meisten Frauen in der Beratungsarbeit sind aufgeregt bei der Vorstellung, die Reise zu dieser inneren Beraterin zu erleben. Aufregung bedeutet eine Öffnung und die Bereitschaft für Neues. Außerdem hat die vorherige Visualisierungsarbeit das Vertrauen in das eigene innere Wissen gestärkt, sodass die Frauen davon ausgehen, einen nächsten wichtigen Heilungs- oder Lösungsschritt für sich zu finden. Die Visualisierungen haben die Gewissheit geschaffen, dass es solche »wissenden« und richtungsweisenden inneren Bilder gibt; sie sinnlich erlebt zu haben, ist sozusagen ein Training in Selbstvertrauen. Und Selbstvertrauen wiederum bietet den Boden, Neugierde auf das Neue entwickeln zu können, und weckt die Lust auf größere Freiheit für innere Wachstumspotenziale. Angst, Aufregung und Lust erleben die Frauen in der Beratungsarbeit in unterschiedlicher Gewichtung. Entscheidend für das Weitermachen ist das gewachsene Vertrauen in sich selbst, in die Begleiterin, und vor allem in die Wahrheit und Kraft der eigenen inneren Bilder. Dementsprechend möchte ich den eingangs zitierten Satz von Judith Jannberg ergänzen: »...und wo die Lust ist, da geht's lang.«

Ich möchte Sie nun einladen, unsere gemeinsam begonnene Reise weiter fortzusetzen. Nachdem wir das neue Land von Körper und Krankheit gemeinsam bereist haben, führt uns der nun folgende Reiseabschnitt in das Unbekannte. Dieser Schritt erfordert das Vertrauen, sich führen zu lassen, sich zu öffnen für das, was sich ergibt, was auf Sie zukommt... Das sind Elemente von Hingabe an das Leben. Die Reise funktioniert so, als würden Sie ein Flugzeug besteigen, von dem Sie nicht wissen, in welches Land es Sie bringen wird. Einzig Ihr innerer Wunsch gibt dem Flug die Ausrichtung, Ihre wichtigen inneren Fragen an das Leben geben die Orientierung. Sind Sie dazu bereit? Als Basis für diese Reise empfehle ich Ihnen, zunächst die folgende Entspannung und Visualisierung durchzuführen, damit Sie sich einen stabilen Ausgangspunkt schaffen.

Visualisierung zur Erdung

Setze dich auf den Boden, oder lege dich hin und schließe die Augen. Konzentriere dich auf dich selbst.
Nimm ein paar tiefe Atemzüge, und spüre deinem Atem nach: Spüre, wie er in den Körper hineinströmt und aus dem Körper wieder herausströmt.

Lass die Atemenergie wie einen Energiefluss oder eine Energiewolke sich in deinem Körper verströmen, ausbreiten: in die Füße und Beine, Becken und Po, Rücken und Oberkörper, Schulter, Arme, Hände, Hals und Kopf.

Richte deine Aufmerksamkeit nun auf deine Füße, auf deine Fußsohlen, und jetzt stell dir vor, dass mit den nächsten Atemzügen aus deinen Fußsohlen kleine Wurzeln zu wachsen beginnen; es wachsen Wurzeln, die sich mit der Erde verbinden können.

Kleine, kräftige Wurzeln schieben sich mit jedem Atemzug aus deinen Fußsohlen, sie werden länger – mit jedem Atemzug. Sie können alle Materialien durch-wachsen, sie wachsen bis zur Erde, sie wachsen in den Erdboden hinein... immer tiefer.

Je tiefer die Wurzeln in die Erde hineinwachsen, umso mehr verzweigen sie sich, werden kräftiger und verbinden sich mehr und mehr mit der Erde.

Und jetzt kannst du alle Spannungen aus dem Körper in die Wurzeln und dann in die Erde abfließen, wegströmen lassen.

Alle Spannungen und auch alle ablenkenden Gefühle und Gedanken fließen durch die Wurzeln weg in die Erde. Die Spannungen aus dem Kopf zum Beispiel rutschen die Wirbelsäule entlang in die Wurzeln und dann in die Erde.

Aus dem ganzen Körper, aus allen Körperbereichen und Organen können sich Spannungen lösen und wegfließen oder wegtropfen ...in die Wurzeln ...in die Erde.

Dein ganzer Körper kann sich mehr und mehr entspannen.

Und jetzt lass vor deinem inneren Auge das Wort ›Vertrauen‹ entstehen: Stell dir vor, wie sich das Wort ›Vertrauen‹

schreibt, wie auf einer großen Tafel oder einer Leinwand. Vertrauen... schau dir die Farben und die Formen der einzelnen Buchstaben an, lies innerlich das ganze Wort: Vertrauen.

Und dann lass ein Bild zu dem Wort ›Vertrauen‹ vor deinem inneren Auge erscheinen, warte ab, welches Bild sich zeigt. Erlaube dem Bild, deutlich zu werden. Welche Situation entsteht?

Schau dir die Farben und Formen der Umgebung an, sind Personen da?
Gibt es Gerüche oder Geräusche, kannst du die Atmosphäre spüren? Was geschieht?

Nimm diese Situation mit all deinen Sinnen wahr, und merke, was du wahrnehmen kannst ... für eine Weile.

Nun stell dich allmählich darauf ein, dich von dem Bild zu verabschieden. Vielleicht möchtest du noch etwas tun oder lassen zum Abschied.

Verabschiede dieses Bild und lass es ganz verschwinden. Das Bild verschwindet ganz.

Und wenn du magst, kannst du zum Abschluss jetzt Energie aus der Erde durch die Wurzeln in deinen Körper aufnehmen, in dich einströmen lassen, aber nur, wenn du das magst.

Warme, heilsame Erdenergie kann in deinen Körper einströmen, sich in deinem Körper ausbreiten. Du bist ganz verbunden mit der Erde.

175

Jetzt stell dich allmählich darauf ein, die Wurzeln wieder zurückzubilden und die Visualisierung zu beenden.

Stell dir vor, wie sich die Wurzeln aus der Erde langsam in deinen Körper zurückziehen. Sie bilden sich zurück, bis sie vollständig aus der Erde heraus sind und du wieder ganz und für dich bist.

Konzentriere dich nun wieder auf deinen Atem und nimm deinen Körper wahr – wie du sitzt oder liegst.

Spüre deine Unterlage, spüre deinen Körper.

Rekele dich, bewege die Füße, reibe ein wenig die Hände … und öffne dann die Augen. Lass dir deine Zeit.

Nun haben Sie sich eine Basis geschaffen für das nächste Abenteuer ins Unbekannte, für die Reise zur inneren Beraterin, zur Weisen Alten, zu inneren Wilden Frau. Diese Reise bietet eine weitere, den Selbstheilungsprozess begleitende Kontakt-möglichkeit: Heilung geschieht im Kontakt, und wenn Sie sich an die vorherigen Schritte der Selbstheilungsberatung erin-nern, so wurde als Erstes der Kontakt mit dem Körper und dem eigenen Inneren hergestellt. Das Erleben der Visualisie-rungen ist der Kontakt zu Körper und Krankheit, also zum ei-genen Innenleben. Zusätzlich empfehle ich den Frauen im-mer, sich selbst durch den Prozess zu begleiten, beispielsweise durch das Schreiben einer Art Tagebuch. Eine andere Mög-lichkeit heilsamen Kontakts ist die Begleitung durch die Bera-terin, in dem die inneren Bilder ins Außen gebracht und so eine weiterführende Auseinandersetzung mit der Erkrankung geschehen kann. Der nach außen gerichtete Kontakt kann auch verwirklicht werden, indem Frauen ihre Bilder und Erlebnisse einer wohlmeinenden Freundin berichten. Diese verschiedenen Ebenen des Kontakts habe ich in vorherigen Buchkapiteln schon erläutert.

Heilsame Entwicklungsprozesse beinhalten aber immer auch den Kontakt mit den Lebens- und Schöpfungskräften, und das ist »reine Glaubenssache«. Ich glaube, dass Heilung im Kontakt zu »höheren Mächten« passiert. Alle Behandlungsmaßnahmen von Seiten der traditionellen Medizin oder auch die Therapien der neuen Medizin sowie alle eigenen Selbsthilfeschritte finden dort ihre Grenze, wo Heilung letztlich ein Mysterium und Gesundung eine Gnade ist. Die Reise zur inneren Beraterin oder zur Alten Weisen soll einen Zugang zu solchen Lebensenergien schaffen. Die alte Weise ist ein mögliches Symbol für einen Aspekt der »höheren Kräfte«. Die Reise zur Alten Weisen kann ein Tor sein für den Kontakt zu einer Kraft, die in uns ist und doch größer ist als wir. Das Bild der Alten Weisen ist ein Symbol für die Kraft der Erde; es ist ein Archetyp, ein Symbol aus dem »kollektiven Unbewussten«, wie beispielsweise die Märchengestalt der Frau Holle. In der griechischen Mythologie ist dieser Archetyp Hekate, die Göttin der Unterwelt, die die Geheimnisse der »Stirb-und-Werde-Wandlung« kennt. Die Alte Weise ist die irdische innere Stimme, die wir als Intuition erfahren.

Die Reise zu ihr soll für Sie ein Angebot für einen Besuch sein. Auch wenn Sie es nicht glauben können oder wollen, probieren Sie es einmal aus!

Dazu schließen Sie nun wieder die Augen, überprüfen noch einmal, ob Sie sich einen ungestörten Raum geschaffen haben, und erinnern sich an die Abstandstechnik, mit der Sie diese Reise zu jedem Zeitpunkt beenden können. Wählen Sie jetzt die Entspannungstechnik, die Ihnen bisher am besten gefallen hat, und entspannen Sie Ihren Körper, Ihre Gedanken- und Gefühlswelt.

Die Reise zur Alten Weisen

Lass vor deinem inneren Auge das Bild von einem Ort entstehen, an dem du dich ganz frei fühlen kannst. Du brauchst nichts zu denken oder zu tun, warte einfach ab, bis das Bild vor deinem Auge entsteht … Das Bild von einem Ort, an dem du dich ganz frei fühlen kannst.

Und je deutlicher dieses Bild wird, desto mehr bist du an deinem Ort.
Nimm diesen Ort mit all deinen Sinnen wahr: Schau dir die Farben und die Formen der Umgebung an, du kannst den Boden unter dir spüren, ihn vielleicht mit deinen Händen berühren, fühle auch die Luft auf deiner Haut, in deinen Haaren, in deinem Gesicht.
Vielleicht riechst du Gerüche …
Gibt es Geräusche an diesem Ort?

Genieße diesen Ort, an dem du dich ganz frei fühlen kannst, für eine Weile.

Du weißt, in einiger Entfernung von diesem Ort gibt es einen Berg, und in diesem Berg wohnt die Alte Weise, die dir Beraterin und Begleiterin sein kann.
Du weißt von diesem Berg, und dieser Berg zieht dich an …
Mach dich jetzt auf den Weg, zu diesem Berg hin …
folge der Anziehungskraft …

Du gehst weiter in die Landschaft hinein, die Landschaft verändert sich nach und nach, sie wird urwüchsiger...
Spüre den Boden unter deinen Füßen, er wird nachgiebiger, feuchter,
achte auf die Umgebung, durch die du kommst, auf die Farben und die Formen; die Gewächse werden üppiger, Wildwuchs.
Kannst du Gerüche wahrnehmen?
Kannst du die Geräusche dieser Landschaft hören?
Gehe bis zu dem Berg hin, in dem die Alte Weise wohnt, mit der du dich beraten kannst.

Bist du am Berg angekommen, findest du einen Eingang.
Ein leichter Geruch von Feuer dringt aus dieser Öffnung.

Wenn du es wünschst, kannst du nun die Alte Weise rufen und sie bitten zu kommen.
Warte ab, bis sie sich zeigt.

Wenn du magst, gehe dann zu der Frau hin: Schau sie dir an und nimm Kontakt zu ihr auf.

Die Frau sagt: »Stelle deine wichtige Frage. Finde deine wichtige Frage in dir, formuliere sie und sprich sie dann aus.«
Du kannst nun eine Weile mit der Frau verbringen, vielleicht magst du mit ihr reden, dich mit ihr beraten. Vielleicht kannst du dir etwas Wichtiges zeigen lassen. Vielleicht will sie dich zu etwas Wichtigem führen.
Tue, was du willst, und merke, was geschieht... für eine Weile.

Jetzt stelle dich allmählich darauf ein, dich von der Frau zu verabschieden.
Die Frau hält zum Abschied ein Geschenk für dich bereit: Es ist ein Geschenk, das dir in deinem Heilungsprozess helfen kann, dich in deinem Alltag unterstützen kann.

Wenn du magst, nimmst du das Geschenk an und verabschiedest dich dann.
Wende dich nun ab, und mache dich auf den Rückweg... zurück an deinen freiheitlichen Ort.

Du gehst den Weg zurück, achte auch beim Rückweg auf die Umgebung, du gehst ganz zurück bis zu dem Ort, an dem du dich ganz frei fühlen kannst. Erhole dich dort eine Weile...

Jetzt stell dich darauf ein, dich auch von diesem Ort zu verabschieden und allmählich aus deinen inneren Bildern herauszukommen.

Verabschiede dich von dem Ort.

Zähle ganz langsam von eins bis zehn, und mit jeder Zahl kommst du mehr und mehr aus deinen inneren Bildern heraus, dein Bewusstsein richtet sich wieder auf den Raum, in dem du sitzt oder liegst; und bei der letzten Zahl zehn bist du voll in deinem Alltagsbewusstsein zurück und ganz wach und fit.
Eins... zehn.

Spüre wieder deinen Körper, wie er auf der Unterlage aufliegt, reibe ein wenig deine Hände... und öffne dann die Augen... lass dir Zeit...

Wenn Sie wieder neu aus den inneren Bildern in Ihr Alltagsbewusstsein zurückgekehrt sind, nehmen Sie sich wieder einen
Moment Zeit, und werten Sie die erlebte Begegnung aus:
Haben Sie die Alte Weise als innere Beraterin getroffen? Welche Informationen haben Sie von ihr bekommen? Was war
das Geschenk von der Alten Weisen?

Oft können Frauen die Alte nur schemenhaft wahrnehmen,
sodass sie ihr Gesicht nicht erkennen können. Andere Frauen
sehen die Alte Weise in ständig wechselnder Gestalt: Sie ist
jung, dann wieder alt; einige sehen sie wie eine Hexe oder
modern gekleidet, manche Frauen sehen in ihr auch den Tod.
Manchmal begegnen Frauen einer Ahnin aus ihrer Familie,
meistens einer Großmutter oder Tante. Viele Frauen finden in
dem Besuch bei der Alten Weisen ein Stückchen »Zuhause«;
für manche bleibt die Alte eine Ehrfurcht gebietende Re-
spektsperson. Eine Frau beschreibt die Begegnung:

> Es war nicht leicht, sie zu finden, sie ließ sich nicht blicken.
> Und trotzdem war sie da. Sie ist eine sehr alte, junge, starke,
> lebendige Frau, die nichts aus der Ruhe bringen kann. Ich
> habe sie in meiner Verzweiflung angeschrien, und sie war
> trotzdem für mich da, hat mir zugehört, hat mich verstan-
> den… Sie ist immer da, aber sie opfert sich nicht auf. Ich
> kann immer zu ihr kommen, doch ich tue es sehr selten,
> weil ich es vergesse, dass sie da ist. Ich kann auch nur zu ihr
> gehen, wenn ich ganz bei mir bin. Es ist beruhigend, zu wis-
> sen, dass sie da ist, dass ich jederzeit zu ihr gehen kann…

Wenn Sie ein Bild von der Alten Weisen gefunden haben,
freuen Sie sich: Sie können jetzt jederzeit zu allen Fragen des
Lebens, sei es persönlich oder geschäftlich, mit dieser Bera-

terin konferieren! Und Sie sind nie mehr allein in dieser Welt!

Gemeinsam mit dieser Alten Weisen setzen wir jetzt die Reise fort zum »Ersten Lösungs- und Heilungsschritt«. Diese nächste Visualisierung leitet dazu an, sich die körperliche Beschwerde jetzt von einer anderen Warte, von einem anderen Blickpunkt aus zu betrachten, um die weiterführenden Lösungs- und Selbsthilfeschritte zu finden. Gefragt wird nach Handlungen, also nach dem, was die Frau tun kann zur Aktivierung von Selbstheilungskräften. Es gibt unterschiedliche Punkte, an denen eine Frau jetzt stehen kann: Vielleicht mochte sie ihren Körper in den vorherigen Visualisierungen gar nicht im Inneren erkunden, weil sie ihm gegenüber eine zu große Ablehnung empfand; oder sie konnte ihre Erkrankung mit großem Abstand betrachten. Es ist *gleich-gültig,* wie der Kontakt zu Körper und Krankheit ist, und auch *gleich-gültig,* in welcher Trauerphase sich die Frau befindet, denn zu jedem Zeitpunkt und in jenem Krankheits- oder Gesundungs- oder Heilungsstadium stellt sich die Frage nach gesundheitsförderlichem Handeln. Was sind die heilsamen Schritte, welches Verhalten kann die Stärkung von körperlicher Selbstheilungskraft erzeugen? Es wird ein Schritt gesucht, der eine neue Qualität ins Leben bringt – so als ob Sie einen Stein ins Wasser werfen, der dann weite Kreise auf dem Wasser entstehen lässt. Oder in einem anderen Bild ausgedrückt: Wenn Sie in einem Puzzle eine Puzzlestein vergrößern würden, kämen alle anderen Puzzleteile in Bewegung, und es ergäbe sich ein neues Bild.

Die Alte Weise wird bei der nächsten inneren Reise als Begleiterin mit einbezogen und mit ihrer Unterstützung können Sie ein Bild für den wichtigen, nächsten Handlungsschritt im Alltag gewinnen.

Dieser Weg führt an der zentralen Angst oder Kraft vorbei, die dann beide bei den Selbsthilfeschritten eine Rolle spielen und zu beachten sind. In der Beratungspraxis »übersetze« ich mit der Frau das gewonnene Bild anschließend in alltagstaugliche Verhaltensweisen. Aber zunächst gebe ich Ihnen hier die Anleitung für die Visualisierung zum »ersten Lösungs- oder Heilungsschritt«. Sie können die folgende Visualisierungsanleitung auch mit der vorherigen Anleitung zur »Alten Weisen« kombinieren, das heißt, dass Sie sich in Ihrer Vorstellung zunächst mit der Alten Weisen treffen und dann mit ihr gemeinsam die innere Reise fortsetzen.

Die Visualisierung »Der erste Lösungs- oder Heilungsschritt«

Lege dich bequem hin und schließe die Augen.
Dehne deine Beine einmal lang, indem du die Fersen ein Stück vom Körper wegschiebst; lass die Spannung dann wieder los.

Lege die Arme neben den Körper und schiebe die Fingerspitzen auf der Unterlage in Richtung Füße:
Du dehnst die Schultern und Arme einmal, dann lass wieder locker.

Strecke deinen Nacken, indem du den Hinterkopf auf der Unterlage nach oben schiebst, sodass sich das Kinn leicht zur Brust neigt; halte die Anspannung einen Moment... und entspanne wieder.

Nun konzentriere dich auf deinen Atem, und spüre deinem Atem nach.

Lass jetzt deinen Atem in deine Füße strömen, stell dir vor, deine Atemenergie ist ein Energiefluss oder eine Energiewolke…

… und diese Energie fließt bis in die Zehen, in die Fußsohlen, in die Fersen, in die Knöchel.
Die Atemenergie verströmt sich ganz in deinen Füßen.
Und jetzt stell dir vor, dass diese Energie eine Farbe annimmt; merke die farbige Energie in deinen Füßen.
Kannst du die Farbe erkennen?
Die farbige Energie verströmt sich ganz in deinen Füßen.

Die Atemenergie fließt in deine Waden, Knie und oberen Beine; sie verströmt sich ganz in deinen Beinen.
Und auch hier nimmt die Energie eine Farbe an, wird farbig.
Merke die Farbe, wie sie sich in deinen Beinen allmählich ausbreitet.

Die Atemenergie fließt jetzt in deinen Schoß, warm und weich durchfließt sie deine weiblichen Organe.
Welche Farbe oder auch mehrere Farben entstehen?
Die farbige Energie verbreitet sich ganz sanft in deinem Becken und in den Po.
Merke die farbige Energie.

Die Energie durchströmt anschließend deine Wirbelsäule und deinen ganzen Rücken.
Beobachte, welche Farbe oder Farben sich in deiner Wirbelsäule und im Rücken entwickeln.

Die farbige Energie durchflutet das Rückgrat – Wirbel für Wirbel – und auch die Rückenmuskeln, den ganzen Rücken…

Die Energie verströmt sich jetzt in deinem Bauch und in allen inneren Organe im Bauchraum.
Welche Farbe oder Farben entstehen?

Die Atemenergie breitet sich nun in deinem Brustkorb aus.
Beachte die Farbigkeit, die entsteht, und merke die Farben.

Und nun fließt die Energie weiter, in deine Schultern, in die Arme und durch die Handgelenke bis in Hände und Finger. Und auch hier nimmt die Energie eine Farbe an – oder mehrere Farben.

Der Energiestrom strömt jetzt in deinen Nacken und in deinen ganzen Hals und breitet sich dann weiter ganz sanft im Kopf aus, bis in das Gesicht.
Die Energie verströmt sich ganz in deinem Hals, in deinem Kopf und wird auch hier farbig.
Merke die Farbigkeit.

Spüre jetzt deine Bereitschaft, in dich zu gehen.

Zähle ganz langsam von fünf bis eins, und mit jeder Zahl kann sich dein Körper mehr und mehr entspannen.
Dein Bewusstsein stellt sich dabei auf die Ebene ein, auf der du gleich gute Bilder sehen kannst: fünf… eins.

Rufe deine innere Beraterin herbei und bitte sie um Begleitung.

Jetzt lass vor deinem inneren Auge eine große weiße Leinwand entstehen oder einen großen weißen Bildschirm. Warte ab, bis du diese weiße Fläche ganz deutlich vor deinem inneren Auge siehst.

Und nun bemerkst du, wie auf der Leinwand eine Schrift entsteht. In deutlichen Buchstaben bilden sich die Worte: »Das Problem«. (Anmerkung: oder nach Wahl »Die Erkrankung« oder »Die Beschwerde«)
Merke die Farbe und die Formen der Schrift. Schau dir die einzelnen Buchstaben genau an, du liest die Worte: »Das Problem«.

Und nun beobachte, wie ein Bild entsteht zu diesen Worten, erlaube dem Bild, deutlich zu werden; und lass es auf dich wirken für eine Weile.
Jetzt stell dich allmählich darauf ein, dich von diesem Bild zu verabschieden.
Du verabschiedest dieses Bild und lässt es verschwinden… bis die Leinwand wieder weiß ist.

Du kannst jetzt entscheiden, ob du als Nächstes das Bild deiner Angst oder das Bild deiner Kraft sehen möchtest; entscheide dich… Beobachte, wie die Worte sich schreiben auf der Leinwand, für das Bild, das du sehen möchtest: »Die Angst« oder »Die Kraft«.
Lies die Worte innerlich: »Die Angst« oder »Die Kraft«.

Und nun entsteht zu dieser Schrift wieder ein Bild, erlaube dem Bild deutlich zu werden, und lasse es auf dich wirken. Vielleicht möchtest du den Abstand zu dem Bild etwas vergrößern.

Schau dir dieses Bild an für eine Weile.

Jetzt stell dich darauf ein, dich auch von diesem Bild zu verabschieden.
Verabschiede dieses Bild und lass die Leinwand wieder weiß
werden; das Bild verschwindet ganz.

Gleich wird ein drittes und letztes Bild auf der Leinwand erscheinen: Es wird das Bild sein vom »ersten Lösungs- oder
Heilungsschritt«... ein Bild, von einem Lösungs- oder Heilungsschritt, den du in deinem Alltag tun kannst.

Und wieder schreiben sich die Buchstaben auf der Leinwand; in deutlicher Schrift entstehen die Worte »Der erste
Lösungs- oder Heilungsschritt«.
Betrachte die Farben und Formen der Buchstaben ganz genau, lies innerlich die Worte: »Der erste Lösungs- oder Heilungsschritt«.

Und nun entsteht das Bild vom ersten konkreten Lösungs-
oder Heilungsschritt, warte ab, so wie im Kino, und lass
dieses Bild entstehen auf der Leinwand.
Schau dir dieses Bild genau an und lass es auf dich wirken.

Wenn du magst, kannst du nun einmal in dieses Bild, in
diese Situation hineingehen und sie erkunden: Stell dir vor,
du tust einen großen Schritt und gehst in dieses Bild, in diese
Situation hinein. Wenn du magst, kannst du diese Situation
mit all deinen Sinnen erkunden...
Merke, was du wahrnimmst.

Jetzt stell dich darauf ein, dich vorerst von dieser Situation zu verabschieden.
Du verabschiedest dich und kommst wieder aus dem Bild heraus, vor die Leinwand.

Nun lasse auch dieses Bild verschwinden.
Die Leinwand wird ganz weiß.

Und du weißt, es ist Zeit, Abschied zu nehmen von den inneren Bildern, von deiner inneren Begleiterin.

Lass die Leinwand vor deinem inneren Auge verschwinden, verabschiede dich von deiner inneren Begleiterin.

Jetzt stell dich darauf ein, allmählich aus deinen inneren Bildern herauszukommen.

Zähle ganz langsam von eins bis zehn, und mit jeder Zahl kommst du mehr und mehr aus deinen inneren Bildern heraus, dein Bewusstsein richtet sich wieder auf den Raum, in dem du sitzt oder liegst; und bei der letzten Zahl zehn bist du voll in deinem Alltagsbewusstsein zurück und ganz wach und fit.
Eins... zehn.
Spüre wieder deinen Körper, wie er auf der Unterlage aufliegt, reibe ein wenig deine Hände... und öffne dann die Augen... lass dir deine Zeit.

Nun, mit welchen Ergebnissen sind Sie von dieser Reise zurückgekehrt? Halten Sie Ihre Eindrücke möglichst schriftlich fest, malen Sie dazu, drücken Sie das Erlebte in Tonformen aus, so wie ich es Ihnen an anderer Stelle schon vorgeschlagen habe. Die Selbstheilungsarbeit verläuft jedes Mal wieder in der Art und Weise, dass Sie die gewonnenen Informationen aus Ihrem inneren Wissen mithilfe verschiedener Methoden (Schreiben, Malen, in Ton formen, Tanzen, schauspielerisches Darstellen etc.) weiter erkunden und mit Abstand erneut durchleben. Das Bild vom »Ersten Lösungs- oder Heilungsschritt« hat die Funktion, daraus konkrete Anweisungen für den Alltag zu gewinnen. Dies geschieht durch die »Übersetzung« des Bildes in Alltagshandlungen.

Praktische Umsetzungsmöglichkeiten des Bildes sind zum Beispiel das Erproben neuer Verhaltensweisen, das Verweilen an bestimmten heilsamen Orten oder Gegenden; Mutproben; die Pflege und Wertschätzung für den Körper; sportliche Aktivitäten; neue Impulse in der Ernährung; Veränderung der Kleidung; regelmäßige Meditation etc. Ich werde Ihnen nun einige Anhaltspunkte benennen, mit deren Hilfe Sie das gefundene innere Bild genauer anschauen und auf Handlungsmöglichkeiten hin untersuchen können. Denn dieses Bild enthält auf jeden Fall Qualitäten, die Sie in Ihrem Leben zur Förderung der Selbstheilungskräfte benötigen. Zunächst einmal müssen Sie das Bild, nachdem Sie es sich genau vergegenwärtigt haben, für sich selbst auswerten. Beantworten Sie dazu folgende Fragen:

1. Was haben Sie als inneres Bild vom »ersten Lösungs- oder Heilungsschritt« wahrgenommen?
- Welche Situation zeigte sich?
- Welche Farben, Gerüche, Geräusche, Atmosphäre konnten Sie wahrnehmen?
- Welche Gefühle hat diese Situation in Ihnen ausgelöst?
- Was ist die stärkste Information, ging es z. B. um Aktivitäten oder um Gefühle?
- Was ist die Botschaft des Bildes?

2. Woran erinnert Sie dieses Bild?

– Können Sie die Situation dieses Bildes in Ihrer Vergangenheit finden? Woran erinnet Sie diese Situation?
– Erkennen Sie das Hauptgefühl des Bildes aus der Vergangenheit? Wie und wo haben Sie das Gefühl aus diesem Bild schon einmal erlebt?
– Welche Charakteristika/Elemente enthält das Bild, z. B. Ruhe, Fließen, Abenteuer, Gemeinschaft etc.?

3. Praktische Umsetzungsmöglichkeiten des Bildes:

– Wodurch können Sie die Elemente aus dem Bild in Ihrem Alltag wecken und beleben?
– Wie können Sie jetzt/morgen... den ersten heilsamen Handlungsschritt in Ihrem Alltag tun?
– Wie oft (täglich, wöchentlich...) können Sie die Umsetzungsmöglicheiten realistischerweise praktizieren?
– Was brauchen Sie an Material dazu?

Beantworten Sie diese Fragen möglichst wieder schriftlich, und wenn Sie dann endgültig glauben, die richtige Handlung gefunden zu haben, fragen Sie sich, ob dieser Schritt wirklich eine neue Qualität in Ihr Leben hineinbringen würde, ob er wirklich neu ist und von daher eine Herausforderung darstellt. Sie merken das an der Aufregung, die in Ihnen entsteht, wenn Sie auch nur daran denken, dass...

Ich werde Ihnen jetzt aus meiner Beratungspraxis einige Beispiele für Selbstheilungsschritte von Frauen vorstellen, sodass Sie vielleicht noch einige vertiefende Ideen und Anregungen für Ihre eigene Untersuchungsarbeit bekommen.

Eine Frau kam mit der Diagnose einer Schilddrüsenunterfunktion und dem Verdacht auf eine Autoimmunerkrankung, bei der das Schilddrüsengewebe vom eigenen Immunsystem angegriffen wird, in die Beratung. Sie erlebte folgende Visualisierung zum »ersten Lösungs- oder Heilungsschritt«. Ihre Frage zu Beginn der Reise an die Alte Weise lautete: »Wie kann ich gesund werden, wie kann ich heil werden?« Als Bild des Problems sah sie Bilder aus ihrer Jugendzeit im Alter von 14 bis 16 Jahren. Es waren mehrere Szenen, in denen ihr Vater sie durch Prügel schwer misshandelte. Sie spürte die Schmerzen, und weil ihr Körper die Schmerzen fühlte, reagierte sie mit Hass auf dieses Körpergefühl: »Ich hasse meinen Körper!« Als nächstes Bild wählte sie das Bild der Angst: Es zeigte eine tiefe Schwärze, ein samt-ruhiges Nichts. Das Bild vom »ersten Heilungs- oder Lösungsschritt« zeigte anschließend ganz deutlich, wie sie sich selbst umarmte und sich ganz zart im Gesicht berührte. Neben ihr standen ihr Mann und eine nahe Freundin; ihr Mann hatte seine Hand auf ihren Rücken in Höhe des Herzbereichs gelegt, und auch ihre Freundin stand ganz nahe und berührte sie.

Im Nachgespräch kristallisierte die Frau als die zentralen Qualitäten dieses Bildes heraus: »den Körper selbst berühren«, »Nähe spüren und annehmen«. Um diese gesundheitsförderlichen Qualitäten in den Alltag zu bringen, suchten wir praktische Handlungsschritte, die machbar sein sollten und auch die Herausforderung des Neuen enthielten. Die Frau erlebte ihren Alltag mit dem Hass auf ihren Körper, und so erschien ihr schon das Bild zum ersten Lösungs- und Heilungsschritt sehr herausfordernd. Der angemessene und praktikable Handlungsschritt zu der Qualität »den Körper selbst zart berühren« war für sie die Aufgabe, sich einmal täglich im Spiegel klar anzuschauen und sich dann selbst zu umarmen. Zur Umsetzung der Qualität »Nähe spüren« bat sie ihren Mann, so wie in dem Bild seine Hand auf ihren Körper zu legen. Sie erzählte später, als wie aufregend sie das empfunden hatte.

Ein anderes Beispiel: Eine Frau, die seit vielen Jahren an Asthma erkrankt war, berichtete vom Bild zum »ersten Lösungs- oder Heilungsschritt«:

> »Ich sehe einen mächtigen Wasserfall, und als ich mich in das Bild hineinversetzen soll, stehe ich erst unter dem herabfallenden Wasser, dann treibe ich auf dem Wasser, leicht und spielerisch lasse ich mich treiben, ich gehe nicht unter. Ich wirbele auch unter Wasser umher, weiß nicht, wo oben oder unten ist. Das fühlt sich sehr gut an. Klares, reines Wasser, Bewegung. Zu keinem Zeitpunkt werde ich nach unten gedrückt oder muss um Luft ringen. Das Wasser ist ganz sauber, ein totales Wohlgefühl. Ich muss gar nichts machen.«

Im Nachgespräch arbeitete die Frau drei zentrale Qualitäten dieses Bildes heraus:
* »das Alleinsein genießen können in der Natur«,
* »viel Raum für sich haben«,
* »sich tragen/treiben lassen« (im Sinne von Kontrolle abgeben).

Wir fanden dann gemeinsam folgende praktische Handlungsschritte, die wirklich neue Lebensqualitäten in den Alltag bringen sollten.

»Das Alleinsein genießen zu können« war insofern neu und eine Herausforderung, da die Frau ihren Alltag in Beruf und Freizeit mit sehr vielen Menschen verbrachte, von denen sie sich abzugrenzen lernen musste, um allein sein zu können. Ihre Aufgabe war es, eine halbe Stunde täglich in der Natur nur für sich allein zu sein. »Viel Raum für sich zu haben« und »sich tragen/treiben lassen« setzte die Frau um, indem sie es erreichte, ein Bewegungsbad in einem Kurzentrum zweimal wöchentlich ganz allein für sich nutzen zu können. Sie brauchte viel Mut, um diese Anfrage zu wagen, und sie bekam den Raum, für den sie sich eingesetzt hatte. Sie konnte in dem Bewegungsbecken spüren, wie es ist, vom Wasser getragen zu werden, sich treiben zu lassen. Interessant war, dass diese Frau zur gleichen Zeit eine Wohnung angeboten bekam, die viel größer als ihre bisherige war; sie gewann »viel Raum für sich«.

Ein weiteres, sehr anrührendes Beispiel ist das Bild vom »ersten Lösungs- oder Heilungsschritt« einer Frau, die wegen ihrer veränderten Zellen am Gebärmuttermund in die Beratungspraxis gekommen war. Sie erzählte im Vorgespräch, dass sie ihre weibliche Körperlichkeit total ablehne und daher gleichzeitig große Schuldgefühle habe. Sie kümmere sich auch nur nachlässig um ihre Erkrankung, verpasse die ärztlichen Behandlungstermine und habe dann deswegen zusätzliche Schuldgefühle. In der Visualisierung war ihre Frage an die Alte Weise: »Wie kann ich mich selber heilen?« Als Bild vom »ersten Lösungs- oder Heilungsschritt« sah sie einen Tropfen, der in einen See fiel und damit die Bildung von kreisförmigen Wellen auf der Wasseroberfläche hervorrief. Dieser Tropfen musste einen bestimmten Rhythmus finden, »damit's stimmt« für die Kreisbildung. Die gesamte Oberfläche des Sees wurde dann wellig. Als die Frau sich in das Bild hineinversetzte, tropfte der Tropfen wie in ihr Herz, und dadurch entstand nach und nach eine Schwingung im ganzen Körper, wie die Wellenkreise auf dem See. Sie fühlte diesen Vorgang in ihrem ganzen Körper; die Schwingungen hatten eine körperlich aufrichtende Wirkung, es fühlte sich »frei und leicht« an im Körper. Um dieses aufrichtende und beschwingende Gefühl im Alltag zu erzeugen, fanden wir folgende Aktivitäten:

- Da die Frau gewohnt war, viel mit Affirmationen zu arbeiten, sollte sie den »aufrichtenden« Gedanken als Satz auf ein Plakat malen und im Alltag beachten: »Ich bin mit mir einverstanden«.
- Einmal in der Woche tanzen zu gehen, war die nächste Aufgabe, um das beschwingende Körpergefühl in den Alltag einzubringen.
- »In der Natur weit zu laufen« sollte zwei- bis dreimal wöchentlich das freie und leicht-lebige Lebensgefühl trainieren.

Und zum Schluss noch ein amüsantes Beispiel, an dem Sie sehen können, wie praktisch die innere Weisheit denkt: Eine Frau kam wegen ihres chronischen Schnupfens in die Beratung. Das Bild zum »ersten Lösungs- oder Heilungsschritt« zeigte dann, wie diese Frau einen Heizkörper in ihrer Wohnung anbrachte! Hintergrund dieser Arbeit war eine Familiengeschichte, die es der Frau bisher innerlich verboten hatte, für sich selbst zu sorgen, es sich gemütlich einzurichten und sich einen geborgenen Lebensraum zu schaffen. Dieses Verbot zeigte sich sehr praktisch in ihrer unterkühlten Wohnung, sodass ihre Nase darauf hinwies, sich mehr Wärme zu gönnen. Die Frau machte den Schritt über die lustfeindliche Familientradition hinaus: Sie überwand ihren Geiz sich selbst gegenüber und ließ einen zusätzlichen Heizkörper installieren. Etwas später zog die Frau dann – nach 18 Jahren – aus dieser unangemessenen Wohnung ganz aus. So praktisch können die inneren Bilder sein!

Solche Geschichten verdeutlichen, dass Selbstheilungsprozesse eine Veränderung der Lebensweise einleiten. Es sieht so aus, als seien die neuen Handlungen nur unbedeutend, aber diese aus dem inneren Wissen entsprungenen Handlungsweisen sind wie der Stein, der ins Wasser geworfen wird und weite Kreise entstehen lässt. Ein vielleicht winzig erscheinendes neues Element im Alltag ist der Impuls für die Aktivierung einer neuen Qualität in der Lebensweise: Die Frauen erleben Körper und Krankheit neu, hinderliche Normen und Verbote für die Körper- und Lebenslust werden überschritten; die Frauen wagen neue Formen der Kommunikation mit ihren Mitmenschen.

Das »Selbstheilungsrezept« als Gesundheitstrainingsprogramm

Und damit kommen wir nun auch zu der vorerst letzten Phase der Methode Wildwuchs, in der die Umsetzungsmöglichkeiten von allen inneren Informationen gesammelt werden: die Erstellung eines so genannten »Selbstheilungsrezepts«. Das Selbstheilungsrezept beinhaltet die Zusammenstellung aller alltagstauglichen Handlungsschritte zur Gesundheitsförderung, die in den verschiedenen Phasen des gesamten Beratungsverlaufs entwickelt wurden. Das Selbstheilungsrezept ist ein Gesundheits-Trainingsprogramm, zunächst für vier Wochen. Die Bezeichnung »Rezept« betont die Wichtigkeit der Handlungsschritte für einen gesundheitsförderlichen Alltag. Das, was sich die Frauen an Selbstheilungsschritten erarbeiten – und auch das, was Sie sich beim Lesen dieses Buches erarbeitet haben –, ist als inneres Wissen dem Wissen von anderen ebenbürtig. Machen Sie sich klar, dass diese aus den inneren Bildern gewonnenen Informationen Ihr ureigener Wissensschatz sind: Das ist Ihr Ausgangspunkt für neue Handlungsmöglichkeiten!

An diesem Punkt ist die Frage zu stellen nach dem, was Sie von Ihren inneren Reisen mit in Ihren Alltag nehmen wollen. Was wollen Sie zurücklassen, was wollen Sie neu tun, wenn Sie wieder aus Ihrer inneren Bilderwelt zurückgekehrt sind und der normale Alltag beginnt. Indem Sie darüber nachdenken, werden Sie vielleicht schon zu ahnen beginnen, welche Auswirkungen es haben kann, wenn Sie neue Lebensqualitäten in Ihr Leben bringen: Woher die Zeit nehmen, sich so viel um sich selbst zu kümmern?

Plötzlich stellen sich Ihnen viele Fragen: Wie kann ich in meiner Familie und wie mit meinen Mitmenschen darüber kommunizieren, was ich anders und neu möchte? Wie werden die anderen, beispielsweise mein berufliches Umfeld, auf meine neuen Verhaltensweisen reagieren? Werden mich die anderen unterstützen oder ablehnen, mich für »verrückt« erklären? Was wird passieren, wenn ich etwas neu mache, was wird alles ins Rutschen kommen? Wird sich das alles wirklich lohnen? Wird es auch bei mir gesundheitsförderlich wirken?

Das Gesundheitstraining besteht also aus der Sammlung all dessen, was im Verlauf der Selbstheilungsberatung an weiterführenden Handlungen herausgefunden wurde. Sie selbst können während der folgenden Ausführungen für sich überlegen, welche Erkenntnisse Sie aus den inneren Reisen gewonnen haben und wie diese praktisch und konkret in Ihrem Leben mehr Raum bekommen und so belebt werden könnten. Die »Rezeptpunkte«, die ich Ihnen gleich erläutern werde, umfassen verschiedene Erlebensbereiche und sind für die meisten Frauen relevante Bestandteile des Gesundheitstrainings. Eine Dauer von vier Wochen ist für die Durchführung des Programms ein geeigneter Rahmen: Es ist eine überschaubare Zeit und lange genug, um die Wirkung der neuen Qualitäten im Alltag in ausreichendem Maße kennen zu lernen. Nach Beendigung des Gesundheitstrainingsprogramms kommen die Frauen in der Regel für eine abschließende Reflexion zu einem Nachgespräch.

Die Elemente des Selbstheilungsrezepts

Die erste Aufgabe des Selbstheilungsrezeptes ist, die inneren Bilder genau aufzuschreiben, um die *Informationen* als Hinweise des Körpers möglichst exakt *festzuhalten*. Die Bilder können dann, wie in Kapitel 3 beschrieben, mithilfe verschiedener Methoden ausgewertet werden. Dabei kann gleichzeitig das Erleben vertieft werden: Durch die kreativen Mittel des Malens, Tanzens usw. sind der Verstand, das Gespür und die Gefühle, Körperbewegung und Intuition in unterschiedlicher Weise an dem »Begreifen« der Aussage der inneren Bilder beteiligt.

Eine andere Möglichkeit, sich den inneren Bildern weiter anzunähern, sind *Wortspiele*. Damit sind Assoziationsspiele gemeint, die bei zentralen und unklaren Bildern eine erste Ahnung von deren Bedeutung erzeugen können. In der Beratungspraxis finden Wortspiele bei bestimmten Schlüsselbildern ihren Einsatz, zum Beispiel wenn es um das Bild der Angst oder der Kraft geht, oder auch um die Annäherung an die Gestalt oder Erkrankung aus der Visualisierung Körpererkundung. Ein Wortspiel ist mit seinen Assoziationen ein guter Zwischenschritt von dem Erleben innerer Bilder hin zu ihrem Verstehen.

Ich möchte Ihnen mein Lieblingswortspiel vorstellen; die meisten Frauen in den Beratungen lieben dieses Spiel ebenfalls: Nehmen wir einmal an, ich sehe in Visualisierungen ständig eine schwarze Katze, träume vielleicht von einer schwarzen Katze und weiß aber nicht, was dieses Bild mir sagen will. Für das Wortspiel schreibe ich den Begriff »schwarze Katze« auf ein Blatt und sammele Assoziationen dazu: zum Beispiel schwarz, Fell, jagen, Maus, töten, Nacht, miauen, Blechdach usw., bis es 16 Begriffe sind, die ich dann untereinander notiere. Im nächsten Schritt nehme ich den ersten und den zweiten Begriff – in meinem Beispiel »schwarz« und »Fell« – und finde dazu eine Assoziation, die aber nichts mit dem Ausgangsbegriff (»schwarze Katze«) zu tun haben muss. Zu »schwarz« und »Fell« fällt mir das Wort »Persianer« ein, und dies schreibe ich auf. Nun nehme ich den dritten und den vierten Begriff und finde dazu eine Assoziation: Das sind »jagen« und »Maus«, und mir fällt dazu »Todesangst« ein. Genauso verfahre ich mit dem fünften und dem sechsten Begriff usw., bis schließlich acht neue Assoziationen auf dem Blatt stehen. Danach nehme ich von diesen acht Begriffen wieder die ersten beiden und assoziiere dazu wieder ein Wort; in meinem Beispiel sind das jetzt die Begriffe »Persianer« und »Todesangst«. Meine Assosziation dazu ist: »Wilderei«. Dann verfahre ich wieder genauso mit den restlichen sechs Begriffen, bis ich schließlich vier neue Wörter auf dem Blatt stehen habe. Nun wieder zum ersten und zweiten Wort usw. assoziieren, bis ganz zum Schluss ein einziges Wort dasteht, in das alle Begriffe eingegangen sind. Bei diesem Wortspiel wird der Ausgangsbereich durch erweiternde Assoziationen zunächst aufgefächert und dann wieder zu einem neuen Begriff verdichtet. Es kommt aber nicht nur auf den Endbegriff an, sondern schon der Verlauf der Assoziationen während des gesamten Wortspiels ist sehr aufschlussreich für die Bedeutung des Ausgangswortes. Ich wünsche Ihnen beim Ausprobieren viel Spaß.

Ebenfalls gut geeignet für eine erste Annäherung an schwierige Themen sind »Denksport-« und *Beobachtungsaufgaben*. Diese Aufgaben fördern die intellektuelle Auseinandersetzung mit krankheits- beziehungsweise gesundheitsrelevanten Themen. Manchmal zeigen die inneren Bilder Informationen, denen sich die Frau zunächst nur mit ihrem Denken nähern kann. So beschäftigte sich beispielsweise eine Frau mit den Fragen: »Wie erlebe ich das Bild von der Doppelseitigkeit meines Herzens im Alltag? Wie erlebe ich den dunklen und wie den hellen Teil?« Für die Verdeutlichung von alten Glaubensmustern kann es wichtig sein, das Ausmaß der alten Verhaltensmuster im Alltag zu beobachten und sich selbst zu verdeutlichen. So könnte eine Frage lauten: »Wie gehe ich mit Verletzungen um und wie verarbeiten andere Menschen erlittene Verletzungen?« Oder es kann für eine bestimmte gewünschte neue Verhaltensweise notwendig sein, sich zunächst einmal gedanklich damit zu beschäftigen, zum Beispiel durch solch eine themenbezogene Frage: »Wie kann ein Mensch sich selbst das Gefühl geben, Boden unter den Füßen zu haben?« Oder: »Was ist eigentlich Hingabe – wie geht Hingabe als Verhalten?« In der gedanklichen Auseinandersetzung können Frauen zu bestimmten Themen Informationen und Erfahrungen von anderen sammeln, beispielsweise durch Gespräche oder Bücher. Sie können verschiedene und neue Sichtweisen kennen lernen – nicht, um mit dem Verstand alles verstehen oder kontrollieren zu können, sondern weil das Denken, die »Revolution im Kopf«, als eine Facette im Heilungsprozess zur Vorbereitung von Handlungsschritten gehört.

Die beschriebenen ersten beiden Aufgabenbereiche des Selbstheilungsrezepts dienen hauptsächlich der Auswertung, also der Aufschlüsselung und dem Verständnis der Bilder. Der nächste Bestandteil des Rezeptes ist der Bereich, in dem es darum geht, *Altes aufzugeben:* Da sind an erster Stelle die gefundenen »Glaubenssätze«, über deren Verabschiedung die Frau innerhalb des vierwöchigen Trainingsprogramms eine Entscheidung fällen soll. Oft gehören noch andere Handlungen zum Weggeben des Alten, um Platz für Neues zu schaffen. Hier ein paar Beispiele: Alte Kisten werden ausgeräumt, lang schwelende Konflikte mit Verwandten bereinigt, vergangene Beziehungen verabschiedet.

Den nächsten Bestandteil des Rezepts bilden die mithilfe der Analytischen Visualisierungstechnik gewonnenen *Heilsamen Bilder.* Diese Bilder enthalten die Vorstellung, wie ein heilsamer Prozess für die Körperbeschwerden verlaufen kann und wie die Person in diesem Prozess »heil und gesund« aussieht. Dieses aus der therapeutischen Arbeit mit krebskranken Menschen stammende Verfahren hat sich als gesundheitsförderlicher Selbsthilfeschritt bewährt. Diese Visualisierungsarbeit wird im dritten Kapitel ausführlich beschrieben. An dieser Stelle möchte ich Ihnen nun von der Visualisierung erzählen, aus der die Idee für den Titel dieses Buches entstanden ist: *Wo die Piranhas mit den Zähnen klappern…*

Dieses Bild entstammt der Selbstheilungsberatung mit einer an Endometriose erkrankten Frau, und es hatte einen ganz erstaunlichen Informationsgehalt. In der Analytischen Visualisierung sah die Frau das Endometriose-Gewebe als weiches Gewebe, das mit Gewebefasern an anderem Gewebe festgewachsen war; und aus dem weichen Gewebe hatte sich ein härteres Gewebe herausgebildet in Form eines breiten Stiels.

Dieses härtere Gewebe hatte die Aufgabe, Angreifer abzuwehren zum Schutz des weichen Gewebes. Die Angreifer waren dunkle Wesen, gefräßig und gierig auf Fleisch. Wenn diese dunklen Wesen nicht mehr da wären, so erzählte das harte Gewebe, könne es sich auflösen, verschwinden: »Die dunklen Wesen müssen angeschaut und verändert werden, nicht wir als Gewebe.« Die Angreifer im Unterleib sahen aus wie Piranhas – kleine schwarze fischartige Wesen mit vielen kleinen scharfen Zähnen. Sie waren einfach gierig und gefräßig, sie wollten »einfach nur fressen, weil sie hungrig sind«. Zur Entwicklung einer heilsamen Visualisierung nahm die Frau Kontakt zu diesen Wesen auf: »Es kamen plötzlich ganz viele kleine schwarze Wesen, die anfingen, das umliegende Gewebe zu fressen, es ging unglaublich schnell und war sehr beängstigend.« Auf die Frage, ob sie wüssten, dass das Gewebe gesundes Gewebe sei und ihr Fressen für die Frau Schmerzen bedeutet, hielt eines der Wesen inne, überlegte und antwortete, es höre zum ersten Mal, dass es unterschiedliche Gewebe gäbe. Das Wesen fragte, woran es denn erkennen könne, welches Gewebe gesund und welches Gewebe krank sei. Eine gute Frage, denke ich. Mich hat die Visualisierung sehr beeindruckt, da in der wissenschaftlichen Diskussion vermutet wird, dass eine Störung im Immunsystem ein ursächlicher Faktor für die Erkrankung Endometriose sein könnte. Möglicherweise handelt es sich um eine Autoimmunerkrankung, was bedeutet, dass das Immunsystem körpereigenes Gewebe angreift, also nicht mehr unterscheiden kann, was »gesund« und was »krank« ist. Die Parallelität mit der Frage des Piranha ist nicht zu übersehen. Das innere Bild zeigte ganz deutlich, worum es ging. Die Piranhas werden lernen müssen zu unterscheiden, was eigentlich beseitigt werden muss.

Der nächste Bereich im Selbstheilungsrezept sind die Schritte zur *Umsetzung der Informationen,* die die inneren Bilder über die Bedürfnisse und Anliegen des Körpers vermittelt haben. Erinnern Sie sich an die Visualisierung »Körpererkundung«? Dort wurde nach dem gefragt, was der erkrankte Ort oder der Beschwerdebereich braucht, was ihm fehlt. Die Beantwortung dieser Körperbedürfnisse durch adäquate Aktionen ist die Eigenverantwortung jeder Frau. Ebenso erfordern die Bilder vom »ersten Lösungs- oder Heilungsschritt« eine praktische Umsetzung im Alltag. Dazu hier das Beispiel von der Frau, deren Reise zu ihrem gutartigen Tumor, dem »Klumpen«, bereits im dritten Kapitel beschrieben wurde:

In den folgenden Wochen erledige ich dann auch meine Rezeptaufgaben und beobachte mich genau. Ich male immer wieder Bilder von meinem Unterleib, erst wie er krank aussieht, dann wie er allmählich gesundet. Auch von meiner inneren Beraterin male ich ein Bild, um noch besser Kontakt zu ihr aufnehmen zu können… Nun sind also der Schmerz und die Traurigkeit Thema. Statt »Klumpen« will ich den Tumor jetzt »die Empfindsame« nennen… Ich wünsche mir Nähe und Kontakt in meiner Traurigkeit. Dazu habe ich die Aufgabe, mit einer guten Freundin ein Nähe-Abstand-Experiment zu üben: Ich soll den Wunsch nach Nähe meiner Freundin gegenüber formulieren und dabei meine Traurigkeit spüren. Außerdem soll ich auch für mich alleine immer eine Viertelstunde am Tag dem Trauern Zeit einräumen… Die Traueraufgaben zu erfüllen, fiel mir tatsächlich schwer. Beim Trauern für mich alleine schweifte ich immer wieder ab, wurde furchtbar müde, fühlte mich leer im Kopf. Tränen kamen keine. Schließlich fragte ich meine Freundin, ob ich ihr von meiner Trauer erzählen dürfe und ob sie mich dabei in den Arm nehmen könnte. Da kam ich zu meinem Erstaunen sehr ins Schluchzen und fühlte mich hinterher befreit... Eine weitere ganz klare Aufgabe ist auch, dass ich beobachten soll, wo in meinem Leben Wut und Aggression Themen sind. Was diese Themen betrifft, merke ich, wie schwer es mir fällt, sie rauszulassen. Ich richte meine Aggressionen wohl eher gegen mich selbst. Als Folge des ausgelösten Prozesses melde ich mich für einen Selbstbehauptungs- und Selbstverteidigungskurs in einem Frauenferienhaus an und mache anschließend Wendo in einer Gruppe weiter.

Es ist sehr wichtig, solche Selbsthilfeschritte realistisch und mit einem konkreten Termin, also verbindlich, festzulegen. Wenn Sie beginnen, neue Verhaltensweisen in Ihren Alltag einzubringen, so bewegen Sie sich ja direkt in den früheren, vermiedenen »Gefahrenzonen« und aktivieren alle Schutzmechanismen, sprich Widerstände, um die alten Glaubens- und Verhaltensmuster aufrechtzuerhalten. Erinnern Sie sich noch an das Beispiel von dem verletzten Arm? Wenn Sie neue Bewegungen ausprobieren, werden reflexartig die alten Bewegungsgrenzen aus der gewohnten Schonhaltung aktiviert, und es erfordert viel Aufmerksamkeit, Konzentration und Disziplin, die neuen Bewegungen einzuüben. Dasselbe gilt für das Gesundheitstrainingsprogramm, das die Frauen in neue Lebensqualitäten führt, die nicht nur begehrenswert und attraktiv sind. Das Neue bedeutet immer auch den Verlust der alten Gewohnheiten und Sicherheiten. Klare Verbindlichkeiten – zum Beispiel: »Ich werde mich einmal täglich mit wohlwollenden Augen in einem Spiegel betrachten« – erleichtern die Konzentration im Training.

Das letzte Element des Selbstheilungsrezeptes ist *das Ge-*

schenk der Alten Weisen, das »dich im Alltag in deinem Heilungsprozess unterstützen kann«. Sie können sich dieses Geschenk – oder eine symbolische Entsprechung – besorgen, kaufen oder sich schenken lassen und es im Alltag wie einen Talisman zur Stärkung und zum Mutmachen nutzen.

Das Selbstheilungsrezept ist die Anleitung für wachstumsförderliche und in diesem Sinne heilsame Schritte im Leben; es ist ein Tor und auch ein Haltestab für die Etablierung neuer Lebensqualitäten im Alltag. Das Selbstheilungsrezept setzt einen Prozess, eine Entwicklung in Gang; es ist eine Art »selbst bestimmter Schubs«, wie eine Frau es einmal formulierte. Dadurch erklärt es sich, dass die scheinbar kleinen Schritte, wie zum Beispiel »täglich den Körper liebevoll einzucremen«, eine Lawine auslösen können für die Qualität Selbstliebe, was dann wiederum weitere veränderte Sichtweisen, Meinungen und Verhaltensweisen nach sich zieht. So ist Selbstheilungsarbeit immer auch gleichbedeutend mit einer Veränderung der Lebensweise.

Am Ende unserer gemeinsamen Reise durch die Methode Wildwuchs angelangt, hoffe ich, dass Sie, liebe Leserin, einen Einblick in die Qualität dieser Selbstheilungsarbeit bekommen haben. Und vielleicht konnten Sie einige wichtige Hinweise für Ihren Selbstheilungsweg gewinnen. Durch die Visualisierungsarbeit gelangen Sie in einen sehr intensiven Kontakt mit Körper und Krankheit und finden Ansatzpunkte für weiterführende Selbstheilungsschritte. Die neuen Qualitäten können Sie während des vierwöchigen Gesundheitstrainingsprogramms in Ihr Leben bringen, denn das, was anfangs eine Aufgabe oder Übung ist, kann sich nach und nach in neue Bestandteile Ihres Alltags wandeln. Die Selbstheilungsprozesse entwickeln und entfalten sich immer weiter, und es können

Veränderungen in Ihrer Lebensweise beginnen – lustvoll und bereichernd.

An dieser Stelle noch ein wichtiger Hinweis: Während der Schritte in neue Lebensqualitäten tauchen auch die alten »Gespenster« wieder auf. Es ist meist so, dass man eine Übung macht, also einen Sprung vorwärts tut, und genau durch diese Bewegung werden die alten Grenzen, Verbote, Ängste usw. wieder spürbar aktiviert. Auf den Sprung vorwärts folgt der Rückschritt, und das ist ganz normal in der Zeit des Gesundheitstrainingsprogramms. Eine Frau hat diesen Prozess wie folgt beschrieben:

> Jetzt, einige Wochen nach dem Aufschreiben meiner Erfahrungen aus der Wildwuchs-Arbeit, hat sich einiges verändert in mir. Schon während des Schreibens habe ich gemerkt, dass es wichtig war, mich noch einmal mit den Reisen und den inneren Prozessen auseinander zu setzen. Es war zum Teil wieder ziemlich schmerzhaft, und ich habe viele Tränen dabei vergossen, habe meine Verzweiflung, Traurigkeit noch einmal ziemlich intensiv erleben müssen… Die Reisen in meinen Körper haben mir geholfen, mein eigenes inneres Wissen und abgespaltene Teile in mir wieder zu finden. Ich finde, es ist schwer, diese Teile auch wirklich als *meine* Teile zu empfinden, und es ist richtig harte Arbeit, sie zu integrieren… Die alten Verletzungen sind tief… Die inneren Reisen trugen alle dazu bei, mir näher zu kommen, meine innere Stimme ernst zu nehmen. Was für mich neu und wichtig war, ist die Verbindung der inneren Bilder mit meinem Lebensalltag, die durch das Selbstheilungsrezept entstehen konnte. Die Wildwuchs-Methode ist für mich eine gute Ergänzung zur Psychotherapie. Und jetzt spüre ich, dass sich innerlich etwas ver-

ändert hat. Es ist, als ob ich langsam anfange zu leben und spüre und erlebe, dass die Gefühle nicht nur schrecklich, schmerzhaft, furchtbar sind, sondern dass ich mich freuen kann. Und die Freude kommt auch wirklich bei mir an, ist innerlich zu fühlen. Das ist so neu und ungewohnt.

Die Auswirkungen von Selbstheilungsarbeit

Ich möchte Ihnen zum Abschluss dieses Kapitels davon erzählen, wie sich die Selbstheilungsarbeit nach der Methode Wildwuchs auswirken kann, was Frauen selbst als wichtige Resultate dieser Arbeit benennen. Ich kann hier natürlich nicht alle Ergebnisbereiche vorstellen, über die die Frauen in der Beratungsarbeit berichtet haben, werde aber die wesentlichsten für Sie zusammenfassen.

• *Selbstheilungsarbeit verändert das Verhältnis zur Erkrankung.*
Das durch die Arbeit neu geschaffene Verständnis der Krankheit bleibt ein eindrückliches Erlebnis, und viele Frauen behalten die Bereitschaft bei, den Körperbeschwerden zuzuhören. Ein schönes Beispiel dafür ist das einer Frau mit Myomen, die sich eine innerliche Zwiesprache mit ihrer Gebärmutter angewöhnt hat – mit besonders ergiebigen Ergebnissen während ihrer Geschäftsverhandlungen im Managementbereich! Des Weiteren hat das Erkennen und Begreifen der Funktion ihrer Erkrankung für Frauen die Konsequenz, dass sie eine andere Einstellung ihrer Krankheit gegenüber einnehmen können, und dies zieht dann auch andere Handlungen nach sich. Zum

Beispiel hatte eine Frau ihr »Dicksein« und die damit begründete Ablehnung ihres Körpers an einer Fehlfunktion ihrer Schilddrüse festgemacht. Allein der Gedanke, dass die Schilddrüse vielleicht gar nicht der Grund für ihr Gewicht sein könnte, erfüllte sie mit Schrecken. Durch die Visualisierungsarbeit konnte sie die Scham spüren, die sie schon immer ihrem Körper gegenüber gehegt hatte und die unter der »Beschuldigung« der Schilddrüse lag. Erst durch diese Erkenntnis war die Frau mit einer genaueren ärztlichen Untersuchung ihrer Schilddrüse einverstanden.

Für eine andere Frau war das Resultat der Arbeit, dass ihre Krankheit sie nun daran erinnert, Ja zum Leben zu sagen: »Krankheit und Leiden waren die Krücke für die Berechtigung meines Da-Seins; ich suchte das Leiden, um mich zu fühlen, um zu spüren, wer ich bin. Es war ein Anhaften an Tod und Vergangenheit in Hilflosigkeit.«

Besonders für Frauen mit chronischen Erkrankungen führt die Selbstheilungsarbeit zu einer veränderten Einstellung und Haltung gegenüber der Erkrankung, und dies hat oft eine Steigerung der Lebensqualität zur Folge. Für diese Frauen bewirken die Entspannungs- und Visualisierungsverfahren eine körperliche Entlastung, und die Erkrankung erfährt eine positive Zugewandtheit. Durch den neuartigen inneren Kontakt zum Körper während der Selbstheilungsarbeit erscheint der kranke Körper weniger feindlich und bedrohlich. In dem Moment, wo die Frauen durch die Visualisierungsarbeit ihren Körper von innen heraus neu sehen und mit ihm »reden« können, eröffnet sich ein liebevollerer Umgang mit der Erkrankung. Dies setzt Lust auf Leben frei, Lust auf die Verwirklichung von nicht mehr für möglich gehaltenen Wünschen und Abenteuern!

• *Selbstheilungsarbeit erweitert das Selbstbewusstsein und die eigene Kompetenz bezüglich der Erkrankung.*
Körperliche Prozesse in der Selbstheilungsarbeit neu erlebt und ein Stück mehr begriffen zu haben, bedeutet eine gute Stärkung und Stabilität für das Selbstbewusstsein im Krankheitsfalle. Wenn Entscheidungen in Behandlung oder Therapie im Kontakt mit dem eigenen Körper »besprochen« und so innerlich geklärt sind, kann dies erfahrungsgemäß die Akzeptanz medizinischer Behandlung erhöhen, was auch die Gesundungsbereitschaft fördert. Es ist beispielsweise wichtig, ob eine Frau sich mit ihrem ganzen Körperleben auf einen bevorstehenden operativen Eingriff eingestellt hat. Eine Möglichkeit dafür ist, sich als heilsames Bild schon vor der Operation vorzustellen, wie der Schoß nach der Operation »heil und gesund« aussehen wird.

• *Selbstheilungsarbeit fördert die Liebe zum eigenen Körper.*
Es ist einfach schön mitzuerleben, wie Frauen ihren Körper nach dieser Arbeit mit neuen Augen betrachten und ihm näher kommen. Sie können ihren Körper in seinem äußeren Aussehen mehr akzeptieren und entwickeln einen freundlicheren Blick auf sich selbst. Eine Frau erzählte, dass sie auch nach der Zeit des Gesundheitstrainingsprogramms die »Aufgabe« beibehalten hat, ihre Brüste täglich liebevoll einzucremen. Zuvor hatte sie ihre Brüste nicht gemocht und sie auf keinen Fall gerne und liebevoll berührt.

Als einen weiteren großen und wunderbaren Wert der Selbstheilungsarbeit formulieren Frauen auch, dass die inneren Bilder eine Welt sind, in der sie sich selbst nahe kommen können: »Ich kann in mir ruhen, weil ich einen Kontakt zu meinem Körper in den Bildern haben kann, so wie ich es noch nie erlebt habe.« Die Visualisierungsarbeit ermöglicht gerade

Frauen mit Selbsthass, Scham und Ekel, die ihren Körper ablehnen, eine gut zugängliche Erfahrungsebene von Körperlichkeit. Es wird ein neues Erleben des Körpers möglich, und diese Erfahrung erzeugt eine heilsame Sinnlichkeit. Dieses neue Körperempfinden entwickelt sich auch dann, wenn die Frau in ihrer täglichen Visualisierung lediglich einen Körperbereich regelmäßig in der Vorstellung »besucht«. »Die Dimension der Bilder ist eine Welt für Körpernähe«, so hat es eine Frau beschrieben.

• *Selbstheilungsarbeit bedeutet die Aktivierung von Selbstheilungskraft und Lebensmut.*
Anstatt an dieser Stelle die Ergebnisse von Selbstheilungsprozessen der vielen, vielen Frauen aufzulisten, werde ich anhand meines eigenen Lebensweges skizzieren, in welchen Bereichen sich ein veränderter Alltag entfaltet hat. Diese Veränderungen enthalten Elemente, von denen auch andere Frauen berichten. Meine Geschichte wird also beispielhaft einige Charakteristika von Selbstheilungswegen verdeutlichen.

Im Verlauf vieler Jahre Selbstheilungsarbeit hat sich mein Leben nach und nach gewandelt – Angst machend und lustvoll zugleich. Nachdem ich meine Hormoneinnahme beendet hatte, lernte ich in Selbsthilfegruppen und Einzeltherapie – neben verschiedenen Visualisierungsmethoden – die unterschiedlichsten Wege der Selbsthilfe kennen: das therapeutische Malen der Anthroposophen, Luna-Yoga nach Adelheid Ohlig, Psychodrama und Gestalttherapie, Meditation, Massagetechniken, Heilbäder, Astrologie und Tarot, Traum-Arbeit, Tantra, Ernährungsumstellung, Fasten. Verschiedene Methoden davon erlernte ich selbst, und aufgrund meines medizinischen Interesses bildete ich mich in heilpraktischem

Wissen aus. Nach etwa fünf Jahren ließ ich bei einem anthroposophischen Gynäkologen erneut einen Hormonspiegel erstellen aus Sorgfalt für meine körperliche Befindlichkeit: Die Werte lagen nach Aussage des Arztes im Bereich des Normalen. Ich lebe nun seit etwa achtzehn Jahren ohne die Einnahme künstlicher Hormone und bin seitdem in fast allen Bereichen der Selbsthilfe, die ich kennen gelernt habe, bis zum heutigen Zeitpunkt regelmäßig aktiv. Angesichts meiner damaligen Erkrankung habe ich mich verpflichtet, auf diese Lebensqualität zu achten.

Selbstheilungsarbeit ist auf verschiedensten Wegen möglich; und auch die Erfahrungen anderer Frauen zeigen, dass die Nutzung von unterschiedlichen Therapien einen ganzheitlichen Umgang mit der Erkrankung ausmacht.

Eine weitere wichtige Veränderung in meinem Leben war eine gesundheitsförderliche berufliche Neuorientierung. Kurze Zeit nach dem Entschluss, Selbstheilungswege zu finden, kündigte ich meine damalige Arbeitsstelle, um einen beruflichen Wirkungskreis zu finden, der mehr mit meinen eigenen Interessen und Bedürfnissen zu tun haben sollte. Ich hatte mich mit alter Frauengeschichte auseinander gesetzt, mit den Zeiten der Matriarchate und mit der Zeit der Hexen. Ich hatte von den Beginen gelesen, die als ursprünglich freireligiöse Frauenlebensgemeinschaften im europäischen Raum wirtschaftlich selbstständig waren und sich sozial engagierten. Wichtig war für mich diese alte Frauengeschichte angesichts der Frage, wie sich die weibliche Kompetenz im Wissen um Körper und Krankheit entwickelt hat; in meine individuelle Suche nach Wissen und Selbsthilfe für meinen Körper bezog ich das historische Wissen mit ein. Schließlich formte sich mein Entschluss heraus, selbstständig im Bereich Gesundheitsförderung tätig zu sein. Als »Soziotherapeutin für lebensgefährlich und chronisch Erkrankte« gründete ich 1991 ein Beratungs- und Ausbildungsinstitut für Selbstheilungsarbeit, das *Institut Wildwuchs*. Heute gibt es einen Zusammenschluss für die europaweite Verbreitung der Selbsthilfe- und Selbstheilungsarbeit nach der Methode Wildwuchs mit dem Namen INVISUA, Interdisziplinäre Gesellschaft für Körperorientierte Visualisierungsarbeit und Selbsthilfe.

Nicht zuletzt ist meine Spiritualität, mein stärker werdendes Vertrauen in die Welt und das Zunehmen meiner Verbundenheitsgefühle mit der Natur und dem Leben auf dieser Erde ein weiteres Geschenk, das meinen Alltag verändert hat. Ich habe vor einigen Jahren mehrere Frauen zu ihren Selbstheilungswegen interviewt, und auch diese Frauen berichteten fast alle aus ihren Erfahrungen, dass sich ihr Glaube und ihr Weltvertrauen, ihre Verbindung zur Natur und damit ihr Eingebundenheitsgefühl im Laufe ihres Selbstheilungsprozesses entwickelt haben. Diese neue Art von Glauben, ihre Spiritualität, sahen und sehen die Frauen als ein großes Geschenk an.

In ihrer Gesamtheit haben die hier beschriebenen grundlegenden Veränderungen in meinem Lebensalltag bewirkt, dass ich heute als Selbstheilungs-Beraterin die Frau bin, die ich damals für meine Begleitung gebraucht hätte.

7

Frauenerkrankungen im Spiegel
innerer Bilder

In diesem Kapitel möchte ich Ihnen Beobachtungen und Erkenntnisse aus der Selbstheilungsberatung zu speziellen Frauenerkrankungen vorstellen. Ich habe vor Jahren eine eigene
Forschungsarbeit zu frauenspezifischen Lebensthemen in
Krankheitsprozessen begonnen, und zwar mit der Fragestellung: Gibt es gemeinsame Lebensthemen bei Frauen, die zum
Beispiel unter Beschwerden mit Myomen leiden oder an der
Schilddrüse oder an Endometriose erkrankt sind? Meine Beobachtungen stammen aus Einzelberatungen sowie aus länger
andauernden Arbeiten mit Gruppen; in einer Gruppe arbeite-
ten ausschließlich an Endometriose erkrankte Frauen zusammen an ihrem Selbstheilungsprozess, in einer anderen Gruppe
schilddrüsenerkrankte Frauen und in einer weiteren Frauen
mit Körpergebilden wie Myomen. Ich wollte herausfinden, ob
der Körper auf bestimmte Lebensthemen, auf jeweils spezifische Unausgewogenheiten mit bestimmten Körperprozessen
aufmerksam macht. Eine weitere Untersuchungsfrage war, ob
eine spezielle Frauenerkrankung jeweils auch bestimmte, neu
zu entwickelnde Lebensqualitäten einfordert, das heißt, ob es
zu verallgemeinernde krankheitsspezifische gesundheitsförderliche Schritte gibt, zum Beispiel für Frauen mit Myomen.

Meine Beobachtungen habe ich verschiedenen Bereichen zugeordnet und ausgewertet. Allerdings ging es mir dabei nicht um eine »wissenschaftliche« Kategorisierung, sondern als Richtschnur folgte ich der Frage nach wichtigen Ansatzpunkten für gesundheitsförderliche Veränderungen in weiblichem Denken und Handeln. Meine Forschungen galten der Suche nach der Frauenmacht – also nach dem, was Frauen für eine heilsame Lebensweise selbst tun und machen können.

Die zu Grunde liegende Sichtweise des Körperphänomens »Krankheit« war, diesen Körperausdruck als Hinweis und Herausforderung für die weitere Persönlichkeitsentfaltung und für ein erfülltes Leben nutzen zu können und zu dürfen. Dies zu betonen ist mir aus mehreren Gründen wichtig: Zum einen halte ich es für problematisch, im Bereich individueller Krankheitsgeschehen Kategorien zu schaffen und dadurch einem »Schubladendenken« Vorschub zu leisten, das zu einer Stigmatisierung erkrankter Menschen beiträgt. Des Weiteren weiß ich von der Problematik, dass verallgemeinernde Aussagen über Persönlichkeitsprofile – zum Beispiel bei Krebserkrankungen oder bei anderen psychosomatisch »erklärten« Krankheitsbildern – auch die Wirkung haben können, »Allmachtsgedanken« zu forcieren, die einem natürlichen und menschlichen Kontrollbedürfnis entgegenkommen: »Wenn ich mich so und so verändere, dann kann ich gesund werden…« Die Kehrseite einer solchen Sichtweise ist die Schuldzuweisung für das Entstehen von Krankheit an die erkrankte Person: »Weil du deine Weiblichkeit nicht richtig lebst, bestraft dich dein Körper durch die Erkrankung.« Auch wenn dieser Satz extrem klingen mag, fasst er doch ein weit verbreitetes Glaubensmuster von Frauen zusammen, die einen neuen Umgang mit Körper und Krankheit beginnen. Dieses Denken wird zusätzlich gespeist durch die gesellschaftliche

Diskussion über eine neue ganzheitliche Medizin. Ich habe diese »Schuldfrage« bereits im Zusammenhang mit den Erläuterungen zum Thema Eigenverantwortung angesprochen. Hier möchte ich erneut diesen Punkt betonen, denn die Schuldbereitschaft ist sozusagen die Achillesferse von Frauen und kann zerstörerische Auswirkungen für das Selbstbewusstsein, die Selbstachtung und besonders für die Handlungslust und den Tatendrang von Frauen haben.

Was tun angesichts dieser problematischen Situation, keine weiteren Allmachtsphantasien über Gesundung und keine neuen Schuldzuweisungen in die Welt bringen zu wollen und doch einen Austausch über Deutungen und Thematiken von Frauenerkrankungen anzuregen? Erinnern wir uns an dieser Stelle gemeinsam an das Bild der Körperlandschaft, das im zweiten Kapitel ausführlich vorgestellt wurde. Wenn die Erkrankung auf das Verhalten der Hüterin der Landschaft zurückgeführt wird, so würde das bedeuten, dass die Hüterin zum Beispiel zu viel oder zu wenig in einem bestimmten Landschaftsbereich war oder zu den falschen Jahreszeiten. Oder die Hüterin hätte dieses oder jenes zu viel oder zu wenig gewässert, nicht gründlich genug gehackt etc. Aus dieser Perspektive ist die Hüterin schuld an den Zuständen im Garten. Die neue Sichtweise, die ich für die Selbstheilungsarbeit vorschlage, betrachtet die Verhältnisse in der Gartenlandschaft in ihrer Bedingtheit durch verschiedene Wirkungseinflüsse: Historische, gesellschaftliche, familiäre Bedingungen und Umwelteinflüsse bringen die Gartenlandschaft mit hervor. Die Verantwortlichkeit und damit der Bereich der Fehler liegt insofern bei der Hüterin der Landschaft, als sie in einer bestimmten, unbewussten oder bewussten Art und Weise in der Gartenlandschaft agiert. Wenn sich eine Erkrankung zeigt, ist der Startpunkt und die Ausgangsfrage für eine Selbstheilungsarbeit, wie die Hüterin nun mit diesem Erkrankungszustand umgehen wird. Welche Einstellung und Haltung hat sie der Erkrankung gegenüber, welche Beziehung entwickelt sie zu Körper und Krankheit? In diesem Punkt hat die Hüterin der Landschaft eine Wahlmöglichkeit, und dies ist auch der Scheidepunkt, an dem sie die Entscheidung über Beratungs-, Therapie-, Behandlungs- und Selbsthilfemöglichkeiten, also über den praktischen Umgang mit Körper und Krankheit, trifft. Aber auch bei der Wahl ihrer Mittel ist die Hüterin wieder eingebunden in die gesellschaftlich verbreitete Sichtweise von Körper und Krankheit, die verknüpft ist mit entsprechenden Angeboten des Gesundheitswesens. Beispielsweise werden in Deutschland ganzheitliche Heilverfahren nur ansatzweise akzeptiert, was sich an der mangelnden Kostenübernahme durch die Krankenkassen zeigt. Die umgebenden Landschaften, das ganze Gebiet stellt das Umfeld dar, in dessen Rahmen die Hüterin ihre Einwirkungsmöglichkeiten finden und durchführen kann.

Eine Folgerung aus dieser neuen Sichtweise ist, dass Krankheit und Heilung nicht ausschließlich individuell, also isoliert betrachtet werden können und dass sich gesundheitsförderliche Maßnahmen nicht nur auf die individuelle Lebensgestaltung beziehen können. Für Prävention und Gesundung im Bereich der Frauenerkrankungen sind auch gesellschaftspolitische Änderungen notwendig, die heilsame Lebensbedingungen in ideologischer, sozialer, ökologischer und religiöser Hinsicht fördern.

Krankheit existiert in komplexer Verbundenheit zu körperlichen, psychisch-seelischen und gesellschaftlichen Bedingungen, das Gleiche gilt auch für den Gesundungs- und Heilungsprozess. Für die Selbstheilungsarbeit ist das Begreifen einer Erkrankung insofern wichtig, um eigenmächtig heilsame

Selbsthilfeschritte für den weiteren Lebensweg finden zu können. Ich empfehle Ihnen also, die folgenden Schilderungen mit den Augen einer Hüterin zu lesen, die Anregungen sucht für gesundheitsförderliche Gedanken und Taten. In diesem Sinne habe ich meine Beobachtungen zu verschiedenen Aspekten von Frauenerkrankungen zusammengestellt; bestärkt hat mich darin auch eine Frau, die nach einem Vortrag auf einem Endometriosekongress sagte, dass sie es als heilsam empfunden habe, ihre eigenen individuell erscheinenden Probleme in Zusammenhang mit der Erkrankung zu sehen und zu erfahren, dass sie diese schwierigen Lebensthemen mit anderen Frauen teilt.

Die folgenden Thesen sind als Diskussionsbeitrag für die Notwendigkeiten in Heilungsprozessen zu verstehen, als Anregung zur Reflexion von heilsamen Lebensweisen – unabhängig von den »Ursachen« einer körperlichen Beschwerde oder Erkrankung. Die Methode Wildwuchs selbst ist in ihrer Eigenschaft, Anleitung eines Selbstheilungsprozesses zu sein, auch gleichzeitig eine Methode zur Erforschung von Krankheit. Ich werde Ihnen diese Untersuchungs- und Betrachtungsweise anhand von zwei Beispielen aus der Selbstheilungsberatung vorstellen, nämlich zu der Erkrankung Endometriose und zu Myomen.

Endometriose

Wie die amerikanische Selbsthilfeorganisation *Endometriosis Association* in ihrem Informationsblatt erklärt, kommt der Name der Erkrankung von dem Wort »Endometrium«:

Das Endometrium ist die Schleimhaut, die sich in der Gebärmutterhöhle bildet und jeden Monat während des Menstruationszyklus ausgestoßen wird. Findet man eine solche Schleimhaut (Endometrium) außerhalb der Gebärmutter, das heißt an anderen Körperstellen, so nennt man sie Endometriose. An diesen Stellen... entwickelt sich das Endometriosegewebe zu »Knötchen«, »Tumoren«, »krankhaften Veränderungen an anderen Organen«... »Zysten« oder »Gewächsen«... Endometrioseherde sind... normales Gewebe außerhalb des normalen Platzes...

Im Gegensatz zur Gebärmutterschleimhaut kann das außerhalb der Gebärmutter zu findende Endometriosegewebe den Körper nicht verlassen. Das Resultat sind innerliche Blutungen; Degeneration des Blutes und des Gewebes, das von den Endometrioseherden abgestoßen wird; Entzündungen der umgebenden Bereiche und Narbenbildung. Abhängig davon, wo die Herde sind, gibt es noch andere Komplikationen, wie ein Platzen der Endometrioseherde (wodurch Endometriose in neue Bereiche verbreitet werden kann), Verwachsungen, Darmblutungen oder Darmverschluss (bei Herden im Darm), Blasenstörungen (bei Herden an oder in der Blase) und andere Probleme.

Eine sehr gute Informationsbroschüre zu dieser Erkrankung ist mittlerweile beim Feministischen Frauengesundheitszentrum Berlin erhältlich. Endometriose ist erst durch eine Bauchspiegelung sicher zu diagnostizieren. Diese Krankheit ist in ihren Erscheinungsformen sehr unterschiedlich (z. B. Grad der Verwachsungen, Zystenbildung), ebenso in ihrer Schmerzhaftigkeit: Manche Frauen mit vielen Verwachsungen im Bauchraum bemerken keinerlei Symptome, andere Frauen, bei denen nur kleine Schleimhautherde diagnostiziert wurden, berichten von immensen Schmerzen. Die Ursachen von Endometriose sind unbekannt; es gibt bisher lediglich verschiedene Theorien dazu. Ebenso ungesichert ist die schulmedizinische Behandlungsweise: Operation und Hormontherapien sind üblich, zeigen aber wenig und kaum langfristige »Erfolge«. Manchmal verschwindet die Erkrankung nach der Geburt eines Kindes. Endometriose gilt mittlerweile als chronische Erkrankung.

In der Selbstheilungsarbeit nach der Methode Wildwuchs ist es möglich, das komplexe Geschehen dieser Erkrankung von einem neuen Blickwinkel aus zu beleuchten. Besonders faszinierende Einblicke bieten die Bilder aus den Visualisierungen: Sie zeigen die Frauenerkrankungen im Spiegel der inneren Bilder.

Hier die Dokumentation der Beratungsarbeit mit einer an Endometriose erkrankten Frau: Die vierzigjährige Frau kam aufgrund der Diagnose Endometriose zur Beratung. Bei einer Operation etwa eineinviertel Jahre zuvor waren ein sehr großer, gutartiger Tumor sowie eine Endometriose-Zyste entfernt und weiteres Endometriosegewebe im Beckenraum entdeckt worden. Genau ein Jahr später wurde erneut ein etwa zehn Zentimeter großen zystisches Gewebe hinter der Gebärmutter diagnostiziert, der Arzt vermutete Endometriose oder Eierstockkrebs. Einige Monate zuvor war ein Tumor an der Schilddrüse punktiert worden. Im Vorgespräch erzählte die Frau aus ihrer Lebensgeschichte, dass sie zirka 18 Monate vor der Diagnose eine Trennung von ihrer Liebespartnerin erlebt hatte und dass zirka sechs Monate vor dem Auftreten der Endometriose-Beschwerden ihre Schwester lebensbedrohlich erkrankte. Dass Endometriose etwa ein bis zwei Jahre nach einem gravierenden Verlust Schmerzen zu bereiten beginnt, ist mir bei der Beratung von an Endometriose erkrankten Frauen sehr häufig begegnet. Die Frau kam mit dem Wunsch, durch die Beratungsarbeit in ihren Selbstheilungsbemühungen unterstützt zu werden. Sie wünschte sich zu wissen, was der Körper ihr durch die Erkrankungen sagen wolle, und dabei interessierte sie besonders der Zusammenhang zwischen der Schilddrüsenerkrankung und der Endometriose. Nach dem Vorgespräch entschieden wir uns für eine gemeinsame Arbeit nach der Methode Wildwuchs. Hier der Bericht von dem Selbstheilungsprozess dieser Frau, den sie nach Abschluss des Beratungszyklus selbst schilderte.

Visualisierung zur Körpererkundung
In der ersten inneren Reise zur Körpererkundung finde ich einen vertrauten sicheren Ort auf dem Sofa meiner Freundin. Ich schaue mich um: Zedernduft kommt aus dem Essraum, Farbgeruch aus ihrem Atelier. Ich höre ein Auto auf regennasser Straße über den Asphalt fahren, draußen ist es regnerisch-dunkel. Ich fühle mich wohl. Auf die Anweisung hin, ein Selbstbild von mir zu visualisieren, sehe ich mich selbst in meinem gelben Lieblings-Shirt, braungebrannt vom Urlaub und mit strahlenden Augen; ich finde mich schön. Danach schrumpfe ich zu einem kleinen Wesen und klettere auf meinem Körper herum, hüpfe und springe über Bauch, Kopf, Gesicht, bin lustig-lachend… Mein Weg in den Körper führt mich durch meine Vagina in die Gebärmutter, vorbei an der Klitoris und an den Venuslippen. Die Gebärmutter ist feucht, ich wandere über den schmalen Eileiter in den Bauchraum hinein… und dort entdecke ich ein großes weißes Gebilde links hinter der Gebärmutter, aber ohne Verbindung zu ihr. Das Gebilde ist klar umrandet, rund, fühlt sich fest an. Ich nehme auch die Bauchdecke

wahr – rot, feucht-warm. Rechts kann ich Verwachsungen sehen: Es sind feste Stränge, wie elastische Bänder... Ich habe den Gedanken an Lianen... und sie fühlen sich warm an, weicher als das Gebilde. Hier an diesem Ort ist zu wenig Platz, es fühlt sich zu eng an! Ich versuche, das große Gebilde wegzuschieben, ziehe daran herum, aber ich kann es nicht verrücken. Ich breche ein Stück davon ab, als ich mich von diesem Ort verabschieden soll, und stecke es in meine Hosentasche. Als die Frage gestellt wird, was dieser Ort braucht, was dem Ort fehlt, weiß ich: Dem Ort fehlt Bewegung, und zwar die Bewegung im Kreuzbeinbereich, die zum Beispiel durch das Rotieren des Beckens entsteht oder auch beim Fahrrad fahren, durch Sport. Die Durchblutung dieses Ortes muss angeregt werden... durch Luna-Yoga, Massage, Shiatsu. [Anm. der Verf.: Diese Frau ist Shiatsu-Therapeutin.] Dieser Ort braucht Energie, Sauerstoff, Wärme, und zwar Energie von der Wirbelsäule aus: »Da muss etwas in Fluss kommen.« Nach diesen Informationen führt die innere Reise weiter »in den Schoß, in den Raum deiner weiblichen Organe«, und da ich ja schon dort bin, schaue ich mir diesen Raum genauer an. Zum Abschied streichele ich dann die Gebärmutter, streichele auch von innen die große Operationsnarbe ganz zart, berühre die Verwachsungen... Der Weg im Körper führt nun weiter zu einem anderen wichtigen Ort, »zu einem Ort, der wichtig ist für deine Erkrankung«. Mein Herz zieht mich jetzt magisch an, ich bewege mich in diese Richtung. Ich sehe das Herz kraftstrotzend, knallrot, es pulsiert kräftig, und ich freue mich darüber. Viele Adern führen vom Herzen aus in alle Richtungen und bringen das Blut mit Nährstoffen, mit Energie in den unteren Bauch; die Verbindung in den Schoß kann ich aber nicht genau sehen. Das Blut fließt zum Herzen hin und wieder weg, es ist ein Austausch, schön anzusehen und kraftvoll. Auf die Visualisierungsanleitung hin, an diesem Ort meine Krankheit Gestalt annehmen und als ein Symbol sichtbar werden lassen, kann ich etwas Weißes erkennen, unklar, unscharf, schemenhaft. Zunächst sieht es aus wie eine Zyste, die sich in verschiedene Meerestiere verwandelt, in einen Fisch, Wal, Delfin… Ich frage diese Gestalt: »Wer bist du, was willst du mir sagen?« Die Antwort ist, dass das Meerestier meine Fische-Mondin ist. [Anm. der Verf.: Mondstellung aus dem Horoskop der Frau], die sich hinter der Gebärmutter im hintersten Eckchen des Beckens verkrochen hat. Ich bin ganz gerührt von diesem Bild. Zum Abschied hat sich das, was ich von der Endometriose in die Hosentasche gepackt habe, in eine Mondsichel umgeformt, und ich nehme es mit nach draußen, heraus aus meinem Körper.

Bevor ich den Körper verlasse, streichele ich noch einmal meine Operationsnarbe, und als ich wieder an meinem sicheren Ort bin, streichele ich die Narbe und meinen Bauch auch von außen. Ich brauche Zärtlichkeit für meinen Körper, einen liebevollen Umgang mit meinem Körper.

Nach der inneren Reise musste ich besonders an das eindrückliche Bild von der zusammengekauerten Gestalt in meinem Schoß denken: Das Symbol der Mondsichel steht für Gefühle, Psyche, Sensibilität, Empfänglichkeit, Empfindlichkeit, Weinen, Fließenlassen von Gefühlen. Ich war so sehr berührt von dem Bild, habe die Trauer gespürt über meine ungeweinten Tränen, über die völlige Überforderung, und auch darüber, wie stark ich meine Gefühle zurückgehalten habe. Die Verluste und Abschiede in den letzten drei Jahren waren ziemlich viel für meine Psyche; die Gestalt hatte mir signalisiert: »Ich komme nicht mehr mit.«

Nach Abschluss der Visualisierung schrieb ich die Bilder dieser inneren Reise auf, habe dazu gemalt, mit einigen Freundinnen darüber geredet, und an dem folgenden Beratungstermin konnte ich als wichtiges Thema erkennen, sich dem Leben zu stellen: mit all seinen Konflikten und Auseinandersetzungen, mit all der Herausforderung und Arbeit… Und mitten darin ich, mit meinen Bedürfnissen, Gefühlen, Wünschen. Mir wurden in diesem Zusammenhang alte »Glaubenssätze« klar, nach denen ich lebte und die mich beschränkten:

- »Das Außen ist bedrohlich und überschwappt mich.«
- »Ich muss ums Überleben kämpfen.«
- »Ich bin schutzlos gegenüber dem Außen, wie ein rohes Ei.«
- »Wut ist gefährlich, wird heftig bestraft!«
- »Wenn ich meine Wut ausdrücke, hat das lebensbedrohliche Auswirkungen.«

Analytische Visualisierung

In dieser Sitzung ging ich mit meiner Aufmerksamkeit noch einmal in einer Visualisierung, der Analytischen Visualisierung, in mein Körperinneres:

Zu Beginn der inneren Reise spüre ich, zu welchem Körperbereich sich meine Aufmerksamkeit hin orientiert; stark anziehend wirkt der Bereich von Schultern, Nacken und Hals. Schließlich ist es der Kehlkopf, den ich vorsichtig berühren kann. Die Stelle fühlt sich warm und pulsierend an, ein leichtes, wie aufgeregtes Zittern entsteht unter der Berührung. Ich taste mich mit meiner Vorstellung durch die Haut, kann Adern und Muskeln erkennen und lege dann drei Halswirbel mit den Fingerspitzen frei. Die Farbe der Wirbel ist beige, und ich kann den Kehlkopfknochen erkennen; er fühlt sich warm und trocken an. Als ich mich dem Knochen nähere, kann ich spüren, dass er ganz traurig ist, zitterig vor Trauer… und ich muss weinen… Ich befrage den Knochen über die Endometriose, aber er weiß nichts über die Erkrankung im Bauchraum. Er kann die Energie im Bauchraum erspüren und beschreibt diese als graue, wellenartige Schwingungen. Der Kehlkopfknochen weiß, dass das Becken energetisch mit dem Hals in Verbindung steht und dass die Krankheitsthematik »irgendwie« damit verbunden ist. Nach diesem Kontakt wende ich mich meiner Schilddrüse zu, ich möchte sie mir auch anschauen: Ich nehme sie wie durch einen Nebelschleier wahr, die linke und die rechte Schilddrüse sieht jeweils gelblich in der Farbe, kräftig und gesund aus.

Zum Abschluss der Visualisierung ging es darum, heilsame innere Bilder zu entwickeln.

Ich sehe alle Bereiche in meinem Körperinneren, die ich einzeln besucht hatte, noch einmal vor mir: die gelbliche Schilddrüse, den Schoß mit der Gebärmutter und der Erkrankung sowie das Herz. Auf die Frage, was meinen Heilungsprozess unterstützt, erhalte ich zwei Informationen durch die inneren Bilder: Als Bild für die innere heilungsförderliche Kraft zeigen sich vom Herz ausgehende Adern, die in den Bauch führen, sich immer mehr verzweigen und verästeln bis hin zum Endometriosegewebe. In diesen Bahnen fließt Blut mit dem darin enthaltenen Sauerstoff, den Mineralstoffen – Lebenssaft. Und es fließt auch wieder Blut zurück zum Herz.

Ein weiteres Bild zeigt, was mir von außen gut tun wird: Ich sehe einen gelben Schal, der meinen Kehlkopfbereich schützt; sehe eine Wärmflasche auf meinem Bauch und eine

Tasse dampfenden Kräutertee, den ich trinke. In dem heilsamen Prozess fließt das heiße Getränk über die Blutbahnen in den Schoß und versorgt das Gewebe mit dem »Heiltrunk«. Als Abschluss kann ich meinen gesunden Bauch erkennen, mit der Gebärmutter in der Mitte zentriert und mit runden, wohlgeformten Eierstöcken. Ich bin völlig erleichtert bei dem Anblick dieses Bildes, ich kann entspannend aufatmen, und die Verspannungen im Schulter- und Nackenbereich sowie auch im Bauch lösen sich.

Visualisierung zum »ersten Lösungs- oder Heilungsschritt«
Die letzte innere Reise ging zur Alten Weisen, um den ersten Lösungs- oder Heilungsschritt zu finden:
Nach der Entspannung finde ich einen »Ort der inneren Freiheit« am Meeresstrand; … und ich spüre diese Landschaft ganz sinnlich für eine Weile… Ich treffe die Alte Weise in einer Höhle; sie trägt einen spitzen, hohen, schwarzen Hut; sie steht neben einem Feuer und rührt in einem Suppentopf. Meine wichtigste Frage ist: »Was muss ich tun, damit ich meine Gefühle und Bedürfnisse spontan herauslasse?« Als erstes Bild kann ich ein Bild zu dem Problem entstehen lassen, … erst zeigt sich gar nichts, aber allmählich kann ich meinen eigenen Schatten als Bild erkennen: Ich muss mich trauen, über meinen Schatten zu springen!
Das nächste Bild ist ein Bild meiner Kraft; ich sehe wieder mich selbst, sehe, wie ich stärker werde, mutiger. Das dritte Bild ist zum »ersten Lösungs- oder Heilungsschritt«: Es zeigt eine Freundin, und ich weiß sofort, es geht darum, Kontakt zu halten, in Kontakt bleiben und wieder in Kontakt zu kommen. Ich sehe in dem Bild, wie ich diese Freundin erst anrufe und sie dann treffe. Es ist wichtig, mich mei-

ner Schatten-Angst zu stellen, meiner Angst vor Verletzungen und Angriffen bei konfliktreichen Begegnungen.

Nachdem ich alle Bilder verabschiedet habe, verabschiede ich mich auch von der Alten Weisen, indem ich sie umarme. Als Geschenk, das eine Unterstützung für meinen Selbstheilungsweg im Alltag sein kann, gibt sie mir ein mondsichelförmiges Gebilde mit; es leuchtet hell, wie ein Halbedelstein.

Das Selbstheilungsrezept

Aus diesen Reisen ergab sich ein so genanntes Selbstheilungsrezept als Gesundheitsprogramm für vier Wochen mit folgenden Aufgaben:

1. Visualisierung aufschreiben und dazu malen
2. Glaubenssätze beachten und loswerden
3. »Heilsame Visualisierung«, 1 x täglich
4. Wortspiel zu »Wut«, »Schutz«, »Schatten«, »Zyste«
5. »Denksportaufgabe«: Welchen Sinn hat das Überlebenskampf-Muster?
6. 1 x täglich Bewegung, wie Rad fahren, Wandern oder Massage
7. 2 x wöchentlich: Bauch und Hals wärmen
8. 2 x wöchentlich: Wut-Training für mich allein, z. B. schlagen, schreien
9. Kontakt zu zwei Freundinnen aufnehmen und in dem Treffen die »Schatten-Angst« merken und beobachten
10. Geschenk der Alten Weisen besorgen/finden/sich schenken lassen.

Die wichtigste Erfahrung in der Umsetzung dieses Rezepts in meinen Alltag bestand in der Entwicklung einer neuen Haltung mir selbst gegenüber, und diese lautete: »Ich bin mir wichtig.« Die inneren Bilder waren sehr zentral für mich in der damaligen Zeit, in der ich auch mit anderen Methoden und Therapien für mich sorgte. In meinen täglichen Visualisierungen zeigten die inneren Bilder immer genauer, wie der heilsame Prozess in meinem Inneren verlief:

27. 1.
Ich sehe wieder, wie das Blut das Endometriose-Gewebe, die Gebärmutter und die Verwachsungen versorgt. Diese Versorgung wirkt wie ein System eines Nährstoff-Transportes, es werden verschiedene Stoffe hin- und wegtransportiert. Ich sehe meine Leber als eine Kraftquelle: Kleine Stückchen des weißen Endometriose-Gewebes fließen über die Blutbahn in die Leber, und die »Leberfabrik« löst das Gebilde auf; in der Leber geschieht die Verarbeitung, die »Reinigung«. Als äußere Hilfe für einen heilsamen Prozess sehe ich in einem Bild, wie ich Mineralstoffe und Vitamine einnehme. Als ich dann mit meiner Vorstellung aus dem Körper herausgehe, stecke ich mir wieder ein Stück von dem Weißen in die Tasche und nehme es mit.

28. 1.
Das weiße Gebilde steht für »Lebensbedrohung«, und als ich heute wieder etwas davon in die Tasche stecke, entdecke ich dahinter die Gestalt der gelben Mondsichel; die Mondsichel symbolisiert Gefühle, Leben und Lebensfreude, Wut, Kreativität und Spontaneität und hat sich in der hintersten Ecke vor der Lebensbedrohung verkrochen. Sie ist ein Symbol für meine konservierten, eingeschlossenen Gefühle. Ich kann visualisieren, wie das weiße Gebilde, also die Lebensbedrohung, schrumpft, immer kleiner wird. Ich begreife all-

mählich innerlich, dass diese Lebensbedrohung alt ist, ur-
alt. Heute ist der Ort, der mir Kraft gibt, meine Lunge. Sie
versorgt das Blut mit Sauerstoff, und ich sehe, wie das Blut
den Bauchraum mit Sauerstoff und Nährstoffen versorgt.
Als äußere Hilfe sehe ich, wie ich Basensalz zu mir nehme
und Urin teste mit einem Teststreifen.

29. 1.
Ich stecke wieder etwas von dem Weißen in meine Hosen-
taschen. Heute wird die gelbe Mondsichel noch sichtbarer
und kommt zum Vorschein. Der Kraftort ist die Gallenblase, es geht um Wut. Ich weiß intuitiv, ich muss meine
Wut herausbringen – auch die alte, in meinem Inneren ver-
grabene Wut, und muss sie durch meine Kehle, durch Sprache herauslassen. Die Mondsichel ist mit dem Kehlkopfbereich, mit der Schilddrüse verbunden.

30. 1.
Ich stecke wieder etwas von dem Weißen in die Hosenta-
schen, und die gelbe Mondsichel ist jetzt ganz sichtbar. Und
plötzlich entdecke ich in dem Inneren des weißen Gebildes
eine Zyste, die gefüllt ist mit Flüssigkeit: Ich kann zum ersten Mal unterscheiden, dass das weiße Gebilde zum einen
aus Gewebe besteht und zum anderen in der Mitte die Zyste hat. Die inneren Bilder zeigen, wie die Zystenflüssigkeit
über die Blutbahnen in die Nieren läuft und dann über die
Blase ausgeschieden wird; die Zyste verkleinert sich. Ich
soll Nierentee zur Unterstützung der Nierenfunktion trin-
ken. Zum Abschluss dieser Visualisierung sehe ich meine
gesunde Gebärmutter und meine Eierstöcke, die wieder
schön herausgeformt sind.

Meine täglichen Visualisierungen verliefen in den nächsten Tagen so weiter, dass die gelbe Mondsichel immer größer wurde und die weiße Zyste mehr und mehr verdrängte. Eines Tages verband sich die Mondsichel mit dem Herzen, und zusammen »flatterten« sie durch die Kehle nach draußen. Ich habe mich selbst als Person gesehen, wie ich meine Gefühle »in die Welt« hinausgerufen und laut verkündet habe, was ich will, wen ich liebe … Im Laufe der Zeit verschrumpelten das Weiße und die Zyste wie zu einem schlaffen Luftballon, den ich in meiner Vorstellung endlich ganz in die Hosentasche stecken konnte. Auch meine Verwachsungen im Bauchraum kamen in den weiteren Visualisierungen vor: Für die Auflösung der Verwachsungen zeigten die Bilder, dass die Leber als Kraftort wichtig ist und wie ich Vitamin E zu mir nehme; das Vitamin wird im Blut zu den Verwachsungen transportiert und löst diese auf.

Nach gut 14 Tagen Visualisierungsarbeit sah ich als heilsames Bild, dass die gelbe Mondsichel im ganzen Bauchraum erstrahlt; meine weiblichen Organe sind eingehüllt in dieses Licht, geschützt und geborgen. Mithilfe der Kraftquelle im Kehlkopf- und Schilddrüsenbereich kann ich jetzt Nein sagen, kann ich meine Bedürfnisse und Wünsche aussprechen, sagen, was ich möchte. Und ich kann sagen, was ich nicht möchte, kann mich bei Bedrohungen und Angriffen von außen verbal wehren. Als gesunde Frau kann ich meine Lust und meine Liebe leben.

In den folgenden Monaten arbeitete ich weiter an den Punkten, zu denen mich die Aufgaben des Selbstheilungsrezeptes geführt haben. Außer den neuen Erfahrungen mit meinem inneren Wissen, erprobte ich neue Verhaltensweisen, um meine Bedürfnisse und Gefühle – besonders die der Trauer, Wut und Liebe – in mein Umfeld zu bringen.

Andere wichtige Therapien waren das Fasten, die Umstellung meiner Ernährung auf Basenkost, Vitamine, Mineralien, Massagen. Nach einigen Monaten wurde bei einer Kontrolluntersuchung der über 50%ige Rückgang des Endometriose-Gewebes diagnostiziert. Drei Monate später brachte der ärztliche Befund die Information von einer erneuten Zystenbildung am Endometriosegewebe. Für mich stehen sie höchstwahrscheinlich im Zusammenhang mit alten konservierten Gefühlen aus meiner Kindheit, die mir schmerzlich bewusst wurden. Mein bisheriger Selbstheilungsweg brachte immer wieder auch Zweifel, bedrohliche Diagnosen und Hoffnung. Und letztendlich die Gewissheit, dass ich meinen Gefühlen, meinen inneren Bildern, meinen Bedürfnissen vertrauen kann.

Ich hoffe, Sie konnten sich von der Geschichte dieser Frau anrühren lassen, so wie es mir während der Beratung ging und auch beim Schreiben dieses Buches. Dieses Beispiel macht die Dimensionen der Visualisierungen nachvollziehbar, in denen das Krankheitsgeschehen sich ein Stück mehr aufschlüsselt und Anhaltspunkte für Selbsthilfeschritte gefunden werden. In diesem Sinne habe ich die Erfahrungen aus zirka fünfzig Beratungen mit an Endometriose erkrankten Frauen auf Gemeinsamkeiten hin untersucht, und zwar in den folgenden Bereichen:
- Innere Bilder von Endometriose
- Lebensthemen von Endometriose-Erkrankten
- Qualitäten der gesundheitsförderlichen Schritte.

Die Ergebnisse aus dieser Untersuchungsarbeit möchte ich Ihnen hier vorstellen:

1. Innere Bilder von Endometriose

Die folgenden Beispiele von inneren Bildern der an Endometriose erkrankten Frauen stammen aus der Visualisierung Körpererkundung, die als erste Visualisierung im Verlauf der Methode Wildwuchs der Eigendiagnose von Körper und Krankheit dient.

Frauen mit Endometriose sehen oftmals ihren Schoß, den Raum der weiblichen Organe, als ungemütlich-kühle Grotte, es entsteht der Vergleich, sich »wie in einer Kanalisation« zu fühlen. Fast schon typisch ist die grau-dunkle Farbe, die feucht-kalte Atmosphäre, die im Becken wahrgenommen wird. Oder Bereiche im Beckenraum werden als muffig-faulig beschrieben; auch der muffige Geruch von altem Blut wird manchmal wahrgenommen. Der Ort ist den Frauen oft unheimlich, bedrohlich. Dazu gehören Gefühle der Ungeborgenheit, von Wut, Ekel, Angst und Trotz. Es gibt auch Assoziationen vom Tode dieses Bereiches: »Es ist ein Stückchen tot in mir, es lebt sich nicht positiv.«

Die versprengte Schleimhaut wird oft als etwas Bläulich-Kaltes gesehen, das auf den verschiedenen Organen im Beckenraum sitzt; oder auch als schwammartiges Gewächs mit einzelnen piksenden Spitzen, die die Frau nicht berühren kann; oder auch als knubbelig-wulstige, gallertartige Masse, kalt und glitschig, mit dunklen Strängen der Verwachsungen umgeben. Die Verwachsungen sind oft bläulich-rot, sehnig, angespannt, trocken und fest, manchmal wie gummiartige Schnüre, häufig assoziieren Frauen die Verwachsungen mit »Lianen«. Manche Frauen sehen die Verwachsungen auch wie Hautfetzen, herumhängend im Bauchraum oder auf Organen, glibberig und feucht-warm. Oft wird die Gebärmutter als eingepanzert, vergrößert und dick gesehen; oder sie ähnelt einem grauen Stein, und zu ihr gehören dann kleine, weiche Endometriose-Teilchen. Manchmal sehen Frauen ihre weiblichen Organe wie aus weißem Eis.

Schon in dieser Körpererkundungsreise können dann durch die Art der Bilder bestimmte Lebensthemen »ins Blickfeld gerückt« werden. So waren bei einer Frau der eigentliche Ort der »Krankheit« die Eierstöcke, und dort begegnete sie ihrem Bedürfnis nach Schwangerschaft. Von diesem Ort/Bedürfnis aus war die Endometriose als Dunkles und Kühles im gesamten Becken zu sehen; das symbolische Bild für die Krankheit, also das Bild von dem, was negativ besetzt ist, war dann das Bild der eigenen Mutter als Fratze.

Ein anderes Lebensthema deutete sich beispielsweise bei Frauen an, bei denen Endometriose am Darm festgestellt wurde. Das Bild vom Darm mit dem Endometriosegewebe kann in Zusammenhang stehen mit der Thematik der Nahrungsaufnahme, der Verwandlung von Nährstoffen in eigenes Gewebe und eigene Energie. Dabei geht es um die Kontrolle der Nahrungsaufnahme und damit um die Fähigkeit, aus materiellen Gütern etwas für sich zu gewinnen. Es geht um das Bedürfnis nach einer neuen Art von Nahrungsaufnahme.

Ein sehr häufiges Lebensthema wird ebenfalls schon im Zusammenhang mit der Körpererkundung gesehen und betont, nämlich die »Zerstreutheit«, das »Versprengte« der Endometriose.

Das, was den Orten mit der Endometriose im Becken am häufigsten fehlt, zähle ich hier einmal beispielhaft auf: Wärme und Hitze sind an erster Stelle zu nennen, dann Vertrauen zum Öffnen von Verkapseltem, Elastizität und Weichheit, Kontakt zur Umgebung, Blut zum Herausschwemmen von angesammelten Giften, Entspannung für die Verwachsungen, »Erde zum Wurzelnschlagen«, Aufmerksamkeit, Nahrung und Lebenskraft für die Eierstöcke.

2. *Lebensthemen von an Endometriose erkrankten Frauen*

Als wichtige Lebensthemen haben an Endometriose erkrankte Frauen sich im Verlauf der Beratungsarbeit häufig die folgenden Themen erarbeitet. Einzeln betrachtet kennen natürlich auch andere Frauen diese Problematiken, aber in ihrer Zusammenstellung und Häufigkeit sind diese Themen für die Endometriose-Erkrankung doch speziell:

- Eine »zerstreute, zerteilte Lebensweise, so wie sich auch die Gebärmutter zerteilt hat«, und die Teile sind bei »anderen« (Leuten). So herrscht ein Lebensgefühl der Konturlosigkeit: Die Frauen fühlen sich zerrissen, »zerstückelt« in ihrer Persönlichkeit.

- Oder genau das Gegenteil wird gelebt, nämlich eine Lebensweise mit dem Gefühl eines Knoten- oder Kugel-Daseins als Gegensatz zur »Zersplitterung«. Das Thema »Einkapselung« spielt dabei eine große Rolle, die Frauen benennen sie als »verschlossene Energien« in sich. In der Verkapselung werden »alte« Erlebnisse und Gefühle aus der Kindheit aufbewahrt, zum Beispiel Verletztheit, Hass, Wut. Teile vom Leben sind wie eine dunkle Nische, die – auch wenn sie die Lebensenergie eingrenzt und behindert und einsam macht – doch Schutz, Halt und Bindung bedeutet.

Diese Lebensweisen beinhalten dann auch bestimmte Gefühle – hier einige Beispiele:

- Gefühle von Einsamkeit und Unverbundenheit; »wie abgehoben« leben, mit diffusem Körpergefühl und nur schwach ausgeprägten Wünschen.

- Die Frauen fühlen sich durch unverarbeitete Verluste und Trennungen belastet.

- Die Frauen meinen, im Beruf besondere Leistungen erbrin-

gen zu müssen, sind ständig in Bewegung, leben in Hoch-
spannung.
- Lust darf nicht gelebt werden!
- Wut kann nicht ausgedrückt und nach außen gebracht wer-
  den, sondern wird im Bauch »mit herumgeschleppt«.
- Frausein war für viele Frauen als Identität nicht existent
  oder wurde hauptsächlich als schrecklich erlebt; sehr oft
  sollte das Mädchen ein Sohn sein.
- Die Frauen rebellieren gegen das übliche, lustfeindliche
  Mutter-Dasein, das in Deutschland immer noch stark an
  dem vom Faschismus geprägten Frauenbild orientiert ist.
- Frauen berichten häufig von Abtreibungsversuchen ihrer
  Mütter, die sie als Embryo überlebt haben.

3. Qualitäten der gesundheitsförderlichen Schritte
Im Gegensatz zu den oben genannten Themen, die an Endometriose erkrankte Frauen in einer auffälligen Häufigkeit he-
rausgearbeitet haben, enthält die Auflistung von Beispielen
für die nächsten Heilungs- oder Lösungsschritte keine solchen
besonderen Übereinstimmungen. Diese Tatsache konnte ich
auch bei der Untersuchung von anderen Frauenerkrankungen feststellen: Es tauchten zwar gewisse Eigentümlichkei-
ten auf – wie zum Beispiel bei an Endometriose erkrankten
Frauen die Entwicklung eines anderen Mutterbildes (siehe unten) –, aber grundsätzlich gilt, dass der nächste Lösungsschritt
im Geflecht der krankheits- beziehungsweise heilungsrelevanten Dimensionen für jede Frau individuell ist. Die dafür ange-
botene Visualisierung zum »ersten Heilungs- oder Lösungsschritt« lässt jede Frau ihrer Lebenssituation angemessene
Bilder finden, denn die persönliche, familiäre und berufliche
Besonderheit eines Frauenlebens zum Zeitpunkt der Beratung
fordert jeweils spezifische nächste Handlungsschritte. Des-

halb zeigt die Auflistung lediglich einen Ausschnitt aus den Qualitäten und Schritten, die an Endometriose erkrankte Frauen für sich als Trainingsprogramm beschlossen haben. Die Bilder zum ersten Heilungs- oder Lösungsschritt haben unter anderem folgende Inhalte:

- Wärme, Hitze, Energie, Licht und Luft in den Beckenbereich zu bringen, ist das am häufigsten genannte Bedürfnis, das dann in Form von entsprechenden Aktivitäten im Alltag Platz findet.
- Interessant ist, dass die Farbe Orange auffällig oft als heilsame Energie visualisiert wird.
- Es geht häufig darum, dass die Frau ein authentisches Bild von sich selbst als »weibliche Frau« entwickelt. Dazu gehört eine eigene Vorstellung vom Mutter-Sein, die Erotik und Sexualität mit einbezieht, ein Selbstbild als erotische und sexuell-aktive Mutter.
- Schuldgefühle werden aufgelöst, um Geborgenheit und Freiheit erleben zu können.
- Innere Gewissheit, Selbstsicherheit und Konzentration werden geprüft; es geht darum, präsent zu sein und »Wurzeln« zu haben.
- »Schutz – Ruhe – Grenzen – »Nicht-Machen«.
- Dem Bedürfnis nach »Sichauflösen, Wegfließen«, »Loslassen« nachgeben ohne anstrengende Verlustgefühle; auch bei der Menstruation, der reinigenden Blutung, die Kontrolle aufgeben.

Myome

Myome sind Körpergebilde, die in der medizinischen Fachsprache als »gutartige Tumore« der Gebärmutter bezeichnet werden. Ich möchte Ihnen zunächst kurz davon berichten, was die Wissenschaft bisher über dieses Körperphänomen herausgefunden hat. Weiter gehende Fakten und Informationen über Behandlungsmöglichkeiten können Sie in dem ausgezeichneten Buch *Frauenkörper – Frauenweisheit* der Ärztin Christine Nothrup nachlesen.

Myome sind Gebilde aus Muskulatur und Bindegewebe, die an verschiedenen Orten in der Gebärmutter gefunden werden, innen, außen oder in der Wand, seltener auch als »gestielte« Myome neben der Gebärmutter im Becken. Myome »bestehen aus hartem, weißem, körnigem Gewebe, das ein quirlförmiges Muster hat und sind bei etwa 20 bis 50 Prozent aller Frauen vorhanden« (Nothrup). Myome können Blutungen verursachen, indem sie die Kontraktion der Gebärmutter behindern, oder sie können auch selbst bluten. Die meisten Frauen mit Myomen sind symptomfrei. Myome verändern sich sehr selten zu »bösartigem« Gewebe. Sie verändern manchmal ihre Größe mit dem Hormonzyklus; in den Wechseljahren bilden sich Myome oft zurück. Ursachen für die Entstehung von Myomen sind nicht bekannt. Ihre Behandlung von Seiten der Medizin geschieht durch verschiedenste Operationsarten und zeitweise durch Hormongabe. Frau Nothrup berichtet in ihrem Buch auch von guten Erfahrungen mit anderen Heilmethoden. Eine Mitarbeiterin von INVISUA, die Ärztin Heide Fischer, berichtet ebenfalls von guten Erfahrungen mit Phytotherapie (Behandlung mit pflanzlichen Mitteln), Bewegung und Ernährung.

Die Forschungsergebnisse, die ich über die Körpergebilde Myome zusammengestellt habe, stammen aus der Beobachtung und Auswertung von zirka dreißig Selbstheilungsberatungen mit Frauen, die Beschwerden aufgrund ihrer Myome bekommen hatten – Blutungen, Druckgefühle im Bauchraum, Unsicherheit in der Frage nach Schwangerschaftsmöglichkeiten etc. Diese Frauen waren im Alter von etwa dreißig bis fünfzig Jahren und hatten zum Zeitpunkt der Beratung etwa ein bis fünf Jahre mit dem Wissen von einem oder mehreren Myomen gelebt. Bei manchen Frauen hatten sich nach einer früheren Myom-Operation wieder neue Myome gebildet.

Ich werde nun von den inneren Bildern berichten, die Frauen von ihren Myomen gesehen haben. Darüber hinaus habe ich die mit diesen Wahrnehmungen verknüpften Hinweise auf wichtige Lebensthemen systematisiert und die von den Frauen gefundenen Selbsthilfeschritte zusammengetragen. Nehmen Sie aus diesen beschriebenen Erfahrungen und dem Wissen das als Anregung heraus, was Sie in Ihrem Selbstheilungsbemühen unterstützt und inspiriert.

Als Ergebnisse der Visualisierung Körpererkundung wiesen die inneren Bilder der verschiedenen Frauen überraschend viele Übereinstimmungen auf. Lagen die Myome im Bereich der inneren Gebärmutterwand und wurden von den Frauen vom Inneren der Gebärmutterhöhle aus betrachtet, so erschienen sie meist als dunkelrote, bläulich-rote oder auch bräunlich-rote »Knubbel«. Oder die Frauen sahen die Myome als Vorsprünge in der Gebärmutterhöhle, wie Steine. Die »Knubbel« fühlten sich in ihrer Konsistenz meist knotig-steinig oder auch gummiartig fest an. Viele Frauen konnten dabei ein Pulsieren in dem festen Gewebe spüren.

Befanden sich die Myome dagegen in der äußeren Schicht der Gebärmutterwand und wurden von außen betrachtet, so beschrieben die Frauen ihre Myome ebenfalls bemerkenswert ähnlich. Fast alle Frauen verglichen die so gelagerten Myome mit steinigen Gebilden, als weiße, harte »Flächen«, die sich kühl und trocken anfühlten, so ähnlich wie raue oder spitze Felsen. Diese weißen Flächen waren in sich wie gemustert – zum Beispiel geriffelt, aufgeraut, mit palmenförmigen Einbuchtungen. Die Atmosphäre bei den Myomen empfanden viele Frauen ähnlich wie die Stimmung in kühlen Gebirgszonen, nämlich als unwirtlich, dunkel und zugig. Auch die Beschreibung der mit Myomen verdickten Gebärmütter war oft Bildern von Gebirgslandschaften entlehnt – als schwerer »Gebärmutterberg«, als dicker Felsen –, oder die Gebärmutter wurde als ballähnlich-festes Gebilde oder als weiße Kugel beschrieben.

Schon in dieser ersten Körpererkundung wurden durch die Bilder vom Körperinneren – ähnlich wie bei den an Endometriose erkrankten Frauen – wichtige Lebensthemen in den Blickpunkt gerückt. Durch das Bild des »weiteren wichtigen Ortes im Körper, der für deine Beschwerden wichtig ist« deuteten sich Zusammenhänge zwischen einzelnen Körperbereichen und damit die umfassenderen Körperprozesse des Krankheitsgeschehens an. Diese Komplexe wiederum erlebten die Frauen verknüpft mit bestimmten Lebensthemen, sodass deren Berücksichtigung eine Grundlage für die Entwicklung von heilsamen Schritten bildete. Bei den Frauen, mit denen ich gearbeitet habe, waren in den Bildern der Körpererkundungsreise folgende Themenkreise betont:

• Häufig tauchte das Herz als Bild für den »weiteren wichtigen Ort im Körper« auf, und zwar hatten die Gebärmutter und das Herz von ihrem Aussehen her oftmals Ähnlichkeiten. Das Herz war ebenso ein kräftiger Muskel wie die Gebärmutter, auch die Oberflächenstruktur der beiden Organe ähnelte sich in den Bildern. Bei beiden Körperorganen konnten einige Frauen Traurigkeit und Wut spüren.

• Ein weiteres Thema deutete sich an, indem die Bilder auf den Zusammenhang zwischen den Myomen und Organen der Verdauung aufmerksam machten. Oftmals zeigte sich der Leber- und Gallebereich als weiterer für die Erkrankung wichtiger Ort. Leber und Galle sind für die Abbau-, Umwandlungs- und Entgiftungsprozesse im Körper maßgeblich, eben auch für die Gebärmutter. Eine Frau sah zum Beispiel in ihrem inneren Bild die Leber als »völlig überlastete Müllhalde«. Auch der Magen scheint eine wichtige Rolle für die Herausbildung und Heilungsprozesse von Myomen zu spielen. Beispielsweise hatte eine Frau als »weiteren für die Erkrankung wichtigen Ort« ihren Magen gefunden. Als sie den Zusammenhang vom Bild des Magens und dem des Myoms innerlich fokussierte, fand sie dort folgende Verhältnisse vor: Im Inneren des Magens befand sich eine »ekelhafte Brühe, braunschwarz, verstopfend-dick und voll mit unverdaulichem Zeug«. Aus dem Gewebe des Myoms entstand dann bei der Frage nach der »Gestalt der Erkrankung« das Bild eines Gnoms, eine Art Gartenzwerg. Es entspann sich ein innerlicher Dialog, in dem die Frau zu der Gestalt sagte: »Hau ab!« Der Gnom antwortete: »Ich fresse den Schmutz und die Brühe aus deinem Magen; hör auf, den Dreck zu fressen, dann haue ich ab.« Deutlicher kann die Problematik der Ernährung und Verdauung wohl kaum angesprochen werden!

• Der dritte mit den Myom-Beschwerden verbundene Themenkreis kündigte sich zwar in der ersten Visualisierung zur Körpererkundung schon an, gewann aber erst im Verlauf der weiteren Beratungsarbeit an Deutlichkeit. Verschiedene Aspekte traten nach und nach wie Facetten hervor, und aus ihrem Zusammenwirken wurde der folgende Themenkreis deutlich. Die zentralen Aspekte sind: »sich Raum nehmen können«, »Persönlichkeitskontur und Grenzen spürbar werden lassen«, »die eigene Kreativität entwickeln«.

Den Aspekt »sich Raum nehmen können« beschrieben die Frauen für sich als Problematik und zwar auf verschiedenen Ebenen des Erlebens. So berichteten sie beispielsweise, dass sie sich in ihrem Zuhause keinen eigenen Raum erlauben können und zwar nicht aufgrund eines Mangels an Möglichkeiten, sondern weil ihnen die eigene innere Erlaubnis fehle. Auch in den Visualisierungen erschienen die inneren Räume im Körper als nicht ausreichend und zu eng. Außerdem berichteten die Frauen darüber, dass sie die Belastungen im Alltag, die vielfältigen Anforderungen als überwältigend empfanden. Eine Frau beschrieb, wie dieser Druck von Außen sich direkt in Verspannungen im Beckenbereich fortsetzte. Es fällt schwer, »sich selbst Raum zur Persönlichkeitsentfaltung zuzugestehen«. Im Gegenteil, der Druck durch die äußeren Anforderungen und Belastungen bewirkt, dass die klare Konturiertheit sich verliert, schwammiger wird, wie es eine Frau formulierte: »Wenn ich innerlich wenig Freiraum habe, kann ich schlecht spüren, wo meine Grenzen sind.« Das hat ein »Aus-der-Form-Gehen« zur Folge, die Konturen der eigenen Persönlichkeit verlieren sich, die Frau wird unklar im eigenen Wollen und Sein. Ein wichtiges Merkmal des Lebensalltags von diesen Frauen – so erzählten sie es selbst, und die inneren Bilder spiegelten diese Aussagen – war also ein Leben mit undeutlichen Persönlichkeitsgrenzen. Eine Persönlichkeit mit ihren körperlichen und psychisch-seelischen Eigenarten will voll ausgedrückt und erfüllend ausgelebt werden. Ein Dauerzustand von »nicht genug Raum haben können« hat letztlich die Selbstaufgabe zur Konsequenz, die Aufgabe von Individualität und Selbstausdruck, einhergehend mit dem Verlust von

Selbstvertrauen. Erinnern Sie sich noch an eines der ersten Bilder aus der Visualisierung Körpererkundung, an das Selbstbild »als die Frau, die du bist«? Dieses innere Bild zeigte bei Frauen mit Myombeschwerden sehr häufig eine negative Selbstwahrnehmung: Häufig war das Bild von der eigenen Person undeutlich und verschwommen; viele der anderen Frauen kommentierten das Selbstbild mit Bemerkungen wie »Ich gefalle mir nicht.«, »Ich finde mich zu alt, unattraktiv, bin enttäuscht von dem Bild.«, »Die Jugend ist leider weg.«

Die letzte Facette dieses Themenkreises – »die eigene Kreativität entwickeln« – steht mit den beiden bisher beschriebenen Aspekten eng in Verbindung. Wenn innerlich und äußerlich nicht genügend Freiraum existiert und die Kontur der Persönlichkeit als Grenze nicht stabil ist, ist zugleich die Fähigkeit des Selbstausdruckes, die Kreativität eingeschränkt. In der Selbstheilungsberatung entdeckten die Frauen mit Myombeschwerden häufig die Notwendigkeit, ihre Kreativität zu entwickeln. Sie beschäftigten sich mit der Frage nach ihrem eigenen weiblichen kreativen Potenzial und fragten damit auch nach dem Sinn für ihr Frauenleben. Die Myome erinnerten sie an eine Kreativität, die außerhalb der Potenz des Kindergebärens liegt, »Kreativität als Fruchtbarkeit in anderer Art und Weise«: die Energie und Kraft der Gebärmutter als eine andere Art »Schöpfungsmutter«? Eine Frau drückte es so aus: »Meine Myome sind pure Wachstumsenergie, die keinen Platz findet... Jetzt lasse ich die Energie wieder *für mich* fließen.«

Ich möchte Ihnen jetzt noch Beispiele für die *Qualität der Selbstheilungsschritte* vorstellen, die Frauen mit Myombeschwerden für sich gefunden haben. Diese heilsamen Schritte sind das, was eine erkrankte Frau als Lebensqualität neu in ihr

Leben einbringen kann (siehe Kapitel 6). Die Bilder von heilsamen Schritten spiegeln Ansatzpunkte, von denen aus der »Absprung« aus die Lebensenergie beschränkenden Glaubens- und Verhaltensmustern möglich ist. Obwohl die gefundenen heilsamen Schritte bei Frauen mit Myombeschwerden in bemerkenswert hohem Maße zu den oben genannten Problematiken und Themen passen, gilt auch hier das bereits im Zusammenhang mit der Endometriose-Erkrankung Gesagte: Die Erfahrungen aus den Selbstheilungsprozessen zeigen, dass es keine allgemein gültigen Rezeptpunkte für Selbstheilungsschritte gibt, sondern der »erste Lösungs- oder Heilungsschritt« ist immer verschieden, individuell und aktuell angemessen für die jeweilige Situation der betreffenden Frau.

Für den ersten Themenkreis (»Herz – Gebärmutter«) haben die Frauen die heilsame Vorstellung gefunden, dass die Gebärmutter und das Herz wieder in Verbindung stehen. Diese Verbindung bewirkte bei den Frauen eine neue Meinung und Haltung sich selbst gegenüber: »Ich will ausstrahlen, mir selbst gefallen.« Da dem Bereich der Gebärmutter mit den Myomen in den Visualisierungen fast immer »Wärme, Licht, Liebe und Luft« fehlt, zeigen die heilsamen Bilder entsprechend diesem Anliegen, wie eine Öffnung geschehen kann: Die Poren der (Gebärmutter-)Hautgrenzen öffnen sich und nehmen wieder Licht und Kraft auf. »Die Gebärmutterwand wird wieder lebendig dadurch, dass dieser Bereich Energie durchlässt und wieder atmet.« »Der Bauchraum wird mächtig, unglaubliches Wachstum und Power werden spürbar«, so haben die Frauen diesen Prozess beschrieben. Wasser als Energie, die reinigt und in der Visualisierung die Myome von der Gebärmutterwand »abspült«, taucht in den heilsamen Bildern oft als unterstützendes Symbol auf.

Weitere heilsame Schritte ordne ich eher dem dritten Themenkreis (»sich Raum nehmen können...«) zu; das sind die inneren Bilder, in denen die Frauen ihre Grenzen und Kontur neu betonen und sich neue (Lebens-)Räume schaffen. Eine Frau sah beispielsweise, wie die Gebärmutter eine klare, muskulös-straffe Kontur bekam. Eine andere Frau visualisierte diese Konturierung auf einer anderen Ebene, nämlich für ihren gesamten Körper mit seiner Hautgrenze: In ihrem heilsamen Bild sah sie sich selbst als Person, die mit ihren Händen an der Hautgrenze des Körpers entlangfuhr und diese spürte; als Resultat bildete sich dann die Körpergrenze immer klarer und muskulöser heraus. Für eine andere Frau war es wichtig, die Erde, den Boden unter ihren Füßen, als stabile Lebensgrundlage zu begreifen – mit ihren Händen. Die inneren Bilder zeigen deutlich, dass eine klare Körperskulptur mit dem Empfinden für den eigenen Platz, den eigenen Raum, korrespondiert: »Ich bin richtig da, präsent und kann mich selbst ›in Ordnung‹ finden.« Einige Frauen sahen beim »ersten Lösungs- oder Heilungsschritt« als inneres Bild direkt einen eigenen geborgenen Raum, ein Haus mit Hof, manchmal auch mit Garten, Hängematte und Musik: »Mein Raum stellt einen geschützten Rahmen für mich zur Verfügung.« Und in diesem Raum, in solch einem Rahmen kann sich dann kreative Kraft entfalten. Manche Frauen sahen ihre Kreativitätsentwicklung im musischen Bereich, in der Entwicklung von Fertigkeiten wie Klavierspielen oder Komposition und Gesang.

Zu dem an zweiter Stelle genannten Themenbereich, dem Reinigungs- und Nahrungsaspekt des Krankheitsgeschehens, gab es für die Frauen in den inneren Bildern häufig äußerst konkrete und praktische Anweisungen, die wie die Zusammenstellung einer Hausapotheke anmuten. Hier einige Beispiele für die Anwendungen, die in den verschiedenen Visualisierungen als gesundheitsförderliche Maßnahmen vorkamen:

Wasser und Tränen zur psychischen »Reinigung«, Sitzbäder, ein tägliches Fußbad (sehr wirksam, berichtete die betreffende Frau), Frauenmanteltee zur Stärkung der Gebärmutter, Hirse essen, Kieselsäure zu sich nehmen, Äpfel essen. Die naturheilkundliche Konkretheit dieser praktischen Hinweise bei Myomerkrankungen ist wirklich erstaunlich im Vergleich zu den Beratungen von Frauen mit anderen Beschwerden.

Eine Anmerkung zum Abschluss dieses Kapitels »Frauenerkrankungen im Spiegel innerer Bilder«: Alles, was Sie gelesen haben, sind Berichte von subjektiven Selbstheilungsthemen und -wegen und keine allgemein gültigen Wahrheiten. In den Selbstheilungsberatungen finden die Frauen zu einem kreativen Umgang mit Körper und Krankheit. Sie entwickeln in der Arbeit mit inneren Bildern eine spezielle Sichtweise und können mit diesem Blick neue Selbsthilfemöglichkeiten für sich entdecken. Wenn Sie selbst an Endometriose erkrankt sind oder Myombeschwerden haben, nehmen Sie die beschriebenen Erfahrungen und Deutungen der Erkrankungen bitte als Anregung. Es handelt sich immer um individuelle Interpretationen, und diese sind nur »wahr« für die jeweiligen Frauen, die sie empfunden und erlebt haben! Vielleicht können Sie den Erfahrungen der anderen Frauen und meinen Kommentaren Ideen für Ihren eigenen Weg entnehmen. Dieses Buch soll Sie mit der Möglichkeit einer erfolgreichen Umgangsweise bei Körperbeschwerden und Krankheit vertraut machen – »erfolgreich« in dem Sinne, dass Sie selbst in Kontakt mit Ihrem Körper eine schöpferische und lustvolle – eben heilsame – Lebensweise entwickeln können.

Ausblicke

Die Körperverlassenheit – ein Anlass zu kollektiver Trauer

Der monatliche Zyklus von Frauen ist eigentlich ein Wunder: Schon früh im Körper der kleinen Frau angelegt, beginnt er – einer geheimnisvollen inneren Zeitbestimmung folgend – sich in der Pubertät auszudrücken, deutlich wahrnehmbar als Eisprung und Menstruation. In matriarchalen Kulturen wurde dieser Lebensrhythmus geachtet und verehrt; unsere heutigen Tabus zeugen in Form einer Verkehrung noch immer von dieser Heiligkeit. Die ausdrücklichen Zeichen des Frauseins waren in frühen Zeiten etwas Verehrungswürdiges, und eine Frau galt als den Geheimnissen des Lebens besonders nahe stehend. Das bedeutete auch, dass sie einen besonderen Zugang hatte zu diesen Mächten, diesen Kräften der Natur. Menstruation und Macht waren verknüpft; der Zyklus war also nicht nur zum Kindergebären »nützlich«, sondern gerade die Regelblutung galt als Ausdruck von Naturkraft, entsprungen und verwoben mit der Schöpfungsenergie der Natur. Von zentraler Bedeutung war dabei die offensichtliche Beziehung zwischen dem Zyklus der Frau und dem Rhythmus des Mondes: Die Blutung geschah zeitgleich mit dem Voll- oder Neumond. Die früheren Kulturen wussten um diesen Zusammenhang, richteten ihren Lebensalltag daran aus: Als ersten geschichtlich nachweisbaren Kalender gab es den Mondkalender, und die Schöpfungskraft von Frauen wurde in Form von mächtigen Mond-Mutter-Göttinnen in allen großen Kulturen auf der ganzen Erde verehrt. Diese tiefe Verbindung von Frausein mit den Naturrhythmen war die Grundlage für die hohe Achtung von Frauen, die sich in ihrer starken öffentlichen und religiösen Position in vorpatriarchalen Zeiten widerspiegelte. Reichhaltige Informationen zu diesem Thema finden Sie in dem Buch *Die weise Wunde Menstruation* der Autorinnen Shuttle und Redgrove. Die Menstruation als etwas »Beachtenswertes, Machtgebendes, als etwas Verehrungswürdiges« ...heute undenkbar!

In unserer Kultur wird die Menstruation unsichtbar gemacht, und die medizinische Wissenschaft prägt die gesellschaftliche Definition vom weiblichen Zyklus als einem äußerst anfälligen hormongesteuerten Regelsystem. Seine oberste Zentrale ist der Hypothalamus, der die Befehle in Form von Hormonen an die Hypophyse weitergibt. Diese wiederum gibt Befehle an die Eierstöcke, die – möglichst gehorsam – Hormone produzieren: Ein Ei hat nun zu springen. Bei erfolgtem Ablauf wird bei der Hypophyse Rückmeldung erstattet. Weitere, hoffentlich angemessene Informationen werden dann wieder nach unten gegeben, je nachdem ob ein Ei befruchtet wurde oder ob die Menstruation eingeleitet werden soll. Das Ganze hat nach dem geregelten Zeitplan von 28,53 Tagen zu erfolgen; allerdings ist der Ablauf dieses Vorganges sehr instabil und störungsanfällig. Dies sind Sprache und Denkweise der modernen Medizin, die auch die Gedanken und Lebenseinstellungen der Frauen selbst geprägt haben, was sich dann in ihrer Haltung dem eigenen

Körper gegenüber spiegelt. Aus dieser Sichtweise des Körpers folgt dann auch eine Ableitung für die Behandlung von Frauenkrankheiten: In den Regelkreislauf wird hauptsächlich mit Hormonen und Operationen eingegriffen; es wird durch Herausschneiden und/oder Hineingeben »repariert«. Zellwucherungen, Gewebebildung, Herde oder Verwachsungen haben in dem klar definierten Funktionsmodell des weiblichen Körpers nichts zu suchen und werden operiert. Mit Hormonen wird stimuliert oder gehemmt, und bei Nachlassen der Hormonproduktion durch den Körper, wie in den Wechseljahren, gibt es Hormonersatz. Das Modell vom Regelkreislauf und Regelzyklus legt fest, was normal ist, und dementsprechend wird dann dieses System behandelt – logisch, wie es scheint.

Zum Problem wird diese mechanistische Sicht und Behandlungsweise von Körperbeschwerden dadurch, dass diese Ideologie als gesellschaftlich akzeptiert und wissenschaftlich belegt auch in den Köpfen von Frauen lebt. Das Modell Frauenkörper wird in der gesamten Gesellschaft, in der Medizin, in schulischen Lehrbüchern usw. nicht als eine mögliche Theorie dargestellt, sondern als die einzig richtige Auffassung von Krankheitsprozessen deklariert. Dieses gesellschaftliche Paradigma hat zerstörerische Auswirkungen auf das Selbstbewusstsein und den Selbstwert von Frauen:

• Das Spezifische des Frauseins wird auf ein störanfälliges Funktionssystem reduziert, und die permanente Verbreitung dieses Körpermodells erzeugt eine Art Gehirnwäsche für Frauen: »Frau, du bist keine Wunder-Volle mehr, die neues Leben schaffen kann, die in geheimnisvoller Weise eng mit den Lebensrhythmen verbunden und verwoben ist, sondern deine Besonderheit basiert auf einem störanfälligen und – abgesehen von einigen wenigen Schwangerschaften – unnützen Regelsystem von Eisprung und Menstruation.« Wozu sind die Organe denn noch da: Nach der Zeit der Gebärfähigkeit ist »alles da unten« nutzlos und sogar besonders krankheitsanfällig, dann nehmen wir am besten alles raus…

Mit der Definition des weiblichen Körpers wird ein wesentlicher Teil des gesamten Frauseins definiert, und solche Definitionen wirken an der Ausprägung von weiblichem Körper- und Selbstbewusstsein wesentlich mit, angefangen bei der Sozialisation der kleinen Mädchen bis hin zum Selbstbild der alten Frau. So wie die inneren Bilder oder auch Affirmationen unsere Einstellungen beeinflussen, so wirken die ewig wiederholten und als unanfechtbar formulierten Glaubenssätze über das »Modell Frauenkörper« bis in tiefste Persönlichkeitsschichten hinein. Das nenne ich Schwarze Magie. In dieser niedrigen Wertschätzung für den eigenen Körper liegt nämlich die heimliche Ohnmacht von Frauen begründet, auch von solchen Frauen, die sich beruflich oder politisch eine gesellschaftlich anerkannte Position geschaffen haben.

• Des Weiteren bildet diese Ideologie vom Modell Frauenkörper die Grundlage dafür, dass Frauen in der medizinisch-therapeutischen Maschinerie die als normal vorgegebenen Behandlungen häufig immer noch klaglos akzeptieren. Wenn Frauen ihre Gebärmutter als so wertvoll wie reines Gold betrachten würden oder dieses Organ wie einen Arm oder ein Bein als dem Körper zugehörig erlebten, wären die in den westlichen Ländern massenhaft vorgenommenen Operationen undenkbar: Welche Frau oder auch welcher Mann/Partner wäre dann wohl mit solch einer »Gold-Entfernungs-Operation« einverstanden?

• Eine nicht zu vernachlässigende, wenn auch weniger nachweisbare Auswirkung des Modells Frauenkörper sind die Isolations- und Entwurzelungsgefühle von Frauen, die Heimatlosigkeit in ihrem Körper. Die gesellschaftliche Entwertung weiblicher Körperlichkeit beeinflusst die individuelle Nichtbeachtung und Ablehnung des eigenen Körpers von Frauen, die Körperverlassenheit als Haltung sich selbst gegenüber. Im Gegensatz zu dem früher im Bewusstsein verankerten Wissen um die Verbundenheit zwischen dem Frauenkörper und den großen Rhythmen der Lebensenergien behauptet das heutige Modell Frauenkörper die Abgeschlossenheit des hormonell gesteuerten Regelsystems gegenüber Einflüssen von außen. Zwar räumen fortschrittliche Mediziner und die psychosomatische Forschung der seelischen Befindlichkeit einen Einfluss im weiblichen Zyklus ein, aber ein weiter gehendes Zusammenwirken von Körper und anderen Lebenskräften ist für das Regelmodell undenkbar, das heißt wissenschaftlich nicht messbar. So erscheint das Körperleben von Frauen als ein in sich abgeschlossenes, in Unverbundenheit mit der Außenwelt funktionierendes System, was für den Weltbezug von Frauen eine Reduzierung, wenn nicht gar den Verlust ihrer Gewissheit vom Eingebundensein in die Natur, in die Schöpfung bedeutet.

Historisch gesehen beendeten die Patriarchen in Kirche und Staat mit der Verbrennung von Frauen als Hexen die Überlieferungen von Wissen über die weibliche Naturverbundenheit mit ihren Geheimnissen. Die so genannten Hexen waren gesellschaftlich das Verbindungsglied zu den alten matriarchalen Gesellschaften; sie waren die Trägerinnen von wahrscheinlich jahrtausendealtem Wissen. Die moderne Gynäkologie mit ihren Paradigmen und Therapiequalitäten entstand erst nach der Zeit der Hexenverbrennung. Den gewaltsamen Einschnitt in die Geschichte von Frauenmacht durch das Verbrennen von hunderttausenden Frauen, denen ihr Wissen und ihre Künste vorgeworfen wurden, halte ich in seinen Auswirkungen für einen zentralen, kollektiven Akt der Entwurzelung von Frauen.

Zusammengefasst hat die gesellschaftliche Ideologie des Modells Frauenkörper selbstentfremdende Konsequenzen für Frauen, und zwar ist dies zum einen die Fremdheit dem eigenen weiblichen Körper gegenüber sowie zum anderen die Schmälerung oder auch der Verlust des Glaubens an die Verbundenheit und Verwurzelung in Lebensprozessen. Letzteres setzt sich dann fort in dem Verlust von spirituellem, religiösen Zuhausegefühl in dieser Welt, was wesentlich ist für die Kraft des Glaubens in Heilungs- und Selbsthilfeprozessen.

Heilung ist immer auch ein Wunder

Krankheit ist ein Geschehen, das auch noch in einer anderen Hinsicht Bedeutung hat, nämlich im spirituellen Sinn. Krankheit ist ein Schlüssel zu anderen Wesenheiten, zu anderen Dimensionen als die, die wir als Menschen normalerweise kennen lernen können. Für viele Menschen ist Krankheit ein Tor, durch das sie mit solchen ungewohnten Energien in Kontakt kommen. Das bedeutet nun nicht, dass sie Energien verspüren wie in irgendwelchen spiritistischen Sitzungen oder etwa in Form von Poltergeistern. Was diese Menschen wahrnehmen können ist eher etwas Alt-Vertrautes, das sie jetzt aber wieder neu erfahren. Viele kennen dieses vertraute Gefühl beispielsweise aus ihrer Kindheit, als Glauben an Schutzengel, an den Weihnachtsmann oder Nikolaus, also an Kräfte, die einfach dazu da sind, uns Menschen wohlwollend zu geben.

Was Krankheit und Heilung damit zu tun haben? Nun, Heilung ist für uns Menschen nicht »machbar«: Heilung kann durch menschliches Denken und Tun lediglich beabsichtigt werden, wir können unseren Körper in seinen Bedürfnissen unterstützen, für ihn sorgen. Aber ein Gesundungsprozess ist oft fraglich – was heißt schon gesund, wer gibt die Definition dafür vor? Heilungsprozesse sind die Erfüllung eines ganzen Menschenlebens: Es ist der gesamte Lebensweg mit seinen vielfältigen Erfahrungen, der gegangen sein will. Oft verstecken wir Menschen uns vor den Herausforderungen unseres Lebens, zögern in Angst, wollen von den alten Vertrautheiten nicht loslassen, nicht weitergehen in das Unbekannte. In solchen Situationen kann Krankheit Korrekturen bewirken, Hinweise geben, uns zum »Kopf-Wenden« bringen… wenn wir diese Signale so verstehen und deuten wollen. Das liegt im Bereich menschlicher Macht, die Herausforderungen eines Lebensweges dagegen nicht. Das Schicksal bleibt bei aller wissenschaftlichen Erkenntnis und Handlungskompetenz immer ein Mysterium und letztlich unergründlich auf der Ebene menschlichen Seins.

Hinweise zur Weiterarbeit

Wenn dieses Buch nun Ihren Mut zur Selbstheilung gestärkt hat und Sie neugierig geworden sind auf das innere Wissen Ihres Körpers, empfehle ich Ihnen, eine Selbstheilungsgruppe zu gründen. Sie könnten im Austausch mit anderen Menschen innere Reisen erleben und diese Erfahrungen anschließend gemeinsam auswerten. Als Unterstützung stehen Ihnen Audio-Cassetten mit Entspannungs- und Visualisierungsanleitungen vom *Institut Wildwuchs* zur Verfügung. Ich vermittele Ihnen auf Wunsch auch gerne den Kontakt zu einer qualifizierten Selbstheilungsberaterin für die Begleitung einer Gruppe.

Vielleicht sind Sie aber auch an einer Einzelberatung oder an der Ausbildung in der Methode Wildwuchs interessiert, oder Sie möchten die »Organaufstellung« kennen lernen, dann wenden Sie sich bitte an folgende Adresse:
Angelika Koppe
Institut Wildwuchs
Postfach 109
65393 Walluf

Ist Ihnen die Thematik Trauer besonders wichtig, können Sie sich bei folgender Anschrift nach weiterführenden Hinweisen und Beratungsangeboten erkundigen:

Trauerwege
Beratung und Begleitung für Menschen
in Krisen und Verlustsituationen e. V.
Breite Str. 21
55124 Mainz
Tel. 0 61 31-23 11 00

Noch ein Hinweis für an Endometriose erkrankte Frauen:
Die ausgezeichnete Informationsbroschüre *Endometriose* ist
zu beziehen bei Frauengesundheitszentrum Berlin, Bamberger
Str. 51, 10777 Berlin (10,– DM zzgl. Versand).

AUDIO-Cassetten von Angelika Koppe

Die Methode Wildwuchs will Frauen Mut machen, eigenverantwortlich mit ihrer Gesundheit umzugehen. Zu
dieser Arbeit gibt es jetzt eine Reihe von Audio-Cassetten
mit Visualisierungsanleitungen in Wort und Klang:

* Zum Thema *SELBSTHEILUNG*

Die dreiteilige Cassettenreihe
INNERE REISEN – SELBSTHEILUNGSQUELLEN
hilft Ihnen, die Botschaften Ihres Körpers zu entschlüsseln. Sie lernen in drei Stufen, wachsam mit Körperbeschwerden umzugehen und einige heilsame Kräfte
einzusetzen.

1. Cassette: *GRUNDLAGEN*
Eine sanfte Einführung vermittelt Sicherheit und Zugang
zur eigenen »Inneren Beraterin«.
2. Cassette: *KÖRPERERKUNDUNG*
Eine Reise ins Körperinnere zu den Orten der Verspannung
und Erkrankung hilft, eine eigene Diagnose zu stellen.
3. Cassette: *DER ERSTE HEILUNGSSCHRITT*
Eine Farbvisualisierung führt zur tiefen Entspannung.
Erste Lösungsschritte auf dem Heilungsweg werden vorgestellt.

Preis: 83,– DM zzgl. Versand

* Zum Thema *MUT UND SELBSTVERTRAUEN*

Die Cassettenreihe
HEILSAME LEBENSWEISEN
soll die Entdeckung Ihrer wahren Wünsche fördern – Sie

in Ihren Vorhaben unterstützen und Ihnen Kraft für Ihren persönlichen Erfolg geben.

1. Cassette: *MUT HABEN*
Ein Blick auf die eigene mutige Seite. Wie fühlt sich Mut an?

2. Cassette: *DEN WUNSCH FINDEN*
Eine Reise zurück in die Kindheit und im Kontakt mit dem »Inneren Mädchen« den Lebenswunsch wiederfinden.

3. Cassette: *NEUE FREIHEIT WAGEN*
Die Stimme erheben, den Ton angeben.
Die »eigensinnliche«, erfolgreiche Frau in sich selbst treffen.

Preis: 83,– DM, zzgl. Versand

* Zum Thema *WECHSELJAHRE* und *UMBRUCHZEITEN*

Die Einzelcassettte
WECHSELJAHRE – WANDELZEITEN
wurde entwickelt, um Frauen in einer Zeit des körperlichen und seelischen Wandels zu begleiten.
Innere Bilder weisen die Richtung und schenken Vertrauen in die eigene Zukunft, geben Kraft für neuen Lebensinn.
Entspannung und Besinnung helfen, den Wandel zu begrüßen.

So wirkt die Cassette stärkend auch in anderen Umbruchs- und Wandelzeiten!

Preis: 33,– DM, zzgl. Versand

Die Verpackung aller Cassetten wurde aus Recycling-Material erstellt, so dass auf die übliche Plastikumhüllung ganz verzichtet werden konnte.

Bestellungen bitte an:
INSTITUT WILDWUCHS, Postfach 109, 65393 Walluf